大 学 问

始 于 问 而 终 于 明

守望学术的视界

古史中的神话

夏商周祖先神话溯源

宋亦箫 著

广西师范大学出版社
·桂林·

古史中的神话：夏商周祖先神话溯源
GUSHI ZHONG DE SHENHUA:XIA SHANG ZHOU ZUXIAN SHENHUA SUYUAN

图书在版编目（CIP）数据

古史中的神话：夏商周祖先神话溯源 / 宋亦箫著. 桂林：广西师范大学出版社，2025.4. -- ISBN 978-7-5598-7892-2

Ⅰ. B932.2

中国国家版本馆 CIP 数据核字第 2025FU8435 号

广西师范大学出版社出版发行

（广西桂林市五里店路9号　邮政编码：541004）

网址：http://www.bbtpress.com

出版人：黄轩庄

全国新华书店经销

广西广大印务有限责任公司印刷

（桂林市临桂区秧塘工业园西城大道北侧广西师范大学出版社集团有限公司创意产业园内　邮政编码：541199）

开本：880 mm × 1 240 mm　1/32

印张：9.875　　字数：220 千　　图：60 幅

2025 年 4 月第 1 版　　2025 年 4 月第 1 次印刷

定价：88.00 元

如发现印装质量问题，影响阅读，请与出版社发行部门联系调换。

神话历史与神话中国——序《古史中的神话：夏商周祖先神话溯源》

收到宋亦箫教授的《古史中的神话：夏商周祖先神话溯源》（下称《古史中的神话》）一书的书稿，读完之后一下子穿越回了看《史记》读《五帝本纪》的学生时代：唐尧虞舜夏商周，春秋战国乱悠悠。神话谱系的神秘与纷繁，既像米诺陶面对迷宫一样诱惑着我，又像米诺陶困在迷宫一样令我感到茫然无绪，中国上古神话就是一座迷宫。

英语神话（myths）来自希腊语"mythos"，意为"人们的故事"。我是谁？我从哪里来？我要去哪里？我们之所以被称作人类，正是因为我们会思考这样的问题。不过提问的是哲学，而回答的则是神话。神话的目的就是向人们提供答案，然后听众在其文化的价值体系中自行理解和领悟这些答案。这就是为什么在世界不同地区的神话中都可以找到相同类型神话故事，而且通常是完全相同的故事。在最基本的层面上，神话就是为一个民族和族群提供一个有秩序和有意义的想象世界，就像一件外衣披在残酷的现实世界身上，通过善与恶、苦难的意义、人类起源、地名、动物、文化价值观和传统的起源、生与死的意义、来世，以及众神或天体的故事给人们带来答案、希望和生命的意义。如同宗教一样，神话是对文化信仰和价值观的表达，是自然世界的图示。

　　神话有许多不同类型，但大致可以分为三类：起源神话（Etiological Myths，有人也曾译成"病因学神话"）、历史神话（Historical Myths）和心理神话（Psychological Myths）。起源神话（来自希腊语 αἴτιον，意思是"原因"）解释了为什么事情是这样的，或者它是如何形成的，这类神话通常被定义为起源故事。例如，希腊神话中潘多拉魔盒的故事，它解释了邪恶和痛苦是如何被释放到世界上的；或者某种风俗和习惯是如何形成的，比如中国神话中女娲女神一遍又一遍地创造人类，直到她厌倦了，并建立了婚姻习俗，以便人类能够繁衍后代。神话中的人物都是为了一个明确的目的来解释和定义各类事件，如婚姻、史诗般的使命或是神魔之间的决战等。历史神话则是重述了过去的事件，但比实际事件（如果它确实发生过）多了一层道德和政治意义，如《圣经》中的亚伯拉罕叙述中的宗教神话，或者荷马的《伊利亚特》中所描述的特洛伊围城及其陷落等。根据荣格和坎贝尔的说法，心理神话则是向人们展示了从已知到未知的旅程，这代表了一种平衡外部世界与内部意识的心理需要。不管怎样，神话故事本身一般是通过英雄的旅程而发现自己的真实身份或命运，并以此解决危机，同时也为读者提供一些重要的文化价值。这类最著名的古典神话便是俄狄浦斯王子的故事,他为了避免自己长大后会杀死父亲的预言,抛弃了自己的生活,前往另一个地区,在那里他不知不觉地杀死了父亲。俄狄浦斯的故事会给古希腊观众留下这样的印象:试图逃避或改变诸神的命运是徒劳的,并且会激发人们对这些神的恐惧和敬畏,从而灌输一种理想的文化价值。

本世纪初,叶舒宪在其《中国的神话历史——从"中国神话"到"神话中国"》(《百色学院学报》2009年第22卷第1期)一文中将中国神话升级到"神话中国"的高度,与此同时,提出一整套"四重证据法"、大传统和小传统,以及N级编码的理论,从原来的神话研究,拓展到"神话历史"的视野。这样一来,拥有了自己的理论和方法论的神话便披上了一件学科的外衣,拥有了科学的地位。《古史中的神话》说得很清楚,他就是在叶舒宪的这一整套神话学的理论和方法论指导下,对中国上古神话进行的考证与分析。

《古史中的神话》一书由12章组成,对鲧、禹、帝喾、帝俊、帝舜、高辛、太皞以及商契、仓颉、帝挚、少皞、夔、祝融等神话和历史人物进行了考证,同时也对古典文献中的某个神话记载或文字的训诂,以及考古出土器物上的相关纹饰与图像进行分析,并将其纳入一种跨文化的研究范式中,从而形成一幅新的神话图示和图解。譬如屈原的《天问》中有着情节较为完整的鲧、禹治水故事,作者经过与近东开辟史诗的对比,发现鲧、禹的神功神迹与西亚神话人物哀亚(Ea)、阿伯苏(Apsu)、马杜克(Marduk)等有源流关系,因此认为历史上的鲧、禹治水故事,是神话的历史化而已。虽然这表面上是沿袭了苏雪林的旧说,但《古史中的神话》将这种跨文化比较的研究方法运用到对北宫七宿之象的玄武、北方的水神伯鲧及其妻修己的龟蛇交合形象的分析中,最后指出"这些具有龟蛇形象的所谓历史人物,实在是我们的古人没有分清神话和历史,或者说将本来就搅合在一起的神话和历史也即所谓的'神话历史',当成了客观发生过的真实历史了。我们现在应该还原他们的真实身份——他们是神,不是人!"强调"他们是神,不是人!"这一点很重要,因为这是"神话历史"的基础和首要条件。如果是人,那就是历史了,"神话历史"便无从谈起。

《古史中的神话》中关于雷神的研究,无论在资料的运用和阐述上,还是在逻辑证明上,都表现出作者对材料的精研和驾驭能力。其所做的考证与分析,不仅仅是一种学术研究,而正如书名所表明的,是对古代历史的书写与溯源,这从雷神研究的例子中便可看到这种史的连续性和重建性。从新石器时代晚期的马家窑文化开始,到宁夏贺兰山岩画中的人面像,雷神作为中国最有代表性的史前形象之一便已出现了。广西花山岩画中的蹲踞式人形,汉代画像砖上手持钉锤的雷公、唐代壁画中持桴击鼓的雷公、宋代五雷法中的各个雷元帅,以至清代端冕而绯的雷神形象,一直是我国各个历史时期最重要的神祇形象之一。所以要找到上古神话时代的雷神形象从而将史前与历史时期的雷神串联和统一起来,使之具有历史的延续性和一贯性,便显得极为重要,这也是我国绵延不绝的五千年历史一个侧面表征之需要。《古史中的神话》虽然只有第十章"禮(礼)、祈、祷诸字与雷神帝喾崇拜"和第十一章"商代刻⊕符玉人为商祖神及雷神帝喾考"是专门对雷神的讨论,而实际上从第六章开始,一直到十二章,其讨论都与雷神帝喾有关。

目前学术界可以确认的雷神图像以及可以与雷神相关联的文

献，一般都追溯到汉代。汉画像石(砖)中有明确的雷神形象，《山海经》《论衡》等汉代文献中则有关于雷神的明确文字记载，而《古史中的神话》则将雷神的源头追溯到商代。"禮"字在甲骨文和金文中为"豊(𧯢、𧯣、𧯤)"。"豊"字的甲骨文为"𧯢"，金文形象也有"壴"(实即"鼓"之名词)字，其下部构件"壴"，为鼓形。汉画像石砖上雷神敲击建鼓的形象，与甲骨文中的"豊"字和金文中的"壴"没什么区别。由象征祖神的玉柄形器组系而成的玉和珏，悬挂于柱鼓之上，成为"豊"的祭祀仪式之一部分。《初学记》卷一引《抱朴子》："雷，天之鼓也"，说雷就是天鼓。两相结合，所以《古史中的神话》认为"豊"字所表示的祭祀雷神的仪式中，雷神便是商人的始祖神帝喾。

在商朝的祖神中，又兼为雷神的便是商人的始祖神帝喾，斧或锤便是雷神的代表性标识。通过象征斧、锤、锛、凿、楔一类的文字偏旁与符号来寻找雷神，这也是《古史中的神话》独树一帜的研究方法，这就是文字结构分析法。譬如"商"字，因为"商"字上部之"辛"，既可指帝喾所掌之武器锛、凿、斧之类(雷神、战神武器)，也可指商契所握之锲刀(笔神刻字工具)。再如帝喾，说他是雷神可以帝喾的另一名"高辛"为证。"高"(髙)为祭台形，"辛"(辛)是锛凿斧类工具，"高辛"合在一起，仍是指在高高的祭台上祭祀象征商祖的锛凿斧类武器工具。商契之"契(㓞)"被解释为"从人，持刀刻写文字"，即锲刀。事实上"契""锲""楔"都应视为一者，即"辛"，雷神的标识。《诗经》"天命玄鸟，降而生商"和"帝立子生商"之"商"，与《史记·殷本纪》"殷契，母曰简狄，有娀氏之女，为帝喾次妃，三人行浴，见玄鸟堕其卵，简狄取吞之，因孕生契"之

"契",两者之间,可以互证。沈括的《梦溪笔谈·卷二十原始雷斧》就将雷神描绘为斧状:"世人有得雷斧、雷楔者,云雷神所坠,多于震雷之下得之,而未尝得见。元丰中,予居随州,夏月大雷震,一木折,其下乃得一楔,信如所传。"

此外,还有斤、祈、斧、寿、祷、铸、造等字,作者认为它们都跟雷神相关,是祭祀雷神的场景、象征雷神的鼓或锤斧、表现雷神的纹饰等用字,因此它们的造字机理,都因雷神而来。它们都跟雷神相关,是描述祭祀雷神的场景、象征雷神的鼓或锤斧、表现雷神的纹饰等。作者从字形结构,和商或西周初期青铜礼器饕餮纹、凤纹及雷纹等纹饰的分析,建立起自己独树一帜的研究方法论。

除文字外,商代人鸟形玉佩和玉人,大多数在其上刻有⊕形符号,这也是雷神的标记,是雷神之"雷(、)"字中表示雷声或雷车车轮的符号,转而象征雷神本尊。实际上这种车轮状圆形符号在整个东南亚以及环太平洋地区被认为是萨满教雷神的标志,叫雷轮(Thunder Wheel)。最常见的雷轮是圈内被分成五或八等份,分别象征八个方向的车轮状。学者们认为目前最早的雷轮是英格兰新石器时代或欧洲青铜时代的石圈巨石阵,不过大家更熟悉的应该是印度的兵器轮刃,梵文称作 Chakram。轮刃因为形状如轮而得名,它是一种金属的圆形武器,传说是印度教三大天神之一的毗湿奴所用的武器。轮刃后来在佛教中变成法轮,这个形象更为大众所熟知。无论轮刃还是法轮,都是神的象征,都可以归为雷轮一类。不过作为中国人最为熟悉的雷轮,应该是四川三星堆出土的中间为五角星状或五根辐条状的青铜轮形器,其直径达 85 厘米,这应该也是雷神所使用的雷轮。我国西南地区的花山岩画,包括贵州、四川的岩画中，这种雷轮符号都很盛行。《古史中的神话》将商代人鸟形玉佩和玉人身上刻划的⊕形符号定性为雷神标识，可谓真知灼见，从图像学的视角，找到雷神的标志。而且这种标志的普遍性不止在中国，还是全球性的。最后《古史中的神话》认为喾、契父子神神话与西亚巴比伦马杜克、尼波(Nebo)父子神神话，希腊宙斯、赫尔墨斯父子神话之间有着惊人相似，是早期中外神话和文化交流的结果。这种全球视野的跨文化比较研究，也正是《古史中的神话》的特色之一。

虽然《古史中的神话》中的神话与后现代主义隔着几千年的时光并不沾边，但是我还是愿意从最远的距离来遥望一下《古史中的神话》。对普遍性和真理性不屑一顾的后现代主义认为语言的意义、真理的标准等，都只在不同的活动中，也就是在具体的使用中才被决定和呈现的，而不是与生俱来的。对元叙事的怀疑正是后现代不相信绝对真理的基础。尼采说大写的真理是各种虚构和比喻的集合，理查德·罗蒂进而说真理只是在符合我们的信念场合时对自己的赞美，所以真理、正义、公平等问题都不应该被普遍化和永久化。在后现代主义的叙事中，否决了任何经典神话研究的权威，任何个案研究都构成了时代研究大厦上的一砖一瓦。

汤惠生
2024年3月25日于南京仙林

目 录

上编 鲧禹神话研究

第一章 《天问》中的鲧禹故事与近东开辟史诗 3

第二章 鲧、修己与"玄武"龟蛇形象的神话解读 19

第三章 良渚文化神徽为"大禹骑龟"说 34

第四章 大禹神话及其在晴川阁的传说 62

第五章 遂公盨铭所反映的大禹及其神话历史 76

第六章 大禹、祝融一神考 90

中篇 喾契神话研究

第七章 由喾、商、卨(离、契)字构形论商祖帝喾和商契之神话 117

第八章 古玉上的"鹰伴人首"造型与商祖神话 151

第九章 论龙凤与商祖喾、契之关系 179

第十章 禮(礼)、祈、祷诸字与雷神帝喾崇拜 200

第十一章　商代刻"⊕"符玉人为商祖神及雷神帝喾考 *221*

下编　后稷神话研究

　　第十二章　周祖后稷神话与中外文化交流 *247*

附录

　　行走在多学科结合研究古典文明的道路上 *275*

后记 *295*

上篇
鲧禹神话研究

第一章 《天问》中的鲧禹故事与近东开辟史诗

本章提要：屈原的《天问》可分为天文、地理、神话、历史和乱辞五个部分，历史部分演绎的是夏商周三代史，其中夏史部分有32句讲的是情节较为完整的鲧、禹治水故事，经过与近东开辟史诗的对比，我们发现鲧、禹的神功神迹与西亚神话人物哀亚、阿伯苏、马杜克等有源流关系，因此历史上的鲧、禹治水故事，是神话的历史化的产物而已。

屈原的赋体文中，以《九歌》《离骚》《天问》三部的知名度最高，其中又以《天问》最难理解。它之难于理解，一在"文理太杂乱"①。前人为此提出了作为杂乱之因的"呵壁说"②和"错简说"③。二在内容太"深奥",究其实则是因为后人丧失了理解《天问》当中的域外神话宗教知识之故。身兼作家和学者双重身份的苏雪林,长期关注中外民俗神话,因教学需要而整理《天问》,偶然中理顺了《天问》的错简,并利用域外神话宗教知识来注解《天问》,终使这二千年谜案得到破解。苏先生将《天问》全篇分为五大段,分别是天文、地理、神话、历史和乱辞。每段句数各有定规,如天文、地理、神话各四十四句,历史部分是夏、商、周三代史,每代各七十二句,乱辞二十四句。她认为,《天问》是战国及其以前传入中国的域外知识之总汇。不但天文、地理、神话三个部分如此,即便是三代历史部分也夹杂了不少域外文化因子,乱辞的前半部分也属域外神话④。丁山先生也曾提到《天问》中的天文知识即宇宙本源论袭自印度《梨俱吠陀》中的创造赞歌⑤。包括《天问》的体裁,苏雪林也怀疑是屈原模仿自印度《吠陀颂》或《旧约·智慧书·约伯传》的疑问式体裁而来⑥,屈原以此体裁将他所接触、理解的域外知识记录下来并传之后世,为我们保留了极为珍贵的战国及其以前

---

① 文理杂乱是因为错简及不理解内容造成的,在苏雪林重新调整文句次序后,《天问》已文理通顺,井然有序。
② "呵壁说"由王逸最先提出,本因错简造成的文理杂乱,王不知其故,推想《天问》是屈原精神失常,看到楚先王之庙、公卿祠堂壁画而在其下据壁画信手涂写的结果。
③ "错简说"最初由清人屈复提出。既是错简造成文理杂乱,他们便着手调整,但因未真正理解内容,仍是如入迷宫,困难重重。
④ 苏雪林:《天问正简》,武汉大学出版社,2007年,第1—23页。
⑤ 丁山:《吴回考——论荆楚文化所受印度之影响》,《古代神话与民族》,商务印书馆,2005年,第365—369页。
⑥ 苏雪林:《天问正简》,武汉大学出版社,2007年,第22—23页。

的中外文化交流史料。

下面我们将以苏雪林、丁山等诸位前贤的研究成果为基础,讨论《天问》中"历史"部分的鲧、禹故事,及其与近东开辟史诗可能存在的源流关系。

一、《天问》中的鲧禹故事

在《天问》的夏史部分,有八简共 32 句问的是鲧、禹治水的故事。鲧、禹其人其事,既放在《天问》的历史部分,说明屈原已将其看作真人真事了。也可见至少到战国时期,关于夏初的"历史"已构建完成①,不过像屈原这样的多才多识之士,或许还有些怀疑,乃至将之化为《天问》中的疑问②。

先转引这八简 32 句原辞:

> 不任汩鸿,师何以尚之?佥曰何忧,何不课而行之?鸱龟曳衔,鲧何听焉?顺欲成功,帝何刑焉?永遏在羽山,夫何三年不施?伯禹腹鲧,夫何以变化?阻穷西征,岩何越焉?化为黄能,巫何活焉?咸播秬黍,莆雚是营,何由并投,而鲧疾修盈?纂就前绪,遂成考功,何续初继业,而厥谋不同?禹之力献功,降省下土四方,焉得彼涂山女,而通之于台桑?闵妃匹

---

① 关于历史如何被构建,参见兰格著,顾杭等译:《传统的发明》,译林出版社,2004年;彼得·伯格等著,汪涌译:《现实的社会构建》,北京大学出版社,2009年。
② 此处疑问只指鲧禹治水部分,而《天问》中绝大多数问题,屈原是知道答案的,他只不过以提问的方式来结构诗句而已。

合,厥身是继,胡维嗜不同味,而快鼂饱?①

这32句原辞,苏雪林认为当初是写在八枚竹简上,每简有4句。我们以简为单位,来概述每简歌词大意。

首简:鲧既然不胜任治水,众人为何还要推戴他?既然众人还有犹疑,为何不经考察就任用他?首句中的"鸿"字,是"洪水"之意。

次简:鸱龟以它们的行迹教导伯鲧筑堤治水,鲧是如何照办的呢?假如鲧治水能够成功,天帝还会惩治他吗?"鸱龟曳衔"应该是一个流传久远的情节,或许是指鸱龟教伯鲧填土造地之法,但根据前后文意,屈原还是将其理解成助鲧治水。关于"鸱龟曳衔"情节,这里作一些推测,鸱是鸱鸮,即猫头鹰,鲧曾有化龟的经历,则龟是伯鲧的化身。据苏雪林考证,鲧与西亚的水神哀亚有许多共性,他们是同源关系,而哀亚有鱼、羊、蛇、龟、鸟等形象②,则鲧也可以有这些形象,因此鸱、龟都可看成是鲧的变形,再变为他的治水助手,是没有什么问题的。还有两类物象,值得拿出来作类比,一是湖南长沙子弹库战国楚墓出土的《人物御龙帛画》,画面正中的一弯舟形巨龙尾部立有一鸟,二者形成鸟龙组合。无独有偶,在夜空中,有一长蛇座,长蛇尾部立有一乌鸦座,二者构成了鸟蛇组合,在星座神话中,长蛇座之长蛇原型,是西亚大母神原始女怪,也称混沌孽龙,她有蛇(龙)形,也有龟形,则蛇、龟都可以表现她,相互

---

① 苏雪林:《天问正简》,武汉大学出版社,2007年,第29—30页。这里所引为苏雪林的"正简"版。

② 苏雪林:《天问正简》,武汉大学出版社,2007年,第269页。

有置换的关系。若将上述两鸟蛇(龙)组合的蛇(龙)置换为龟,便跟"鸱龟"组合合拍了。因此,笔者怀疑,"鸱龟曳衔"与《人物御龙帛画》中的鸟龙组合及太空中的长蛇座、乌鸦座神话,有着同源关系。

三简:伯鲧被永远禁锢在羽山,为何三年都不受诛?伯禹从鲧腹中出生,这是怎么变化出来的呢?伯鲧被锁系于羽山,可以类比西亚神话中的哀亚锁系阿伯苏、宙斯锁系普罗米修斯,以及黄帝械蚩尤、大禹锁巫支祁、李冰父子锁孽龙等等,它们属同一母题的衍化。而鲧腹生禹,完全同于西亚神话中的水神阿伯苏腹诞马杜克。详情见后文。

四简:向西的道路充满艰险,鲧是如何越过这重重岩障的呢?伯鲧化为三足鳖入于羽渊,神巫是如何使他复活的呢?西亚哀亚系的天神都有死而复生的特性,伯鲧居然也有此特异功能。再加上神巫的参与、伯鲧所化之鳖正是哀亚的众多形象之一类等等,显示了伯鲧与西亚水神哀亚的同质性。

五简:鲧、禹都曾以芦苇布土造地,并为人类引播黑黍,为什么鲧得到的却是与四凶并罚,且罪恶还如此深重呢?这一简内容反映了屈原对鲧的遭遇的惋惜和不平,也反映出屈子对鲧、禹的神话背景和源头没有足够了解。诗句中的"蒲萑"是形似芦苇的水草,而芦苇在西亚创世神话中发挥了极大作用。如西亚创世大神马杜克就曾以芦苇为架(Reed Frame),造泥土于其旁以成隆起的大地,还有记载是马杜克以苇管吸泥,倾出泥以造人类①。可见芦苇在造

---

① 苏雪林:《天问正简》,武汉大学出版社,2007年,第157—158页。

地和造人中都派上了用场。西亚创世神话中之所以出现芦苇,一方面是因为神话里认为未有天地时只有深渊,那深渊中当然只能长些芦苇之类的水草了;二是西亚的芦苇能长到很高大,乃至西亚人用之造房甚至造水上村庄,且一直延续到现在(图1-1)。屈原不一定清楚这一情节,但他还是较为忠实地将表达创世神话信息的物质记在了诗句中。另一个旁证是女娲补天故事。《淮南子·览冥训》说到女娲"炼五色石以补苍天,积芦灰以止淫水"[1]。这"芦灰"二字,用在中国古文化语境里会感觉有些突兀,但若了解了西亚创世神话里芦苇的贡献,就能明白此处"芦灰"的文化来源及巨大作用了。此外女娲抟土造人神话也颇类马杜克的倾泥造人。

图1-1 两河流域自古及今的芦苇屋

六简:继承并推进前人的事业,成就了父辈的开创之功。为何继续的是当初的事业,而谋略却有不同?这说的是鲧、禹治水事业一致,但具体办法有异。或许指的就是一个用堵一个用疏的办法吧。看来至迟在屈原时代,已遗忘掉鲧、禹布土造陆的开辟神话,而将之理解成了治理水患的先王功绩。

七简:禹致力于造福人类,他"下降"到地上四方。他是怎么得到涂山之女的?还与其交配在台桑。这一简所讲大禹"降省下

---

[1] 何宁撰:《淮南子集释》,中华书局,1998年,第479—480页。

土",似乎又说明禹是天神下降人间。还言及他娶了涂山之女为妻。笔者曾讨论过,涂山也即昆仑山①,则涂山女与居于昆仑山的西王母也有等同关系。实际上也正是如此,因西亚大母神伊南娜(易士塔儿,Inanna)的形象曾传衍到世界诸多古文明区,如埃及的伊西丝,印度的黛维、乌摩、杜尔伽、吉祥天等,希腊(罗马)的赫拉(朱诺)、阿佛洛狄忒(维纳斯)、雅典娜(密涅瓦)、阿尔忒弥斯(狄安娜)等,传至中国则幻化成多位女神,有西王母、女娲、王母娘娘、湘夫人、嫘祖、织女、马头娘、妈祖、素女、泰山娘娘、观音等,也包括涂山女。在她们身上,或多或少都有着西王母乃至域外大母神、金星神伊南娜的影子②。

八简:大禹忧愁没有配偶,那涂山女可算是填补了。他为何嗜好不同口味,特别喜欢饱餐大海龟。苏雪林将此句中的"鼍"解释为大海龟或大海鳖③,鲧、禹都有化龟的经历④,这都体现了大禹与龟的紧密关系。在近东开辟史诗中,马杜克吃一种叫 Ku-pu 的东西后,才有能力造天地。印度偏入天(水神)之龟名 Kurma,有时又叫 Kapila,它们之间似有对音关系。苏雪林因而推断 Ku-pu 就是龟⑤。这样的话,则大禹及其西亚原型马杜克,都喜欢吃一种龟,这当然不是巧合。

---

① 宋亦箫:《昆仑山新考》,《丝绸之路研究集刊》第四辑,2019 年。
② 宋亦箫:《西王母的原型及其在世界古文明区的传衍》,《民族艺术》2017 年第 2 期。
③ 苏雪林:《天问正简》,武汉大学出版社,2007 年,第 246、266 页。
④ 黄永堂译注:《国语全译》,贵州人民出版社,1995 年,第 543 页;〔清〕马骕:《绎史》(一),中华书局,2002 年,第 158 页。
⑤ 苏雪林:《天问正简》,武汉大学出版社,2007 年,第 265 页。

我们分析作为表象的鲧、禹治水故事后,能够看出其背后的神话底层。如"窃帝之息壤""奠山导水""鲧腹生禹""鲧、禹化黄能"(能应属龟鳖一类,而非熊,详见第二章)等等非人力所能及的行为,却在鲧、禹身上频频出现。如果我们放宽视野,还能看出鲧、禹的斑斑事迹和神功,多能在近东开辟史诗中找到原型。其原型神话人物有哀亚、阿伯苏、尼波、马杜克等等。下面,请看近东开辟史诗中的鲧、禹原型及可与鲧禹对应的事功。

二、近东开辟史诗与鲧禹故事之关联

近东开辟史诗是西亚阿卡德人的创世神话,用楔形文字刻写在七块泥板上,该史诗有饶宗颐先生的中译本①。我们研读史诗情节,会发现史诗中的创造主马杜克及其神父哀亚或阿伯苏的神功神迹,与《天问》中的鲧、禹神话多有契合。苏雪林认为这是因为前者影响了后者②。笔者赞同林说,这里便以林说为基础,继续考察二者的源流关系。

先言近东开辟史诗。史诗讲道:宇宙未形成之前,充塞整个空间的都是水,名叫"深渊"(英文 The Deep,或 Abyss,苏美尔语为 Abzu,德语为 Apsu),此深渊人格化为一女性神,叫蒂亚华滋(Tiawath)或蒂亚马特(Tiamat),也称混沌孽龙(Dragon of Chaos),还称 Kudarru,俗称原始女怪。她的外形,有时如有角之巨蛇,有时如有

---

① 饶宗颐编译:《近东开辟史诗》,辽宁教育出版社,1998年。
② 苏雪林:《天问正简》,武汉大学出版社,2007年,第264—281页。

翅之狮,有时则为头生双角身披鳞甲的异兽,还有时为龟①。

原始女怪生出许多天神,天帝阿努及水主哀亚皆是她的子孙。后来原始源渊分化为甘咸二水,哀亚主甘水,为善神,咸水称阿伯苏(也即深渊 Apsu),为恶神②。

据苏雪林考证,中国古籍中的水神共工及伯鲧,其"共工"和"鲧"之音读,皆源自原始女怪之名 Kudarru,二者皆由阿伯苏变来。杨宽和顾颉刚等先生也指出"共工"不过是"鲧"音的缓读,"鲧"字则是"共工"的急音③。我们在文献中也发现有许多情节,一说是共工所为,又说是伯鲧所做④,正印证了二者当是西亚神话中的恶神阿伯苏在不同阶段流入中国所造成的分化而已。由于阿伯苏的恶神性,共工和伯鲧在中国神话里也成为四凶之二。当然,鲧在中国文献中也有布土造地治水的善行,这一方面是由阿伯苏本为原始深渊,有其创造天地而利世的一面而来,另一方面则是鲧也因袭水主哀亚的特性所致。阿伯苏在神魔大战中败北身死。这就是伯鲧虽布土造地息土填洪却仍然落得被殛于羽山的命运之所由。而鲧子伯禹做的是同样的布土造地、奠山导水的工作,却能被封赏拥戴,这也是由于其前身西亚创世大神马杜克所拥有的崇高地位对大禹的影响。所以,鲧、禹的结局,无关个人努力,而是早就"前生注定"。

---

① 苏雪林:《天问正简》,武汉大学出版社,2007 年,第 265 页。
② 苏雪林:《天问正简》,武汉大学出版社,2007 年,第 266 页。
③ 杨宽:《中国上古史导论》,《古史辨》第七册,海南出版社,2005 年,第 195 页;顾颉刚、童书业:《鲧禹的传说》,《古史辨》第七册,海南出版社,2005 年,第 582 页。
④ 杨宽:《中国上古史导论》,《古史辨》第七册,海南出版社,2005 年,第 192—196 页。

开辟史诗中讲到一场神魔大战,以神方胜利而结束。创世主哀亚用催眠法将魔军统领阿伯苏催眠,夺其冠冕,析其筋肉,锁而杀之。并在阿伯苏遗体上建居所,生出群神领袖马杜克。另一说则是马杜克为哀亚与其妻唐克娜(Damkina)所生。还有一说,马杜克从阿伯苏尸腹中诞出。史诗这样说:"于阿伯苏内,马杜克诞生,于神圣的阿伯苏内,马杜克诞生。"①无怪乎在一些宗教颂歌中又称马杜克为"阿伯苏之子"。中国神话中的鲧腹生禹,显然就是阿伯苏腹中诞出马杜克的翻版,而且这两对父子也刚好是对应关系。知道了这层渊源,就不必像一些学者那样非得去论证鲧为女性才能生禹等徒劳无功的事了。因为这本是神话。若非要说鲧是女性,我们从原始女怪所具有的女神特征方面出发,也不是不可以找到一些鲧是女性的证据,但那样太迂回,鲧腹生禹直接源自阿伯苏腹诞马杜克的神话才是最便捷的解释。

开辟史诗另有一种说法是原始女怪之夫魔军统帅京固败于火神,被火焚死。西亚神话中的夫妻父子经常混同互换,这里的京固也就相当于原始女怪或阿伯苏。而《山海经》中有"帝令祝融杀鲧于羽郊"②之说,祝融是中国的火神。显然这也属外来的情节被安排在祝融和鲧的身上的情形。

水主哀亚被称为"群神之大巫",哀亚便有了起死回生的法力,所以他的祭司总是唱道:"我是哀亚的祭司,我能使死者复活。"自哀亚一系所衍化的诸神,都有死而复活的经历。如旦缪子、马杜克等等。而伯鲧被杀于羽山三年不腐,经巫者施法术而复活并化为

---

① 饶宗颐编译:《近东开辟史诗》,辽宁教育出版社,1998年,第24页。据句意重译。
② 〔清〕吴任臣撰,王兴芬整理:《山海经广注》,凤凰出版社,2018年,第280页。

黄能入羽渊。则这里的巫者、复活二节正可对应于哀亚故事。

有说哀亚是原始女怪直接所生,在西亚神统记里也常被说成是天帝阿努之子。而《墨子·尚贤》载"昔者伯鲧,帝之元子"①,这就跟哀亚为天帝阿努之子画上了等号。

还有就是哀亚曾是西亚神话中的创造主(齐地八神中的天主,正是水星神哀亚。奉水星神哀亚为天主,体现了齐地八神神话传来时应在哀亚作为创造主的西亚苏美尔神话时期),后来其子马杜克也有屠龙创世之伟业。而中国文献中也屡提"禹、鲧是始布土,均定九州"等布土造地的业绩。鲧、禹各称伯鲧、伯禹,这"伯"字,并非要说他们均是长子,也不是说他们有"伯"之爵位,而是"爸""父"之义,是人类祖之意。这也跟哀亚、马杜克父子在西亚神话中的创造主地位相一致了。

上面所论以伯鲧为主,讨论了近东开辟史诗中的哀亚、阿伯苏与伯鲧之间的对应关系。下面我们再具体看看大禹与其西亚神话原型马杜克、尼波之间的对应关系。

大禹既吸收了西亚群神领袖木星神马杜克的诸多事迹和印迹,也具备水星神尼波的神性。这是因为,大禹一方面继承了其父伯鲧及其原型哀亚、阿伯苏的水神性,也像哀亚、阿伯苏与马杜克为父子关系一样与伯鲧保持着父子关系,所以自然要继承阿伯苏之子马杜克的神性。在西亚神话中,马杜克是哀亚之子,但又与哀亚的"符合者"尼波有父子关系,这就相当于本为一身的哀亚和尼波,从父亲(哀亚)一角转变成了儿子(尼波)。西亚神话中这种角

---

① 吴毓江撰,孙启治点校:《墨子校注》,中华书局,1993年,第78页。

色转换在所多见,我们就见怪不怪吧。提请注意的仅是这对父子的神性已集中于大禹一身。

西亚神话中,马杜克打败原始女怪后,将这个庞然大物(即龟形)劈为两半,上半造天盖,下半造大地①。并用女怪身体各部件造成天地万物。他还步天、察地、测深渊之广狭。大禹也有布土定九州、奠山导水、制定晨昏的功绩。他还以太阳行程为根据,测得空间有五亿万七千三百九里,这是步天。命太章、竖亥量东西南北四极的里数,这是察地。测鸿水渊薮,这是测深渊。大禹的"息土填鸿",通常认为这就是治理洪水,其实不然。《淮南子·地形训》言:"凡鸿水渊薮自三百仞以上,二亿三万三千五百五十里,有九渊。禹乃以息土填洪水以为名山,掘昆仑虚以下地。"②这个"鸿水渊薮",实际是原始深渊(The Deep)传到中国后的叫法,而不是大洪水。"掘昆仑虚以下地"是指大禹掘昆仑墟四周之土以堆成高山,供天神作为台阶下到地面。这都说的是布土造地及堆山为阶的神话。笔者甚至推断所谓鲧、禹治水,恐怕也是"禹、鲧是始布土,均定九州"的讹误,即将在原始深渊中创造大地误解成了在大地上治理洪水。

西亚诸神皆有徽记,马杜克的徽记是巨铲。也有以一巨铲竖立在三角架上之形,更完整的形式则是巨铲下卧伏一狐形异兽,也即混沌孽龙(图1-2)。在中国的古帝王画像中,大禹也常手执一铲(图1-3)。我们再来看"禹"字的构形。"禹"字在甲骨文中不见,金文中有 _、、_、等形,皆为手持铲状或三脚架上立一铲

---

① 龟甲上盖圆形,造为圆天,下版为方,造为方形大地。
② 何宁撰:《淮南子集释》,中华书局,1998年,第322页。

图 1-2　西亚木星神马杜克徽记　　图 1-3　东汉武梁祠画像石大禹执铲像

形。顾颉刚先生对大禹有过精深研究,曾提出"大禹是一条虫"的命题,依据是《说文》上的释义。这在 20 世纪 20 年代成为攻击顾颉刚的一个"笑柄"。那顾氏如此立意可有道理呢?苏雪林认为是有道理的。秦公敦上的"禹"字,形如🝖,铲形尾部弯曲得厉害,接近《说文》上看作是虫类的"禼"字了。文献上记"句龙"为后土,而后土又为社,苏雪林论证过大禹死而为社①,则大禹也即后土和句龙。马杜克之父哀亚有蛇形,则马杜克也具备蛇形,这蛇、龙不过是一物的两说,故大禹与马杜克在此又重叠了。再说回来,古代中国将多种动物称为虫,如龙为鳞虫之长,虎为大虫,人为倮虫,等等。由此苏雪林推测,造"禹"字者大概将铲、虫两个因素一起融入

---

① 苏雪林:《天问正简》,武汉大学出版社,2007 年,第 273 页。

"禹"字中,才形成头铲尾虫的合并形"禹"(禸)字①。由此,说大禹是一条虫就是有道理的了。只不过,其理据不是《说文》中的释义,而是其西亚原型马杜克及其父哀亚有蛇形这一要素,而大禹执铲像的设计以及"禹"字以铲形作为构件,都是西亚马杜克以巨铲为徽记影响的结果。"禹"字之铲与蛇(龙)的结合,还可从大禹的对应者马杜克的徽记上看出端倪,后者也称铲与混沌擘龙的组合,这当是"禹"字主要构型"铲、蛇"的源头。

鲧、禹既是从水主哀亚一系发展而来,则水主作为最早的死神的特性也该有所继承。先看禹死为社的说法。《左传》蔡墨与魏献子谈龙,说道:"共工氏有子曰句龙、为后土……后土为社。"共工也即鲧,则其子就是禹了。再看一个更显然的例子,《礼记·祭法》:"共工氏子曰后土。能平九州,故祭以为社。"②顾颉刚认为能平九州,又是共工氏子,其不为禹是不可能的。而社乃土地之神,为地主,也即死神。浙江绍兴有禹穴,故秦始皇、秦二世到泰山行封禅大典时先封泰山,随后又到会稽(今绍兴)祭大禹。封泰山是为求升天祈长生,祭大禹自然也是这个仪典中一项,即祭死神,求得死神允他不死以便升天。由这几点,大禹的死神属性也很明显了。

文献中有"禹步"一说,是指曲一足而用一足行走之意。而西亚水星神尼波,为智慧神、笔神,他传到中国衍化为魁星,曲其一足而用独足立于鳌背上。魁星点斗、独占鳌头说的就是这位神道③

---

① 苏雪林:《天问正简》,武汉大学出版社,2007年,第278页。
② 〔汉〕郑玄注,〔唐〕孔颖达正义,吕友仁整理:《礼记正义》,上海古籍出版社,2008年,第1802页。
③ 苏雪林:《屈原与〈九歌〉》,武汉大学出版社,2007年,第182—183、189—190页。

(图1-4)。独足行走称为禹步,当然是尼波同时也是水主哀亚的符合者传来中国后以他的中国替身大禹命名的缘故。

图 1-4　清代乾隆二年铭独占鳌头砖拓

以上分析解读了鲧、禹与其西亚神话人物原型的对应情节。我们认为,夏史可以存在,但其开国奠基的人物鲧、禹,恐怕是后人的"拉郎配"。鲧、禹所治洪水,与西亚神话、《圣经》中的大神、上帝降洪水毁灭人类然后再开始第二代人祖繁衍到现在的故事不是一回事,而更可能是西亚开天辟地神话中在深渊中造大地传到中国的讹误。但也有另一种可能,便是鲧、禹曾作为良渚文化先民的祖神,在良渚文化后期,因遭遇所谓"夏禹宇宙期"海侵事件,大部良渚人群北迁中原,并以他们为主,与中原世居民结合建立夏朝,后者仍以鲧、禹为其祖神,并将发生于东南沿海的海侵事件以及抵挡洪水故事纳入鲧、禹神话中,形成流传后世的鲧、禹治水传说。

三、结论

《天问》的夏史部分,有八简32句讲述的是鲧禹治水故事,故事也相对完整,有讲到鲧、禹治水的一败一成,败被惩、成被赏等,以及伯鲧受惩过程中三年不腐、鲧腹生禹、死而复活、化为大海龟入羽渊等情节,还有鸱龟协助伯鲧治理洪水,鲧、禹以芦苇布土造地,教民耕播黑黍,等等,最后还言及大禹从天而降、娶涂山女、饱餐大海龟等情节。鲧、禹的这些事功神迹,在中国历史常识里,一般看作历史人物身上附着的一些夸张的不实成分,可看成是历史的神话化。

但经过与近东开辟史诗的对比,才发现鲧、禹的事迹大多可在开辟史诗中的神话人物哀亚、阿伯苏、马杜克身上找到原型,两地的人物和事功有着源与流的关系。如此,我们更愿意相信,鲧、禹是糅合了诸多西亚神话人物哀亚、阿伯苏、马杜克等特质的神话人物,鲧、禹治水故事是神话的历史化的产物。

第二章 鲧、修己与"玄武"龟蛇形象的神话解读

本章提要：天象中的北宫之象——玄武,不是北宫七宿的具象化表达,也不是图腾制度的遗痕,而是对五行中代表北方的水神伯鲧及其妻修己的龟蛇交合形象的借用。源头则是影响了伯鲧和修己神话的西亚神话人物水神哀亚及其妻子唐克娜。

作为天象的四神之一的玄武,为何是龟蛇合体的形象?学者们多有讨论。有的认为是对天象中北宫七宿构型的具象化[1],有的认为是龟、蛇氏族因通婚而两合的氏族图腾图像[2],或说因北方夏

---

[1] 黎靖德编:《朱子语类》第八册,中华书局,1988年,第3290页;陈器文:《玄武神话、传说与信仰》,陕西师范大学出版社有限公司,2013年,修订版序第3页。
[2] 孙作云:《敦煌画中的神怪画》,见《孙作云文集·美术考古与民俗研究》,河南大学出版社,2003年,第286页。

民族以龟、蛇为图腾①,还有的认为是取龟蛇能阴阳构精之义②。只有三位学者看到了玄武龟蛇形象与神话中的鲧化龟及其妻修己("修"为长,"己"是蛇,修己即长蛇)有关系③,笔者认同这一认识,但他们没有指出为什么玄武会跟鲧和修己有关,笔者经过爬梳探析,认为这里面饱含有伏羲女娲、鲧与修己等上古神话中的神格认知以及他们与西亚创世神话的关联等情由。下面试作分析。

一、中国及其他古文明区龟、蛇的神话

玄武既为龟、蛇合体之形,要想研讨玄武合体之形的起源,经过爬梳,笔者认为要特别关注中国上古传说时代的伏羲女娲、鲧和修己、禹、共工等与龟蛇相关的神话。

先看伏羲女娲与蛇的神话。一方面是文献证据,闻一多先生曾做过统计,至少有七处相关记载,只不过这些文献出现的时间早不过东汉④。

---

① 陈久金:《华夏族群的图腾崇拜与四象概念的形成》,《自然科学史研究》1992年第11卷第1期。
② 王小盾:《中国早期思想与符号研究——关于四神的起源及其体系形成》,上海人民出版社,2008年,第817—836页。
③ 孙作云:《敦煌画中的神怪画》,见《孙作云文集·美术考古与民俗研究》,河南大学出版社,2003年,第289页;何新:《诸神的起源》,民主与建设出版社,2018年,第182页;徐斌:《伏羲与大禹——基于信仰与民俗起源意义上的比较研究》,见王建华主编:《海峡两岸大禹文化研究》,中国社会科学出版社,2010年,第288页。
④ 闻一多:《神话与诗》,天津古籍出版社,2008年,第8—9页。

第二章 鲧、修己与"玄武"龟蛇形象的神话解读

王逸《楚辞·天问》注:"女娲人头蛇身。"①

王延寿《鲁灵光殿赋》:"伏羲鳞身,女娲蛇躯。"②

曹植《女娲画赞》:"或云二皇,人首蛇形。"③

《列子·黄帝篇》:"庖牺氏,女娲氏……蛇身人面。"④

《帝王世纪》:"庖牺氏……蛇身人首。""女娲氏……亦蛇身人首。"⑤

《拾遗记》:"又见一神,蛇身人面……示禹八卦之图,列于金版之上。……蛇身之神,即羲皇也。"⑥

《玄中记》:"伏羲龙身,女娲蛇躯。"⑦

另一方面是实物图像证据。包括石刻类和绢画类,图像证据要比文献多了许多(图2-1、2-2),且时代可早到西汉,反比目前所见最早的文献记载早了200余年。伏羲女娲人首蛇身的形象,从图像和文献两个角度已被坐实。但是,他们为什么是这样的超自然形体?其寓意何在?在闻一多之前,还没有好好讨论过,自然也没有结论。闻先生多方利用文献、考古实物图像和人类学材料(也即今天所说的三种证据法或多重证据法),证明这是一种上古氏族

---

① 〔宋〕洪兴祖撰,白化文等点校:《楚辞补注》,中华书局,2015年,第81页。
② 〔梁〕萧统编,〔唐〕李善注:《文选》,岳麓书社,2002年,第346页。
③ 引自〔唐〕欧阳询:《艺文类聚》(上),上海古籍出版社,1999年,第208页。
④ 王强模译注:《列子译注》,贵州人民出版社,1993年,第62页。
⑤ 〔晋〕皇甫谧撰,陆吉点校:《帝王世纪》,齐鲁书社,2010年,第2—3页。
⑥ 〔晋〕王嘉撰,〔梁〕萧绮录,齐治平校注:《拾遗记校注》卷二,中华书局,1981年,第38页。
⑦ 转引自〔梁〕萧统编,〔唐〕李善注:《文选·鲁灵光殿赋》,岳麓书社,2002年,第353页。

图腾现象,"人首蛇身"经过了"人的拟兽化"和"兽的拟人化"两个阶段而形成,伏羲女娲是以"龙(蛇)"为图腾的族群所信奉的始祖神,这一族群也就是后来的华夏族。其人首蛇身形象,是上古图腾崇拜现象的遗痕①。

图 2-1　伏羲女娲画像砖　　图 2-2　唐代伏羲女娲绢画

再看鲧和修己与龟蛇的神话。先秦典籍有多处记载伯鲧化龟或化龙神话。如《天问》:"伯禹腹鲧,夫何以变化?阻穷西征,岩何越焉?化为黄能,巫何活焉?"②《国语·晋语八》:"昔者鲧违帝命,殛之于羽山,化为黄能以入于羽渊。"③《左传·昭公七年》也有类似记载。这些典籍中的有些版本,也将"黄能"写作"黄熊",苏雪

---

① 闻一多:《伏羲考》,《神话与诗》,天津人民出版社,2008年,第1—49页。
② 苏雪林:《天问正简》,武汉大学出版社,2007年,第233页。
③ 黄永堂译注:《国语全译》,贵州人民出版社,1995年,第543页。

林①、孙作云②都认为是"能"不是"熊",而"能"属龟鳖之类。也有一处说伯鲧化黄龙,即《山海经》郭璞注引《归藏·开筮》:"鲧死三岁不腐,剖之以吴刀,化为黄龙也。"③龙字繁体为"龍",与"能"字易混,笔者颇疑是"能"字误写成了"龍"字。

修己为鲧妻,见于较多文献。如《帝王世纪》:"颛顼生鲧,尧封为崇伯,纳有莘氏女,曰志,是为修己。"④《竹书纪年》:"帝禹夏后氏,母曰修己。"⑤《礼纬》:"禹母修己吞薏苡而生禹,因姓姒氏。"⑥等等。古籍中没有直接提到修己跟蛇有什么关系,但多位学者分析了"修己"二字的字面意义,认为"修己"就是"长蛇"的意思。他们甚至认为,鲧与修己的龟蛇形象,正是玄武得形的缘由。只不过他们多从图腾而不是神话的角度来理解鲧和修己所具有的异形现象。

鲧之子大禹也有化龟的经历。例如《绎史》卷十二引《随巢子》:"禹娶涂山,治鸿水,通轩辕山,化为熊(能)。"⑦当然前此学者将伯鲧化龟以图腾作解,自然也会将大禹化龟按图腾来解。因鲧禹是父子关系,有相同的图腾再正常不过。

还有一位与蛇有关系的传说人物是共工。共工也是人首蛇身

---

① 苏雪林:《天问正简》,武汉大学出版社,2007年,第240、268页。
② 孙作云:《敦煌画中的神怪画》,见《孙作云文集·美术考古与民俗研究》,河南大学出版社,2003年,第288页。
③ 〔清〕吴任臣撰,王兴芬整理:《山海经广注》,凤凰出版社,2018年,第281页。
④ 〔晋〕皇甫谧撰,陆吉点校:《帝王世纪》第三,齐鲁书社,2010年,第21页。
⑤ 王国维撰:《今本竹书纪年疏证》,辽宁教育出版社,1997年,第48页。
⑥ 〔清〕赵在翰辑,钟肇鹏、萧文郁点校:《七纬》,中华书局,2012年,第319页。
⑦ 〔清〕马骕:《绎史》(一),中华书局,2002年,第158页。

的记载至少有三处:一是《山海经·大荒西经》注引《归藏·启筮》:"共工人面蛇身朱发。"①二是《淮南子·地形训》高诱注:"共工,天神也,人面蛇身。"②三是《神异经》:"西北荒有人焉,人面朱髯(发),蛇身人手足,而食五谷,禽兽顽愚,名曰共工。"③

以上数位跟龟蛇有关联的上古传说人物,在主流观点里,常被认为是历史人物,发生在他们身上的非人力所能为的神迹,一般被看作是历史人物死后,后人替他们造出来的神话,即是历史的神话化。有的连神话也说不圆的,便被认为是图腾崇拜所致。上述人首蛇身和化龟的人物,都被看作是图腾制引起的文化现象。

如果仅从华夏上古文化内部看图腾说,似乎很有解释力。但若我们环顾四周,发现其他古文明区,也存在人首蛇身的神话和图像,也有神人变幻龟、蛇的神话,也有龟负大地的传说,那难道这许多地方的龟蛇神话传说和图像哪怕极其相似,也各不相干?也都只是图腾制度的遗痕?如果不是,我们就不好咬定我们的故事和图像就一定是图腾现象了。它们也完全可能是世界龟蛇神话流传延布到上古中国的结果。

试举一些域外相关神话和图像的例子。

在西亚苏美尔人的泥板上,天神图像被刻画成上半身是人下半身是蛇的样子(图2-3)。印度神话中的那伽神,上半身是人的形貌,下半身是蛇的躯体(图2-4),在印度石窟中,还有那伽女神与其配偶蛇尾缠绕在一起的雕刻(图2-5),其形貌与伏羲女娲交

---

① 〔晋〕郭璞著,〔清〕郝懿行笺疏:《山海经笺疏》,中国致公出版社,2016年,第408页。
② 何宁撰:《淮南子集释》,中华书局,1998年,第370页。
③ 上海古籍出版社编:《汉魏六朝笔记小说大观》,上海古籍出版社,1999年,第56页。

第二章 鲧、修己与"玄武"龟蛇形象的神话解读

图 2-3 苏美尔泥板上的天神　　图 2-4 印度那伽女神

尾图如出一辙。在古印度神话中,还有乌龟趴在衔尾蛇背上,四只大象再站在乌龟背上、支撑着大地的图案(图 2-6)。这龟蛇结合的样子,与中国玄武的形象非常接近。印度神话中的另一说是蛇神舍沙(Shesha)环绕着龟神俱利摩(Kurma),龟神背负着八头大象并支撑起整个世界。这里的龟蛇结合方式,与中国的玄武更像。这些域外神话,比起在中国战国秦汉以来流行的伏羲女娲、鲧与其妻修己的相关载籍和图像,其流传的时间更为久远。如果说,中外之间这样的龟蛇神话流传的具体路线还较模糊,那么西亚神话中的父子神哀亚和马杜克神话,对中国的鲧禹父子神神话影响的程度和二者的相似度,就更为清晰可观了。这在本书第一章已有具体对比。

图 2-5　那伽女神与其配偶神雕刻　　图 2-6　印度乌龟趴在衔尾蛇背图案

　　第一章的对比能够说明鲧禹神话的很多情节和事功,能在西亚创世神话中的哀亚、阿伯苏和马杜克身上找到原型①,而西亚的蒂亚马特、哀亚、阿伯苏等的龟形和蛇形形貌,正是伏羲女娲、鲧和修己的蛇形、龟形之来源,而不是什么龟、蛇图腾的影响所致。至于伏羲女娲、伯鲧修己的全部神格,是纯然外来,还是在民族神身上附着了许多外来的同类神的神格,很难作出肯定的判断,依据古代各民族神话同类神相互之间常有影响和借代关系的特征作判断,属于后者的可能性会更大一些。但可以肯定的是,这些具有龟蛇形象的所谓历史人物,实在是因为我们的古人没有分清神话和历史,或者说将本来就搅合在一起的神话和历史也即所谓"神话历史",当成了客观发生过的真实历史了。我们现在应该还原他们的真实身份——他们是神,不是人!

---

① 更细致的比较可参看第三章。

二、玄武龟蛇形象的由来

上文已提到,玄武的龟蛇形象,来源于鲧与修己夫妇的龟蛇形象,但这个解释并不彻底,它未能进一步解释为何鲧和修己有龟蛇之形?为何用鲧和修己的龟蛇之形合体而成的玄武,来表示北宫之象?下面试作分析。

先看鲧和修己的龟蛇之形。古籍所载的鲧化龟(黄能)神话,已揭示了鲧在神话中的变形是龟,鲧能够化龟,跟他的原型,即西亚创世神话中的原始女怪蒂亚马特、水神哀亚和阿伯苏都有龟形的形貌有关,即后者影响了前者。修己作为鲧妻,跟西亚原始女怪所衍化的大女神易士塔儿、水神哀亚之妻唐克娜等有对应关系,因此后者的蛇形形象同样也影响到了修己,这也应该是修己得名的原因。因此,鲧和修己的龟蛇形象,是他们的原型哀亚和唐克娜的龟蛇形象所带来的。

那又为何用鲧和修己的龟蛇形象表示北宫之象呢?这当与五行思想在战国秦汉时代兴起有关,五行对应着五大行星,也对应着金木水火土五种物质,同时还对应着东西南北中五个方位以及青白赤黑黄五种颜色。其中北方对应的是水,颜色黑,按《淮南子·天文训》当中的完整说法是:"北方,水也。其帝颛顼,其佐玄冥,执权而治冬。其神为辰星,其兽玄武。"[①]这里提到的"帝"是颛顼,不是鲧,但前人的研究早就表明,伏羲、颛顼、伯鲧、共工,全都是西亚

---

① 〔汉〕刘安等著,许匡一译注:《淮南子全译》,贵州人民出版社,1993年,第114页。

水神哀亚或阿伯苏的遗型,他们可能是在不同时期传入华夏,造成各自为政但又彼此密切相关的联系①。因此,此处的颛顼,可用伯鲧替代。因鲧在五个方位中能代表北方位,故在星象中以他及妻子的龟蛇形象代表北官之象。且玄武中"玄"字,表黑,也对应着北方的颜色。

但是,根据冯时的研究,天文中的北宫之象,并非一开始就是龟蛇,它经历了鹿(麒麟)、龟再到龟蛇合体的变化,他认为龟蛇合体的玄武形象很可能是在西汉初年或稍前的一段时间完成的②。对于这种现象,还需作一个合理的解释。我们的理解是,古人观测星象以识星,既会将某些星组成象,同时更会将在人间已形成的神话传说及其图像直接"搬"上天空组成星象。北宫之象之所以经历从鹿到龟蛇合体的变化,可能是因为开始仅仅从观星组象,便以鹿为记,到后来龟及龟蛇形象代表北方的文化越来越普及的时候,便以后者取代前者,以达到更匹配、更有神话色彩和文化内涵的效果。

三、玄武的生殖象征

龟蛇合体的玄武形象形成后,其圆龟长蛇相依相偎的模样,常蕴含有负阴抱阳、男女构精的生殖意味。虽然过去的解释,以为雄龟缺乏生殖能力,不能交合,要靠雌龟与雄蛇交配才能繁衍后

---

① 苏雪林:《屈原与〈九歌〉》,武汉大学出版社,2007年,第183—200页。
② 冯时:《中国天文考古学》,中国社会科学出版社,2010年,第433页。

代①是错误的,但它仍揭示出了龟蛇交合的生殖象征寓意。通过上面的分析,我们现在知道,这种生殖象征的真实意匠源头当在鲧和修己以及他们的神话源头哀亚和唐克娜,乃至更早的渊源——原始女怪蒂亚马特那里。因此,双身双头的伏羲女娲也好,龟蛇合体的玄武也好,都隐含了人类父母和生殖之神的意味。我们在历代图像中见到的大量玄武、伏羲女娲,乃至将伏羲女娲和玄武刻画在一幅画面上的图像(图2-7),都是时人崇拜生殖、渴盼子孙绵延、家族兴旺的表现。

图 2-7 伏羲女娲与玄武画像石

若以龟表鲧、蛇表修己的象征来分析龟蛇的阴阳符号特性,似乎是龟表男性阳性、蛇表女性阴性,但在中国传统象征文化里并非如此,而是龟、蛇各自既能代表阳性男性,也能代表阴性女性。下面举例说明。

龟代表阳性。一方面体现在鲧、禹化龟的神话中,鲧、禹是神话中的父子,故他们所化之龟当代表阳性。另一方面体现在更多的民间文化中,如平剧《阴阳斗法》,里面的龟为阳男,蛇为阴女。台湾民间故事《周公斗法桃花女》和同名歌仔戏中,乌龟精是男子,

---

① 〔晋〕张华:《博物志》卷四,中华书局,1985年,第10页。

蛇精为桃花女郎。①

龟代表阴性。古希腊的美神和爱神阿芙洛狄忒诞生神话之一,是说克洛诺斯将他父亲的生殖器割下扔到海里后,在溅起的海浪泡沫中升起了一个巨大贝壳(海螺壳),阿芙洛狄忒从贝壳中诞生(图2-8)。这里的贝壳或海螺,与龟均属有壳动物,在这个神话中有互文性,因此可看成阿芙洛狄忒是从龟壳中诞生,自然就与龟有了同一性。笔者曾分析过黄帝之妻嫘祖的"嫘"字,认为此"嫘"通"螺","嫘祖"之名揭示了她与阿芙洛狄忒有相同的诞生神话——螺壳中诞生。除了嫘祖,古代中国还有类似的天渊玉女、白水素女、螺仙、田螺姑娘等民间故事,它们都有着共同的螺壳诞生神话,与阿芙洛狄忒的诞生有着共同的神话源头,其源头当在西亚创世神话中同样带壳的神、人共祖——龟形原始女怪身上②。因此,这些中外螺(龟)生女性神话,将龟特征指向了阴性。

图 2-8　从贝壳中诞生的阿芙洛狄忒

---

① 陈器文:《玄武神话、传说与信仰》,陕西师范大学出版社总有限公司,2013年,第65页。
② 宋亦箫:《西王母的原型及其在世界古文明区的传衍》,《民族艺术》2017年第2期。

此外，古代罗马的乌拉尼亚（Uranie）用龟祭祀维纳斯，说这样是为了象征妇女的聪明和贞洁。苏雪林认为这是曲解原旨，真相当是维纳斯本身是龟，故以龟祭她①。

中国民间故事还有类似象征，如清代章回小说《桃花女斗法》中，便以龟为阴，蛇为阳，鼓吹阴阳和合之道②。

再看蛇的阴阳两性象征。

蛇代表阳性。首先是同为人首蛇身的伏羲女娲中的伏羲，表明蛇可代表阳性。还有鲧化黄龙神话，此处的黄龙，自然可与蛇归为同类。此外，古代的蛇郎传说，也将蛇与男性联系在了一起。

蛇代表阴性。首先也是同为人首蛇身的伏羲女娲中的女娲，还有鲧妻修己。古代的蛇女、美女蛇传说，特别是《白蛇传》中的白素贞和小青，都将蛇指向了女性阴性。

通过上文分析，可看到，虽然龟蛇交合可表达生殖象征，但龟蛇所象征的阴阳性别却是可以互换的。其原因，我认为在玄武的神话原型——西亚创世神话中的神、人共祖原始女怪身上，因后者有阴、阳两性特征，而龟、蛇又都是原始女怪的象征，因此象征原始女怪的龟、蛇，如其本尊一样，既可是阳性，也可是阴性。

四、结论

中国上古传说时代的所谓"历史人物"伏羲女娲、鲧与修己、大

---

① 苏雪林：《屈原与〈九歌〉》，武汉大学出版社，2007年，第160页。
② 陈器文：《玄武神话、传说与信仰》，陕西师范大学出版总社有限公司，2013年，第65页。

禹、共工等,实际上只是神话人物,他们变为历史人物,是神话历史化的结果。在他们的神话故事当中,都有与龟蛇相关的神话。例如伏羲女娲是人首蛇身、共工也是。伯鲧和大禹都有化龟的神话,即是说神龟都是他们的化身,鲧妻修己从其名可知有长蛇的形象,因此鲧与修己正合龟蛇相交的玄武之象。

中国上古神话人物的龟蛇神话,并非中国所独有。环顾四周,可发现西亚、南亚等古文明区同样存在着人首蛇身的神话和图像,也有神人变幻龟、蛇的神话,也有龟负大地的传说等,它们之间是文化的传播和影响关系,其中西亚苏美尔人文化是源,南亚印度和东亚古代中国文化中的相似成分则是流。在这种认识的基础上,我们断定,玄武的龟蛇形象不是北宫七宿的具象化,也不是图腾制度的遗痕,而是流传在中外之间的水神神话的表现形式。

在中外神话交流和影响的诸多因素中,最为清晰可观的是西亚原始女怪及水神哀亚和他的妻子唐克娜、其子马杜克神话对鲧禹神话的影响。可以说,父子神鲧禹的很多神功神迹,都是西亚父子神哀亚(阿伯苏)与马杜克神话事迹的翻版,例如伯鲧的水神性、鲧禹的布土造陆、鲧腹生禹等等。

因此,玄武的龟蛇形象,直接来源可看成是鲧与修己夫妇所具有的龟蛇形象;远源则应追踪到印度和西亚神话当中,如印度的蛇神舍沙环绕着龟神俱利摩的造型、西亚神话中的哀亚和唐克娜合体造型等。玄武代表北宫之象,则是因为在五行中北方属水、颜色黑,故采用水神伯鲧及其妻修己的龟蛇形象表示,玄武之"玄",也体现着黑色之义。

作为北宫之象的玄武,出现后也表达着负阴抱阳、男女构精的生殖意味。这种生殖象征的真实意匠源头当在鲧和修己以及他们的神话源头哀亚和唐克娜,乃至更早的渊源——原始女怪蒂亚马特那里。但同样都是原始女怪象征的龟、蛇,其性别则可男可女,属性可阴可阳。原因当在玄武的神话原型——西亚创世神话中的神、人共祖原始女怪身上,后者有阴、阳两性特征,自然影响到她的象征符号——龟、蛇,使后两者如其本尊一样,既可是阳性,也可是阴性。

第三章 良渚文化神徽为"大禹骑龟"说

本章提要：良渚文化玉器上的神徽，是一种神人与兽面结合的人兽复合母题纹饰。关于神徽的内涵，已有的观点纷繁多样，迄无定论。本章提出新说：神徽为"大禹骑龟"神话意象。大禹虽是载籍中夏人的治水英雄和夏文化的创立者，但因为良渚文化与夏文化有源流关系，大禹神话实际上是北迁的良渚人带到中原来的，良渚文化神徽上的大禹骑龟意象，是良渚人将他们的祖神、创世神大禹及其化身神龟，琢刻于各类玉器上的产物，以营造祖神无处不在、随时随地保佑他的子民的神秘氛围。

近年来，叶舒宪先生连续提出解读早期文明和文化的创新理论和方法，即大小传统论、N级编码论和四重证据法[1]，笔者潜心研

---

[1] 叶舒宪等编：《文化符号学——大小传统新视野》，陕西师范大学出版总社有限公司，2013年，第1—68页；叶舒宪：《中华文明探源的神话学研究》，社会科学文献出版社，2015年，第47—126页。

读,深受启发。今以良渚文化的神徽为例,利用这些理论和方法,解读作为一级编码的神徽图像,在四重证据(第一重证据是传世文献、第二重证据是出土文献、第三重证据是口传和非物质资料、第四重证据是实物和图像)的相互阐发和通观下,力争找出神徽图像的神话原型编码。

良渚文化神徽是指琢刻于该文化大量玉器上的神人兽面纹①,也被称为神像②等,本章统一简称为神徽。神徽的构型,既有完整的神人与兽面的复合型,也有独立的神人面纹、兽面纹等简化型,它们被广泛施刻于琮、钺、璜、梳背、锥形器、三叉形器、柱形器、带钩、半圆形器、钺冠饰、杖端饰、器柄、牌饰以及玉管等玉器的器表上③。

神徽的基本特征是神人脸面作倒梯形。重圈为眼、宽鼻、阔嘴。头上戴有羽冠。上肢形态为耸肩、平臂、弯肘、五指平张叉向腰部。下肢作蹲踞状④。在神人的胸腹部是以浅浮雕突出威严的兽面纹,重圈为眼、宽鼻、阔嘴、嘴中有獠牙。神人及兽的身上密布卷云纹(图3-1)。

---

① 以良渚文化反山墓地所出玉"琮王"(M12:98)为代表,该玉琮上镌刻有8个完整神徽和8个简化神徽。
② 董楚平:《良渚文化神像释义——兼与牟永抗先生商榷》,《浙江学刊》1997年第6期,第100页。
③ 蒋卫东:《天地与祖先——良渚文化玉器神人兽面纹的解读》,《美成在久》2014年第11期,第24页。
④ 此段话中"下肢"在最先发表的简报中指神人的下肢,但现在学者们普遍倾向于认为那是神兽的前肢。笔者也赞同后说。

图 3-1　良渚文化神徽(反山 M12:98)

关于神徽的内涵,讨论极多。总结起来,已形成共识的是该神徽乃神人与兽面的复合人兽母题,可看成是神人驾驭神兽的形象。但对神人和神兽的具体原型为何,则观点多样,迄未有定论。神人为谁的观点有伏羲①、天神②、天神太一(天极神)③、太阳神④、巫

---

① 董楚平:《伏羲:良渚文化的祖宗神》,《杭州师范学院学报》1999 年第 4 期,第 21 页。
② 吴汝祚:《余杭反山良渚文化玉琮上的神像形纹新释》,《中原文物》1996 年第 4 期,第 36 页。
③ 冯时:《中国天文考古学》,中国社会科学出版社,2010 年,第 168 页;阿城:《洛书河图——文明的造型探源》,中华书局,2014 年,第 73 页。
④ 牟永抗:《东方史前时期太阳崇拜的考古学观察》,《牟永抗考古学文集》,科学出版社,2009 年,第 431 页。

师①、神祖②、氏族首领③等等,关于神兽的原型,分歧更多,有猪④、龙⑤、虎⑥、牛⑦、鸟⑧、龟⑨、神兽⑩、图腾神⑪等等。这些多歧的观点,给了笔者很大的启发,我们认为诸多关于神人原型的观点,多有可取之处,特别是天神、天神太一、神祖,乃至伏羲、巫师、氏族首

---

① 张光直:《濮阳三跷与中国古代美术上的人兽母题》,《中国青铜时代》,生活·读书·新知三联书店,1999年,第323页。
② 邓淑苹:《新石器时代的玉琮——由考古实例谈古玉鉴定》,《故宫文物月刊》1986年总第34期,第52页;蒋卫东:《天地与祖先——良渚文化玉器神人兽面纹的解读》,《美成在久》2014年第11期,第31页。
③ 刘斌:《良渚文化玉琮初探》,《文物》1990年第2期,第32页。
④ 冯时:《中国天文考古学》,中国社会科学出版社,2010年,第167页;赵大川:《良渚文化神徽猪首考》,《猪业科学》,2015年第5期,第118页。
⑤ 马承原:《中国青铜器》,上海古籍出版社,1988年,第317页;李学勤:《良渚文化玉器与饕餮纹的演变》,《东南文化》1991年第5期,第42页;董楚平:《良渚文化神像释义——兼与牟永抗先生商榷》,《浙江学刊》1997年第6期,第103页;蒋卫东:《天地与祖先——良渚文化玉器神人兽面纹的解读》,《美成在久》2014年第11期,第28页。
⑥ 杨建芳:《玉琮之研究》,《考古与文物》1990年第2期,第56页;汪遵国:《良渚文化神像的辨析》,《中国文物报》,1991年4月28日,第7版;刘方复:《良渚"神人兽面纹"析》,《文物天地》1990年第2期,第28—32页;张明华:《良渚古玉综论》,《东南文化》1992年第2期,第115页。
⑦ 王会莹:《良渚文化神人兽面纹与西王母形象之文化考释》,《西北民族研究》2005年第4期,第204页。
⑧ 王明达:《良渚玉器若干问题的探讨》,中国考古学会编《中国考古学会第七次年会论文集》,文物出版社,1989年,第57—67页;周南泉:《"玉琮王"探释》,《中国文物报》1990年8月23日,第7版;[日]林巳奈夫著,常耀华等译:《神与兽的纹样学——中国古代诸神》,生活·读书·新知三联书店,2009年,第57—59页。
⑨ 徐峰:《良渚文化玉琮及相关纹饰的文化隐喻》,《考古》2012年第2期,第84页;阿城:《洛书河图——文明的造型探源》,中华书局,2014年,第73页。
⑩ 张光直:《濮阳三跷与中国古代美术上的人兽母题》,《中国青铜时代》,生活·读书·新知三联书店,1999年,第323页。
⑪ 刘斌:《良渚文化玉琮初探》,《文物》1990年第2期,第32页。

领等,他们之间有可通约性,并不特别矛盾。但遗憾的是,前人未能结合神人下方的神兽以得出一个可互为依存而自洽的观点来。关于神兽原型的讨论,笔者则仅赞同其原型为龟的观点。由此,在前人研究的基础上,结合早期中外文化和神话的交流现象,笔者提出良渚文化神徽乃"大禹骑龟"的新说,就教于方家。

一、神徽之兽面乃龟形

先看神徽下部的兽面,说是兽面,并非完整具象的神兽形,仅夸张地突出了其重圈状的两只大眼、宽鼻、阔嘴、结实粗大的兽爪以及肢体上密布的卷云纹(或称回纹)。难怪学界对它的原型众说纷纭。但有两位学者阿城、徐峰,敏锐地认定它是龟形。阿城主要从形象上抓住兽面的大圆眼和爪,这都符合龟的眼和爪的特征(图3-2),而其他观点中的猪、牛等,既不是圆眼更不是爪而是蹄,阿城还从龟在上古就用于占卜、具灵性等特质,以及与洛书河图中的传说文献相结合,认为从这三重证据可证这兽面是龟[1]。徐峰除注意到兽眼、鼻、嘴与龟十分相似外,也关注到了兽爪,且很好地解释了龟爪本为五趾可神徽上兽爪却是三趾的问题[2],他还注意到了神人和兽面肢体上均有的"卷云纹",认为也可称椭圆形"漩涡纹",他发现这漩涡纹与龟背甲上的纹饰非常相似(图3-3),但其他被当作原型的兽类便不具此细节上的优势。除了外形上的可比性,徐峰还从两方面论证了兽面是龟面的可能性。一是他探讨了良渚玉琮

---

[1] 阿城:《洛书河图——文明的造型探源》,中华书局,2014年,第73页。
[2] 徐峰:《良渚文化玉琮及相关纹饰的文化隐喻》,《考古》2012年第2期,第89页。

的形制源头,认为龟本身是一个天圆地方的宇宙观模型,琮的外方内圆造型,正是仿自龟,这就从玉琮的形制和纹饰,即"形"和"神"两方面求得了一致性。二是他引用商周金文中的诸多人龟组合图案(图3-4),以后代的实例说明,良渚的神徽即便是神人御龟的造型,也并非造型史上的孤例。苏雪林将此图形文字释作"奎",其同"魁",指奎宿、魁星,而魁星"独占鳌头"的样子,当是这图案的具形,魁星是海神、水神,是西亚水神哀亚在中国的衍形①。

图3-2 龟眼及爪

图3-3 素描龟背甲上的漩涡纹　　图3-4 金文中人龟组合图形文字

---

① 苏雪林:《屈原与〈九歌〉》,武汉大学出版社,2007年,第189—191页。

有了两位学者的多方论证,兽面为龟的证据已十分坚实,还可以作为新添证据的便是本章从原始宗教、神话角度对神徽上下两部分所做的通盘理解。那便是,考虑到本章的观点是神徽乃"大禹骑龟"形象,联想到大禹及其父鲧所具有的水神性,他们都曾化身为龟,而龟正是西亚神话中水神的本形之一,以及鲧、禹治水中神龟都曾给予帮助或担任使者的神话,若要认同神人为禹,其胯下不是龟反倒不好理解了。那么鲧、禹和龟到底有怎样的密切关系呢?

二、鲧、禹的天神性及其与龟之关系

今天的史学界,即便将鲧、禹看作是真实的历史人物和治水英雄,也不否认古代文献描述中的笼罩在他们身上的神性,至少有两位学者,即顾颉刚和苏雪林,曾经力排众议,将鲧、禹送上了神坛。时间过去了几十年,随着考古材料的丰富、史学研究的进步,关于夏史的存在与否的争论,已不再像古史辨派那样激越,甚至有考古学者试图证明它的实在性[①]。笔者的基本看法,也认为夏朝当有,但对夏人及历代华夏族群奉为夏族始祖的鲧、禹,他们是人还是神,却不敢有肯定的意见。但不外乎两种情况,要么他们实有其人,但附上了后人追加上去的神性,要么他们纯然是神,被夏人奉为神祖,历经世变,这神祖演变成了人祖。不管是哪一种情况,他

[①] 孙庆伟:《鼏宅禹迹——夏代信史的考古学重建》,生活·读书·新知三联书店,2018年。

们身上的神性神迹都明显存在,且顾颉刚、童书业①和苏雪林②等都做过极好的归纳,现综合整理如下。

先说鲧。

(一)帝之元子。《墨子·尚贤》:"若昔者伯鲧,帝之元子,废帝之德庸,既乃刑之于羽之郊。"③元子即首子、长子。上帝的儿子,当然也是天神。

(二)窃帝息壤。《山海经·海内经》:"洪水滔天,鲧窃帝之息壤,以堙洪水,不待帝命。帝令祝融杀鲧于羽郊。"④《归藏·开筮》:"滔滔洪水,无所止极,伯鲧乃以息石息壤以填洪水。"⑤能偷窃上帝之息壤,自然不是凡人所能及,能埋塞洪水的息壤,也绝不是凡物。

(三)堙塞洪水,汩陈五行。《尚书·洪范》:"箕子曰:'我闻在昔,鲧堙洪水,汩陈其五行。'"⑥是说鲧用息壤堵塞洪水,把五行搞乱了。能堵塞洪水、搞乱五行者,也非天神莫属。

(四)命兽为患。《吕氏春秋·恃君》:"尧以天下让舜,鲧为诸侯,怒于尧曰:'得天之道者为帝,得地之道者为三公。今我得地之道,而不以为三公!'以尧为失论,欲得三公。怒甚猛兽,欲以为乱。

---

① 顾颉刚、童书业:《鲧禹的传说》,《古史辨》第七册,海南出版社,2005年,第576—584页。
② 苏雪林:《天问正简》,武汉大学出版社,2007年,第247—250页。
③ 墨子著,谭家健、孙中原译注:《墨子今注今译》,商务印书馆,2009年,第44页。
④ 袁珂译注:《山海经全译》,贵州人民出版社,1991年,第336页。
⑤ 袁珂译注:《山海经全译》,贵州人民出版社,1991年,第348页。
⑥ 屈万里注译:《尚书今注今译》,新世界出版社,2011年,第64页。

比兽之角,能以为城,举其尾,能以为旌,召之不来,彷徉于野,以患帝。"①说鲧能激怒比角为城、举尾为旌的猛兽作乱,这指挥者鲧也非神魔莫属。

(五)尸腹生子。《山海经·海内经》:"帝令祝融杀鲧于羽郊。鲧腹生禹。"②男性尸腹中能生子,也非凡人所能及。

(六)身化黄能或黄龙。《天问》:"伯禹腹鲧,夫何以变化?阻穷西征,岩何越焉?化为黄能,巫何活焉?"③《国语·晋语八》:"昔者鲧违帝命,殛之于羽山,化为黄能以入于羽渊。"④《左传·昭公七年》也有类似记载,"能"属龟鳖之类。此外也有说鲧化黄龙的,如《山海经》郭璞注引《归藏·开筮》:"鲧死三岁不腐,剖之以吴刀,化为黄龙也。"龙字繁体为"龍",与"能"字易混,笔者也疑是"能"字误作为"龍"字。这化为龟鳖的本事,也只有神才有。

大禹也有化龟的本事,在此一并例举。《绎史》卷十二引《随巢子》:"禹娶涂山,治鸿水,通轩辕山,化为熊(能)。"⑤

(七)水神。《拾遗记》载:"尧命夏鲧治水,九载无绩。鲧自沉于羽渊,化为玄鱼,时扬须振鳞,横修波之上,见者谓为'河精'。"⑥这"河精"就是河神、水神之意。鲧的水神性当来自他吸收

---

① 〔战国〕吕不韦门客编撰,关贤柱等译注:《吕氏春秋全译》,贵州人民出版社,1997年,第774页。
② 袁珂译注:《山海经全译》,贵州人民出版社,1991年,第336页。
③ 苏雪林:《天问正简》,武汉大学出版社,2007年,第233页。
④ 黄永堂译注:《国语全译》,贵州人民出版社,1995年,第543页。
⑤ 〔清〕马骕:《绎史》(一),中华书局,2002年,第158页。
⑥ 王根林等校点:《拾遗记》卷二,《汉魏六朝笔记小说大观》,上海古籍出版社,1999年,第502页。

的西亚水神哀亚和阿伯苏的神格,以及化身为西亚水神本形——龟的神迹等①。而禹因是鲧子,同样继承了水神的神格②。鲧与哀亚、阿伯苏神格上的影响关系,见下节分析。

再说禹。

据苏雪林分析,禹的天神性之强,胜过其父鲧百倍。整理如下:

(一)布土定州。《山海经·海内经》:"禹鲧是始布土,均定九州。……帝乃命禹,卒布土以定九州。"③《诗经·商颂·长发》:"洪水芒芒,禹敷下土方。"④《遂公盨铭》的首句也说"天命禹敷土",等等。这是创世神话,说大禹在原始洪渊中布土造陆,然后分为九州⑤。这当然是天神的行为。前引《山海经》也提到鲧"布土",看来鲧和禹都有造地创世的神话。

(二)奠山导水。《诗经·大雅·韩奕》:"奕奕梁山,维禹甸之。"⑥《诗经·小雅·信南山》:"信彼南山,维禹甸之。"⑦《诗经·大雅·文王有声》:"丰水东注,维禹之绩。"⑧《尚书·禹贡》:"禹敷土,随山刊木,奠高山大川。"⑨"奠""甸"义同,排列分布的意思。山、水都是禹所安排设置,岂是人力所能为?

---

① 苏雪林:《天问正简》,武汉大学出版社,2007年,第260—270页。
② 苏雪林:《天问正简》,武汉大学出版社,2007年,第270页。
③ 袁珂译注:《山海经全译》,贵州人民出版社,1991年,第336—337页。
④ 刘精盛:《诗经通释》,湖南大学出版社,2007年,第324页。
⑤ 苏雪林:《天问正简》,武汉大学出版社,2007年,第248页。
⑥ 刘精盛:《诗经通释》,湖南大学出版社,2007年,第288页。
⑦ 刘精盛:《诗经通释》,湖南大学出版社,2007年,第209页。
⑧ 刘精盛:《诗经通释》,湖南大学出版社,2007年,第255页。
⑨ 屈万里注译:《尚书今注今译》,新世界出版社,2011年,第24页。

（三）制定朝夜。《淮南子·天文训》："日出于旸谷，……，日入于虞渊之氾，曙于蒙谷之浦，行九州七舍，有五亿万七千三百九里，禹以为朝昼昏夜。"①日出日落、朝昼昏夜，是大禹制定的。

（四）测量大地四极。《淮南子·地形训》："禹乃使太章步自东极，至于西极，二亿三万三千五百里七十五步。使竖亥步自北极，至于南极，二亿三万三千五百里七十五步。"②大禹派人测量大地四极，这等气派和神功，也非人力所能为。

（五）为山川神主。《尚书·吕刑》："禹平水土，主名山川。"③意思是做名山大川的神主。《史记·夏本纪》："天下皆宗禹之明度数声乐，为山川神主。"④经刘起釪研究，认为这句是司马迁依《尚书·吕刑》所载，上帝派三个天神伯益、大禹和后稷下来"恤功于民"，其中的"禹平水土，主名山川"⑤。

（六）为社神。《淮南子·泛论训》："禹劳天下，死而为社。后稷作稼穑，死而为稷。……此鬼神之所以立。"⑥《三辅黄图》："汉初，除秦社稷，立汉社稷，其后又立官社，配以夏禹。"⑦

（七）攻戮神话人物。《国语·鲁语下》："吴伐越，堕会稽，获骨焉，节专车。……，仲尼曰：'丘闻之，昔禹致群神于会稽之山，防

---

① 〔汉〕刘安等著，许匡一译注：《淮南子全译》，贵州人民出版社，1993年，第151—152页。
② 〔汉〕刘安等著，许匡一译注：《淮南子全译》，贵州人民出版社，1993年，第229页。
③ 〔汉〕孔安国撰，〔唐〕孔颖达正义，黄怀信整理：《尚书正义》，上海古籍出版社，2007年，第776页。
④ 韩兆琦编著：《史记笺证》（壹），江西人民出版社，2015年，第72页。
⑤ 韩兆琦编著：《史记笺证》（壹），江西人民出版社，2015年，第105页。
⑥ 〔汉〕刘安等著，许匡一译注：《淮南子全译》，贵州人民出版社，1993年，第817页。
⑦ 佚名撰：《元本三辅黄图》，国家图书馆出版社，2018年，第221页。

风氏后至,禹杀而戮之,其骨节专车,此为大矣。'""骨节专车"是说一节骨有一辆车那么长,这恐怕只有希腊神话中的泰坦巨人族可比。禹的神话传说中,还有杀九首蛇身的相柳、攻伐触倒不周山的共工、锁神猴巫支祁等等。大禹能致神戮神,他自然也是神。

通过以上的梳理,鲧禹的天神性无可置疑。无论他们是一开始纯然为天神后来附加了人事因子,即神话的历史化,还是起初为人王,后来附着了神性神迹,即历史的神话化,都脱不掉他们身上弥漫着的神功和神迹。

这两位大神跟龟(其实也是神龟)都有密切的关系。下面试作分析。

首先是鲧、禹化龟,上文已揭示。所以田昌五曾说:"鲧亦作鱼玄,拆开来就是玄鱼,是龟、鳖、鼋之类的东西。"① 王小盾也说:"鲧在古人的看法中是玄鱼、玄龟或玄龟之神。"② 其次,《天问》中有"鸱龟曳衔,鲧何听焉?"一问,苏雪林解作鸱和龟在教鲧填土造地的方法。龟在这里成了鲧治水造陆的帮手。此外,苏雪林引《庄子·大宗师》中郭象注引崔譔的说法:"北海之神,名曰禺疆,灵龟为之使。"③ 并考证出这禺疆也即颛顼或鲧,皆水神。在这里,灵龟成了水神鲧的使者。最后我们来看大禹与龟的其他记载。《拾遗记》卷二:"禹尽力沟洫,导川夷岳,黄龙曳尾于前,玄龟负青泥于

---

① 田昌五:《先夏文化探索》,文物出版社编辑部编《文物与考古论集》,文物出版社,1986年,第96页。
② 王小盾:《中国早期思想与符号研究——关于四神的起源及其体系形成》,上海人民出版社,2008年,第555页。
③ 转引自苏雪林:《屈原与〈九歌〉》,武汉大学出版社,2007年,第196页。

后。玄龟,河精之使者也。"①这里的神龟也成为大禹治水的重要帮手。句中"河精"就是河神、水神,玄龟同时是水神的使者。又同书:"舜命禹疏川奠岳,济巨海则鼋鼍而为梁,逾翠岑则神龙而为驭。"②"鼋鼍"是龟鳖类,它们同样是大禹治水的帮手。《洛阳记》:"禹时有神龟于洛水,负文列于背,以授禹文,即治水文也。"③《太平广记》卷二二六"水饰图经"条引《大业拾遗记》云:"有神龟负八卦出河,进于伏牺、禹治水。"④《河洛精蕴》:"汉孔安国云:'《河图》者,伏羲氏王天下,龙马出河,遂则其文以画八卦。《洛书》者,禹治水时,神龟负文而列于背,有数至九,禹遂因而第之以成《九类》。'"⑤这三则文献均记神龟负书(八卦)以助禹治水,应是有相同来源的神话传说。

总结以上所梳理的鲧、禹与龟之关系,有三种:一是神龟是鲧、禹的化身;二是神龟是鲧、禹的助手;三是神龟是鲧、禹的使者。无论哪一种,都显示二者间的密切关系。

三、良渚文化与夏文化之关系及越地的大禹传说

良渚文化神徽处在一个无文字的大传统社会,故无法自证其

---

① 王根林等校点:《拾遗记》卷二,《汉魏六朝笔记小说大观》,上海古籍出版社,1999年,第503页。
② 王根林等校点:《拾遗记》卷二,《汉魏六朝笔记小说大观》,上海古籍出版社,1999年,第502页。
③ 转引自王得温、黄静编:《神秘的龟文化》,宁夏人民出版社,1996年,第36页。
④ 〔北宋〕李昉等编:《太平广记》(五),中华书局,2013年,第1405页。
⑤ 〔清〕江永:《河洛精蕴》,九州出版社,2011年,第4页。

与鲧禹有什么关系,而后代的文献将鲧、禹记载为夏朝夏文化的开创者。那么,要想证明良渚文化神徽是大禹或伯鲧骑龟,至少得证明良渚文化与后来的夏文化有文化交流或承续关系。

这方面的证据,已被董楚平、陈剩勇、黄懿陆、吕琪昌等数位学者从考古实物和文献两个方面深入地讨论过,此外在良渚文化分布区还有传承至今的大禹神话、传说和仪式。我们只需要好好总结这几方面的成果就行了。

董楚平从考古实物和文献两方面分析了良渚文化对中原龙山文化、陶寺文化和二里头文化的影响。他指出,当太湖地区玉器文化基本消失的时候,在山西的陶寺文化、甘肃的齐家文化和河南的龙山文化中,实然出现了本地区前所未有的玉琮、玉钺、玉璧,以及代表太湖地区其他传统文化的物件。他认为陶寺文化中的玉(石)琮、钺、破土器,石犁,漆器,等等,源头都在良渚文化。他还指出河南龙山文化中的有段石锛、扁平穿孔石斧、凿井术等,当自太湖地区传入。齐家文化中的璧、琮、穿孔石斧(钺)等,在黄河上游找不到祖型,源头当也是良渚,并经中原传入。在二里头文化中,董楚平找出了更多的良渚文化因素,例如鼎、贯耳壶、瓦形足三足盘、玉礼器、印纹陶,还有鼎、豆、壶的礼器组合,等等。此外,董还利用十一处文献证据,证明夏王朝上层有东南方的苗蛮血统。至于良渚文化影响夏文化的路径问题,他提出江淮的薛家岗文化是中介,所以良渚文化是通过江淮地区传播到中原的①。

---

① 董楚平:《吴越文化新探》,浙江人民出版社,1988年,第90—115页。

陈剩勇以一本专著回答了良渚文化与夏文化的关系①。他的基本观点是：夏族的发祥地在长江下游良渚文化分布区，夏朝崛起于东南地区，良渚文化末期（也称夏禹宇宙期）的海侵事件②，导致夏人主体特别是社会上层北迁和南徙，其北迁者进入中原，创造了中原夏文化。夏禹宇宙期海侵的考古学证据，则是在诸多良渚文化遗址之上，普遍发现了海侵痕迹——淤泥、泥炭和沼铁层③，有学者更是列举了被淹没于湖泊、泥沼或被淤泥、泥炭覆盖的良渚文化聚落多处④。中原的鲧、禹治水传说，当是以良渚文化末期海侵事件为历史素地的神话表达。关于夏人北迁的证据，陈剩勇列举了10种，笔者认同其中的9种，分别是夏执玄钺与东南史前文化中的石钺，二里头青铜鼎与源自薛家岗文化、良渚文化的陶鼎，夏后氏之璜与良渚文化玉璜，夏后氏玄圭与东南史前文化玉石刀、圭形器，夏社与良渚文化祭坛，夏后氏墼周与良渚文化红烧土块堆置墓穴周围的葬俗，起源于夏、流行于三代的鼎、豆、壶随葬礼器组合与良渚文化中的同类器，瓦形足三足簋、鸭形壶在二里头文化和良渚文化中互见，夏代礼器尚黑与良渚文化黑陶，等等。陈著中列举的这9种夏文化因素，均可在良渚文化中找到源头，揭示了二者密切

---

① 陈剩勇：《中国第一王朝的崛起——中华文明和国家起源之谜破译》，湖南人民出版社，1994年。
② 叶文宪：《距今4000年前后的文化断层现象和良渚文化的北迁及其归宿》，浙江省社会科学院国际良渚文化研究中心编《良渚文化探秘》，人民出版社，2006年，第149页。
③ 陈剩勇：《中国第一王朝的崛起——中华文明和国家起源之谜破译》，湖南人民出版社，1994年，第204、299页。
④ 吴建民：《长江三角洲史前遗址的分布与环境变迁》，《东南文化》1988年第6期，第22、26页。

的源流关系。

笔者基本认同陈剩勇关于良渚文化与夏文化关系的观点,略有差异的仅是认识的角度和程度。例如,笔者以为,夏文化仍创始于中原嵩洛地区,不渊源于东南的良渚文化,后者只是构成夏文化特别是夏文化上层的重要文化质素。也即,良渚社会上层在海侵事件中被迫外迁,他们中的重要一支迁到嵩洛地区后,与当地的中原龙山文化、西来的齐家文化相遇,形成了全新的夏文化;并且将形成于东南的鲧、禹治水英雄传说带到中原,演变成中原的治水传说。

黄懿陆通过对《山海经》的解读,认为《山海经图》中记录了良渚先民因洪水而北迁中原的史事①。特别是《山海经·西山经》中的《西次三经》,讲述了"良渚先越之民长途跋涉,历尽千山万水之后,终于到达黄河南岸,从而攻占其地在中原建都之前的故事"②。这种通过对传世文献的全新解读而得出的新认识值得关注。

吕琪昌另辟蹊径,通过探索夏文化的重要礼器——封顶盉、爵、斝的起源和传播路线,得出夏王朝主体渊源于良渚文化的结论③。具体来说,他发现夏文化封顶盉源于太湖地区的陶鬶,青铜爵则是环太湖地区小型陶鬶的"后裔",青铜斝则源自良渚文化的

---

① 黄懿陆:《〈山海经〉考古——夏朝起源与先越文化研究》,民族出版社,2007年,第2—5页。
② 黄懿陆:《〈山海经〉考古——夏朝起源与先越文化研究》,民族出版社,2007年,第141—146页。
③ 吕琪昌:《青铜爵、斝的秘密——从史前陶鬶到夏商文化起源并断代问题研究》,浙江大学出版社,2007年;吕琪昌:《青铜爵与良渚陶鬶的关系再议》,《华夏考古》2011年第4期,第1页。

漆觚。远古礼器的象征意义至深且大,在"唯器与名,不可以假人"的时代,这源自良渚文化的夏文化三大礼器,只有认同使用它们的两大族群有共同的文化根基才能说得通。

以上四位学者的研究,指向一个共同的文化现象,即夏文化诸多文化因素,尤其是代表夏族上层社会精神文化的礼器、礼制,多来源于东南地区的良渚文化。由此他们推断因良渚文化末期海侵事件的发生,良渚人群的重要一支北迁到中原创造了夏文化,良渚文化与夏文化是源与流的关系。那么,作为良渚文化神徽"伯鲧御龟"或"大禹骑龟"的主要形象的鲧或禹,随着良渚人的北迁而传播到中原并成为夏人的始祖,以及鲧禹治水神话和传说形成,就顺理成章而不足为奇了。

海侵过后的太湖流域,后来形成了吴越文化。越人自称是禹后,在越文化分布区,流传着大量的大禹传说和故事,遗留下大量崇禹祭禹的遗迹遗物。传说故事有"禹禅会稽""禹会会稽""禹娶涂山""禹葬会稽""禹疏了溪""会稽鸟耘"等①,文物古迹有涂山、涂山禹庙、石船石帆、铁履铁屐、禹宗庙、大禹陵、禹庙、禹祠、禹珪璋璧佩、禹剑、岣嵝碑、大禹寺、菲饮泉、禹井、宛委山、禹穴、禹会乡等②,保留至今的仪式活动则有"祭禹"③。这种种物质和非物质文化遗产,足以说明大禹与越文化、越地的密切关系。至于奉鲧、禹

---

① 周幼涛:《浙江绍兴禹迹述论》,李永鑫主编《大禹研究概览》,绍兴市社会科学院(内部发行),第173—176页。
② 邹志方:《大禹与大越》,陈瑞苗、周幼涛主编《大禹研究》,浙江人民出版社,1995年,第43—45页。
③ 周幼涛:《祭禹丛考》,陈瑞苗、周幼涛主编《大禹研究》,浙江人民出版社,1995年,第79—150页。

为祖神并镂刻其形象于玉器上的良渚人,不是因海侵事件而外迁了么？为何事隔1000余年后,在越地重又出现大禹崇拜了呢？我的理解是,虽然良渚族群的上层及大部分族群确已北迁南徙,但仍有少部分蛰居于高处未曾浸于水下的良渚聚落,生存于此的少部分良渚人与后来迁入的马桥人融合,并继续演变出越文化,正是这少部分良渚人将大禹崇拜保留了下来。此外,也不排除另一种可能,即北迁中原的良渚人后代的部分回迁,他们同样可以将大禹崇拜带回故地。《史记·越王句践世家》中追述越王世系,正是持后一种观点①。且这两种情况也不矛盾和排斥,可以共存。

四、西亚创世神话与鲧、禹之关系及良渚文化中的外来文化

西亚创世神话体现在近东开辟史诗中,史诗虽言及多位创造主,我们这里仅介绍与鲧、禹有影响关系的两位,即水星神(水神)哀亚和木星神马杜克。

前文已详述西亚创世神话人物,我们来看看他们在中国的符合者鲧、禹是如何与之相符合的。

经顾颉刚、苏雪林等的研究,鲧、共工均是中国的水神,大禹也深具水神性。鲧和共工分别对应于西亚甘水神哀亚和咸水神阿伯苏,大禹则对应于木星神马杜克。但鲧和共工也经常相混,经研究,鲧和共工实际上是一神,有他们俩大量雷同的神格和神迹为

---

① 〔汉〕司马迁:《史记·越王句践世家》,中华书局,1982年,第1739页。

证①。且即便从表面上看,"共工"不过是"鲧"音的缓读,"鲧"则是"共工"的急音。② 苏雪林则认为,"鲧"和"共工",都是原始女怪之名"Kudarru"的音译③。这种相混,当是西亚水神本是一神而后一分为二的结果。鲧和共工的二分,应是西亚水神哀亚和阿伯苏在不同情况下流传进来的结果。而且,鲧的神格中有善恶参半的现象,也是西亚原始深渊有善有恶,分而为善恶二神的缘故。

中国神话中的鲧腹生禹,简直就是阿伯苏腹中诞出马杜克的翻版,阿伯苏或哀亚与马杜克、鲧与禹,均是父子关系,两相对应,纹丝不差。而鲧被杀于羽山三年不腐,经巫者法术而复活并化为黄能入羽渊。这里的巫者、复活二节正可对应于哀亚为大巫,有起死回生法力的故事。伯鲧为帝之元子,跟哀亚为天帝阿努之子也画上了等号。

还有鲧、禹化龟神话,跟鲧的对应者哀亚或阿伯苏有龟形化身有关。鲧、禹都有的布土造地神话,也跟其对应者哀亚、马杜克父子在西亚神话中的创造主地位相一致。

阿伯苏在神魔大战中败北,身被戮。这就是伯鲧虽布土造地、息土填洪但仍然落得被殛于羽山的命运之前因。而其子伯禹做的是同样的布土造地、奠山导水的工作,却能被封赏拥戴,这也是由于其前身西亚创世大神马杜克所拥有的崇高地位对大禹的影响。

大禹虽吸收了西亚群神领袖木星神马杜克的诸多神迹神功,

---

① 苏雪林:《天问正简》,武汉大学出版社,2007年,第253—254页。
② 杨宽:《中国上古史导论》,《古史辨》第七册,海南出版社,2005年,第195页;顾颉刚、童书业:《鲧禹的传说》,《古史辨》第七册,海南出版社,2005年,第582页。
③ 苏雪林:《天问正简》,武汉大学出版社,2007年,第266页。

可也具备许多水神的神性。这是因为，大禹也继承了其父伯鲧及其西亚原型哀亚、阿伯苏的水神性。因此西亚父子神哀亚、马杜克的神性集于大禹一身。

上文讨论了鲧、禹的诸多神格，二者可与西亚创世父子大神哀亚、马杜克相对应，鉴于西亚创世神话的久远，当是后者影响到了前者。那么问题来了，在距今4500年的良渚文化中期，就受到了域外文化包括神话的影响了吗？或者说，在良渚文化中，有受到域外文化影响的其他先例吗？我们的答案是：有。下面以良渚文化玉器上的昆仑形象为例说明。

笔者曾归纳过良渚文化13例玉器上的刻符（图3-5）[1]，认为它们是对昆仑山形象的刻画，可这昆仑形象和昆仑神话，并非古代中国的"土产"，而是世界昆仑神话的东方一支而已。世界昆仑神话的源头在西亚两河流域，在西亚神话中，有一世界大山，名Khursag Kurkura，为诸神聚居之处，其后，西亚又有一种人工的多层庙塔，称Ziggurat或Zikkurat，是对前者的模拟。"昆仑"二字，当是外来词，苏雪林认为它译自Kurkura，意为"大山、高山"[2]，凌纯声和杨希枚则认为它译自Zikkurat之第二、三音节，义为"崇高"[3]，林梅村另辟蹊径，认为它译自吐火罗语kilyom，义为"圣天"，汉代以后

---

[1] 宋亦箫：《大汶口文化和良渚文化刻符中的昆仑形象》，《民族艺术》2018年第3期，第110页。

[2] 苏雪林：《昆仑之谜》，《屈赋论丛》，武汉大学出版社，2007年，第512页。

[3] 凌纯声：《昆仑丘与西王母》，《"中央研究院"民族学研究所集刊》第二十二期（1966年），第219页；杨希枚：《论殷周时代高层建筑之"京"、昆仑与西亚之Zikkurat》，《先秦文化综论》，广西师范大学出版社，2008年，第80页。

也译为"祁连"①。其实这三说并不矛盾,且能互补,在昆仑神话中,昆仑山正是崇高、神圣且上通于天的大山。

图3-5 良渚文化玉器上的昆仑形象刻符

  中国的昆仑山,一如希腊的奥林匹斯山、印度的苏迷卢山(须弥山),是西亚 Khursag Kurkura 的翻版②,因此它首先是一座存在于昆仑神话中的神山。但信奉昆仑神话的族群,也会在他们的活动范围内指定一处高山,作为现实生活中的昆仑山。古代中国境内被指定为昆仑山的名山总计有十多处③。《山海经》《淮南子》等典籍中所记载的"昆仑丘"和"昆仑虚",则属仿自昆仑山的人工多层建筑,或者说它仿自西亚的多层庙塔 Ziggurat。

  信奉昆仑神话的族群,除了会指定一处高山作为现实版的昆仑山(例如大汶口文化族群之于泰山,良渚文化族群之于瑶山,越人之于会稽山等),也会在一些相关礼器上刻画昆仑山的象征形象,以强化这些礼器的祭祀功能。这样的昆仑形象刻符,除了良渚

---

① 林梅村:《祁连与昆仑》,《汉唐西域与中国文明》,文物出版社,1998年,第64—69页。
② 苏雪林:《昆仑之谜》,《屈赋论丛》,武汉大学出版社,2007年,第512页。
③ 宋亦箫:《昆仑山新考》,《丝绸之路研究集刊》第四辑,商务印书馆,2019年,第1—19页。

文化中有,笔者也在大汶口文化陶尊上找到了类似的形象①。可见,在新石器时代的东亚沿海,受到域外文化影响很正常,我们完全不必怀疑早期人类的远距离迁徙和文化传播能力。

因此,既然源自西亚的昆仑神话可以传到良渚文化地区,那同样源自西亚的创世神话和哀亚乘龟或马杜克乘混沌孽龙神话(图3-6),也可以传到良渚文化中。其中,鲧、禹神话吸纳的是西亚创世神话,而良渚文化神徽,则形象地反映了大禹或伯鲧骑龟的神话意蕴。

图 3-6 马杜克骑乘混沌孽龙

---

① 宋亦箫:《大汶口文化和良渚文化刻符中的昆仑形象》,《民族艺术》2018 年第 3 期,第 108 页。

五、玉礼器上刻"大禹骑龟"神徽之功能

"大禹骑龟"神徽始见于良渚文化中期,是中晚期玉器上最通行的纹饰。关于它的内涵,蒋卫东总结道,绝大多数学者都认为它是良渚文化玉器上最为重要且地位最高的纹饰,有着沟通天地人神的象征性功能,是良渚文化神崇拜的灵魂所在①。这与刘斌认为的神徽是"氏族首领(祖先崇拜)和图腾神(图腾崇拜)结合的造神反映"②等都大致不差,差只差在未进一步说破这神崇拜的灵魂是谁,这氏族首领和图腾神又是谁。我的回答则是,这神崇拜的灵魂、氏族首领和图腾神是大禹和他的坐骑(也是化身、助手和使者)神龟。

明确了这神徽的具体形象内容,还是要回答一下良渚人为什么要在玉礼器上镂刻他们的祖神和神龟?

我的理解是,良渚文化中期,良渚人吸收了外来的哀亚和马杜克创世神话,并且将创世神的神格融入本民族的祖神身上,形成父子始祖神鲧、禹神话,他们将始祖神大禹和他的化身龟镌刻在各式玉器上,构成"大禹骑龟"神徽,以达到强化玉礼器作为沟通天地神人的功能的目的。除了重要的玉琮上琢刻的是完整的大禹骑龟形象,良渚人也在其他诸多玉器上施刻只保留神人大禹或只有神龟的简化形象,以营造祖神无处不在、随时随地保佑他的子民的神秘

---

① 蒋卫东:《天地与祖先——良渚文化玉器神人兽面纹的解读》,《美成在久》2014年第11期,第24页。
② 刘斌:《良渚文化玉琮初探》,《文物》1990年第2期,第32页。

氛围。

那么这域外的创世神话,是如何传播到良渚文化区的呢?鉴于大汶口文化中晚期与良渚文化的广泛交流,以及大汶口文化所在的齐地流传久远的"八神将"和"八主祠"神话,经苏雪林考证,此类神话完全是西亚七星神话的翻版。八主神话中的天主,其对应的西亚主神正是水神哀亚①,还包括山东的泰山神话(也即昆仑神话)和三皇五帝神话中的外来文化因素等等②。笔者由此推断,良渚文化的创世神话,受到的是大汶口文化的影响,鲧禹神话当与八主神话有共同的来源。

还需一议的是这神徽中的神人,到底是鲧还是禹?笔者虽在文题上标明是"大禹骑龟",但文中也出现过"伯鲧御龟"和"大禹骑龟"互见的情况。这是因为笔者也吃不准这神人到底鲧还是禹,两种可能性都存在。原因是作为鲧禹原型的哀亚和马杜克,以及鲧、禹本身,都是创世神,又都有水神性,都有转化为水神的本形——龟的神话,我们虽然可以确定良渚文化神徽镌刻的是创世水神与他的本形龟转化而来的坐骑之间的骑乘形象,但确定不了良渚人当时崇奉的主神到底是鲧还是禹。但鉴于后来越地祭祀和供奉的是大禹,夏人也是奉大禹为始祖和夏朝的创立者,再加上西亚也有大禹的符合者马杜克乘混沌孽龙的故事和图像,因此我们倾向将神徽命名为"大禹骑龟"。

水神与他的本形龟构成骑乘关系,已成为古代神话中的经典

---

① 苏雪林:《我研究屈赋的经过》,《屈赋论丛》,武汉大学出版社,2007年,第11页。
② 宋亦箫:《大汶口文化和良渚文化刻符中的昆仑形象》,《民族艺术》2018年第3期,第112—113页。

意象。古代中国还曾见过禹疆使龟、魁星独占鳌头(鳌即大龟)、真武大帝乘龟、台湾王爷(水神)爱兽为龟等记载或图像,域外的类同神话则有哀亚乘龟、马杜克骑混沌鼙龙(龟形)、印度偏入天(水神)乘龟等等。它们显然有着共同的神话源头。

魁星点斗和独占鳌头作为民俗熟语和吉祥图案(图3-7),在传统中国特别是科举时代流传得极为广泛,我们若将该图案作些解析,便可发现它与良渚神徽异时而同构,有着若隐若现的同源关系。

在常见的图像中,魁星为一人形,右手持笔,有的身旁还有一墨斗和数星相连,魁同奎,也同夔、馗等,是二十八宿中主文运、文章的奎星神,他单足踩在一巨鳌(鳌即大海龟或鳖)身上,另一足向后跷起,"独占鳌头"一语便因此而来,这也让我们想到了"夔一足"的古语。持笔的魁星被历代科举士子膜拜,体现了他的智慧神格,这完全同于伏羲、鲧、禹一系的被传为中华民族贡献了各种发明创造的智慧神神格。因此,从大传统社会的良渚神徽,到小传统社会的商周铜器铭文上的人龟组合图案,再到更为普及的魁星点斗和独占鳌头民俗图像,它们都是在鲧禹神话原型的基础上的重新编码和"置换变形"①,但万变又不离其宗,其人龟组合的基本架构一直未变。这是N级编码理论的极生动案例。

---

① 叶舒宪等编:《文化符号学——大小传统新视野》,陕西师范大学出版总社,2013年,第40页。

图 3-7　清雍正粉彩"魁星点斗独占鳌头"纹笔筒

六、结论

　　良渚文化神徽是"大禹骑龟"神话意象。神徽的下半部分是兽面纹,虽只夸张地刻画了神兽的眼、鼻、口和带爪的前肢及肢体上的"漩涡纹",但我们通过这局部的外形即可判定它是龟。再加上文献记载中龟具灵性、用于占卜,良渚玉琮的形制仿自龟。以及商周金文中的诸多人龟组合图案等旁证,可确信这神人兽面纹中的兽面是龟形。

　　鲧、禹虽处在中国历史中的传说时代,但多有将其当作历史人物的情况,即便如此,我们也无可否认他们身上具有天神性,这到底是神话的历史化,还是历史的神话化,现在还难有结论。在鲧、禹的神迹中,他们都是布土定州的创世大神,深具水神性,都有转化为龟的经历,神龟在他们的治水造陆神话中都充当助手和使者。可见天神鲧、禹与神龟有密切的关系。

大禹在史籍中被记载为中原的治水英雄、夏文化和夏朝的创立者,似乎与良渚文化搭不上关系。但经过考古学和文献的研究,我们发现良渚文化与夏文化是源和流的关系,在良渚文化末期,因遭遇夏禹宇宙期海侵事件,良渚文化族群大部北迁南徙,北迁的一支到达中原,与当地龙山文化以及西来的齐家文化族群相遇,形成了以良渚人为社会上层主体的夏文化。他们除带给了中原地区礼器和礼制文化外,还将祖神鲧、禹以及治水神话带到了中原,并以大禹作为全体夏人的始祖和夏朝创立者。在后来的越文化中,也有"越为禹后"一说。越文化分布区形成了众多的大禹传说、大禹遗迹和遗物,以及流传至今的"祭禹"仪式活动。这从另一个侧面印证了大禹与越地的密切关系。

其实天神鲧、禹,有诸多神格与西亚创世神话英雄哀亚及其子马杜克相符合,这是后者影响前者的结果。域外神话进入良渚文化区,鲧、禹神话并非孤例。在良渚文化玉器刻符中,有若干昆仑形象,它们与大汶口文化陶尊上的昆仑形象刻符一样,都是受到西亚昆仑神话影响的结果。而良渚外来文化,当是受到更早期就深染外来文化的大汶口文化的影响。

自良渚文化中期以来,良渚人自大汶口文化吸收引进域外的哀亚和马杜克创世神话,将创世神的神格融入本民族的祖神鲧、禹身上,形成父子始祖神鲧、禹神话,并将大禹和他的化身龟琢刻在各式玉器上,构成"大禹骑龟"神徽,以达到强化玉礼器作为沟通天地神人功能的目的。除了在重要的玉琮上刻的是完整的大禹骑龟形象外,在其他诸多玉器上也施刻只保留神人大禹或只有神龟的简化形象,以营造祖神无处不在、随时随地保佑他的子民的神秘氛围。

第四章　大禹神话及其在晴川阁的传说

本章提要：大禹是中国"历史"和神话中的重要人物。有关他是神还是人的讨论，近代以来一直是学界的热点。到今天仍没有统一的结论。我们在继承前人相关研究的基础上，认同鲧、禹是天神，其神话受到了近东神话影响的观点。并指出我们今天仍然要保护、研究和纪念大禹传说遗存的意义，不是为了证明他是历史人物，而是要挖掘、继承和发扬已凝练成中华民族精神重要组成部分的大禹文化。

武汉晴川阁与黄鹤楼隔江相望，号称"楚国晴川第一楼"，是武汉市重要的风景名胜区。与黄鹤楼相比，晴川阁有一个很大的特色，就是散布在景区内的众多大禹传说遗存，例如禹功矶、禹稷行宫、禹碑亭、禹柏等，以及近年在其旁修建的大禹神话园。为了加强大禹文化的研究，晴川阁还成立了大禹文化博物馆。笔者近年来着意探讨三皇五帝神话，自然也旁及鲧、禹传说和神话。鉴于当

第四章　大禹神话及其在晴川阁的传说

今学界及普通民众对大禹神人莫辨的模糊和错误认识,尽管有诸多的大禹研究珠玉在前,我们认为仍有再提出再分析的必要。为此,我们在考察晴川阁大禹传说遗存的基础上,梳理自古以来的大禹研究成果,谈一点我们对大禹神话和大禹文化的认识,求教于方家。

一、大禹研究现状

对大禹其"人"的记述,最早可以追溯到《诗经》《尚书》中的西周篇章,金文资料则有2002年由保利艺术博物馆购得的遂公盨,其铭文记有上帝命大禹布土导水事迹[①]。之后,见于经籍和诸子的记载渐多。照顾颉刚的分析,西周时的大禹有着明显的天神性,但春秋战国以来,渐趋人格化和历史化,随后在两千多年的传统社会中,大禹被当作夏朝的开国圣王和治水英雄,广受中国百姓的追崇和爱戴。到了20世纪20年代,以顾颉刚为首的古史辨派起而质疑流传了三千年之久的古史传说系统,将大禹由人还原为神。但50年代以来,因受政治和意识形态影响,古史辨派连同大禹为神的观点都在肃清之列。到了90年代,中国考古学的发达,推动了夏商周断代工程和文明探源工程的上马,兴起了一股信古、复古之潮,他们似乎认为,只要在传说的大禹时代,有可比勘的考古学文化、有洪水遗迹,就可坐实大禹治水和建立夏朝的史实。例如安徽蚌埠禹会村发现了龙山文化晚期遗址,其时代、各种遗迹现象、出土

---

① 保利艺术博物馆:《遂公盨——大禹治水与为政以德》,线装书局,2002年,第13页。

器物和部分祭祀用具、礼仪性建筑基址,当然还有"禹会村"的村名和地理位置,都和传说中的"禹合诸侯于涂山"挺"相符"①,如是便以为这与"禹会诸侯"事件有关,甚至进一步认为对考证涂山地望、文明探源工程等具有意义。下此论断者的先有观点是"禹会诸侯"定是历史事件,但即便是真实存在过的历史事件,没有过硬的证据,是不好说它们有对应关系的,更何况这可能是靠不住的传说,用此传说来对应考古学遗存,岂不荒唐。因此笔者以为,对文字出现前的考古学遗存与历史事件的对应考证,要慎之又慎。

微信朋友圈热传一篇文章,资料源于美国的《科学》(Science),讲的是南京师范大学吴庆龙团队发现了青藏高原边界一处远古滑坡遗址,并证明因滑坡形成的堰塞湖崩溃,瞬间倾泻而出的洪水足以造成黄河下游的改道和绵延的洪灾。并论证这次溃堤与中原地带大规模的文化转型事件在时间上十分贴合。由此认为"大禹治水"不再口说无凭,为中华文明起源和夏朝的存在提供了史籍、考古证据以外的佐证云云。朋友圈的热传,体现了民众的识见和愿望。但笔者仍然要说,滑坡遗址、堰塞湖及其崩溃,只能证明历史上存在过洪水事件,并不能直接佐证治水事件乃至"大禹治水",上述洪水事件与中原地带大规模文化转型若真有因果关系,也完全可以是洪水后的家园重建和文化重建,并不一定要有治水英雄甚至是有名姓的大禹(姓姒,号文命)存在才符合历史发展。这是又一例似是而非的"历史"证据。

综观大禹研究的各方观点,笔者认同顾颉刚的看法,想在此基

---

① 中国社会科学院考古研究所等:《蚌埠禹会村》,科学出版社,2013年,第421—428页。

础上,结合苏雪林在研究《天问》中的鲧、禹故事时所作的中外神话分析,希望能够进一步地推动对大禹神性及其渊源的认定,并表达我对武汉晴川阁大禹传说遗存的基本看法。

二、鲧禹故事是神话而非信史

笔者梳理了古史辨派及与该派持相同观点的数位名家的大禹研究,只要不存偏见,其鲧、禹故事是神话的观点理据充分,是不用重新加以论证的。但今天的学术界,在大禹是神还是人的问题上,竟然还如此针锋相对或模糊不清,一方面是因为1950年代以来的政治和意识形态影响,以及考古学发展后的盲目自信;另一方面,则是忽视和抛弃了对古史辨派及其同路者的大禹研究成果的继承。在学者模糊不清的普及和机构的有意宣传下,普通民众几乎是一边倒地认为大禹是历史人物,至少也是历史的神话化而已。为正本清源,我们认为有必要从继承古史辨派及其同路者的大禹研究成果开始,逐渐去伪存真,达成一个接近历史真相的共识。

顾颉刚在1923年提出他的著名的古史构建"层累说"时,以大禹问题为案例对其作了通盘的研究。他提出"禹为天神""禹与夏没有关系""禹是南方民族的神话中的人物"[1]等观点,一扫将大禹看作夏朝的开国圣王的传统认识。在当时,虽批评者有之,但拥护者也不少,例如学界巨擘胡适、钱玄同等,他们分别在报刊撰文呼应,这些文章其后均编入《古史辨》第一册中。1937年,顾颉刚和童

---

[1] 顾颉刚:《古史辨》第一册,海南出版社,2005年,第109—118页。

书业合写《鲧禹的传说》,除对上述观点又作了更透彻的论证外,还提出禹的神职是"山川主神",是"社神",也是古籍上提到的"后土"和"句龙"等①。杨宽在他的《中国上古史导论》里,论及鲧禹,认同顾、童的观点②。

文学家茅盾在1920年代也作过神话学的研究。他认为"几千年来,黄帝、神农、尧、舜、禹、羿等人,早已成为真正的历史人物",但"一切古代史的人物,从黄帝以至禹,每人都有些'不雅驯'的神话黏附着,而因此使我们有理由可以断言禹以前的历史简直就是历史化了的古代神话","和羿一样,禹也是古代神话中的为民除害的半神英雄",等等。③ 茅盾将三皇五帝和鲧禹看作神话人物的态度十分明显。郭沫若在《中国古代社会研究》中,承认顾颉刚的"层累地造成的古史"是卓识,并提出"禹当得是夏民族传说中的神人"的见解。④

当代学者裘锡圭和王宇信也有类似看法。裘锡圭同意顾颉刚的"禹为天神"的观点⑤,王宇信认为,"广为流传的鲧禹种种事迹,当是战国时人根据千百年来民间的传说和自己的政治需要加工整理而成,是种神话传说而非信史"⑥。

---

① 顾颉刚、童书业:《鲧禹的传说》,《古史辨》第七册,海南出版社,2005年,第575—595页。
② 杨宽:《中国上古史导论》,《古史辨》第七册,海南出版社,2005年,第205—212页。
③ 茅盾:《神话研究》,百花文艺出版社,1981年,第160—217页。
④ 郭沫若:《夏禹的问题》,《中国古代社会研究》附录之九,商务印书馆,2011年,第323页。
⑤ 裘锡圭:《新出土先秦文献与古史传说》,《中国出土文献十讲》,复旦大学出版社,2004年,第22页。
⑥ 王宇信:《由〈史记〉鲧禹的失统谈鲧禹传说的史影》,《历史研究》1989年第6期。

最后要提到的是文学家兼学者苏雪林,她研究屈原《天问》,除认同顾颉刚等的鲧禹为天神的观点外,还进一步指出,鲧禹神话并非中国的独创,它受到了外来神话的影响。① 这就在主张鲧禹故事是神话的上述诸位先生的论证之外,增加了对该神话的源头的探索,为坐实顾颉刚等的神话观起到了奠基性作用。我们将在下节作进一步介绍。下面简述一下数千年来将鲧禹神话当作信史的缘由。

其实顾颉刚对此也有分析,他认为"古人对于神和人原没有界限,所谓历史差不多完全是神话。……自春秋末期以后,诸子奋兴,人性发达,于是把神话中的古神古人都'人化'了"②。这说的正是我们后来习称的"神话历史化",这大概是人类理性抬头后对自身历史追踪时的惯常表现,不单存在于中国。但能认识到这一现象的存在则是近代以来的事。跟普通民众比起来,研究古史的学者更应该在其研究中充分利用这一认识。

三、鲧禹神话受到了近东神话的影响

鲧禹故事的诸多情节,如"窃帝之息壤""奠山导水""鲧腹生禹""鲧禹化黄能""大禹锁蛟"等,这些非人力所能及的行为,一方面昭示了鲧禹的天神性,另一方面还能让我们比较出鲧禹的诸般神功,竟然多能在近东开辟史诗中找到原型。这些原型人物有水主兼水星神、创造主哀亚,咸水神阿伯苏,水星神尼波,木星神、创

---

① 苏雪林:《天问正简》,武汉大学出版社,2007年,第233—281页。
② 顾颉刚:《答刘胡两先生书》,《古史辨》第一册,海南出版社,2005年,第105—106页。

造主马杜克,等等。下面我们先简述这些原型人物及其与鲧禹可对应的事功,并与鲧禹的事迹进行对比。

前文曾提到,原始女怪生出许多天神,天帝阿努、水主哀亚皆其子孙。后来原始深渊分化为甘咸二水,哀亚主甘水,为善神,阿伯苏主咸水,为恶神。中国古籍中的共工及伯鲧,当皆由阿伯苏变来①。我们可以在文献中找出许多情节,一说是共工所为,又说是伯鲧所做②,正印证了他俩只不过是西亚神话中的恶神阿伯苏在不同阶段被引进中国所造成的分化而已。由于阿伯苏的恶神性,使得共工和伯鲧在中国神话里也成为四凶之二。当然,鲧在中国文献中也有布土造地治水等善行,这一方面是因为阿伯苏本为原始深渊有其创造天地而利世的一面,另一方面则是鲧也因袭有善神哀亚的特性所致。阿伯苏在神魔大战中败北,身被戳。这就是伯鲧虽布土造地、息土填洪但仍然落得被殛于羽山的命运之所由。而其子伯禹虽做的是同样的布土造地、奠山导水的工作,却能被封赏拥戴,这也是由于大禹的前身是西亚创世大神马杜克,后者拥有的崇高地位对大禹的影响所致。

"共工"不过是"鲧"之音的缓读,相反,"鲧"字实际上是"共工"的急音。这是杨宽、顾颉刚等早就发明的观点③。苏雪林则认为,"共工"和"鲧",也是原始女怪之名 Kudarru 的音译,印度偏入天的坐骑神龟叫 Kurma,与 Kudarru 也为对音关系。而原始女怪正

---

① 苏雪林:《天问正简》,武汉大学出版社,2007 年,第 260—270 页。
② 杨宽:《中国上古史导论》,《古史辨》第七册,海南出版社,2005 年,第 192—196 页。
③ 杨宽:《中国上古史导论》,《古史辨》第七册,海南出版社,2005 年,第 195 页;顾颉刚、童书业:《鲧禹的传说》,《古史辨》第七册,海南出版社,2005 年,第 582 页。

有龟形,鲧化为黄能入于羽渊,苏雪林证黄能正是一种大龟,而不是什么熊。①

开辟史诗还有一种说法是原始女怪之夫魔军统帅京固败于火神,被火焚死。西亚神话中的夫妻父子经常混同互换,这里的京固也就相当于原始女怪或阿伯苏。而《山海经》中有"帝令祝融杀鲧于羽郊"之说,祝融是中国的火神。显然这也是外来的情节被安排在祝融与鲧的身上所致。

西亚开辟史诗中的神魔大战以神方胜利而结束。创世主哀亚用催眠法将魔军统领阿伯苏催眠,夺其冠冕,析其筋肉,锁而杀之。这个情节到中国则变成了大禹锁蛟(巫支祁)神话。哀亚在阿伯苏遗体上建居所,生出群神领袖马杜克,另一说则是马杜克从阿伯苏尸腹中诞出。中国神话中的鲧腹生禹,显然是阿伯苏腹中诞出马杜克的翻版,显示出这两对父子的对应传播关系。知道了这层渊源,就不必像一些学者那样非得去做论证鲧为女性才能生禹等徒劳无功的事了。因为这本是神话,是源自近东的阿伯苏腹诞马杜克的神话。

水主哀亚被称为"群神之大巫",哀亚因此有起死回生的法力,他的祭司总是唱道:"我是哀亚的祭司,我能使死者复活。"伯鲧被杀于羽山三年不腐,经巫师的法术而复活并化为黄能入羽渊。这里的巫师、复活二节正可对应于哀亚故事。哀亚,有说是原始女怪直接所生,在西亚神统记里也常被说成是天帝阿努之子。而《墨子·尚贤》载"昔者伯鲧,帝之元子"②,这就跟哀亚为天帝阿努之

---

① 苏雪林:《天问正简》,武汉大学出版社,2007年,第268、271—272页。
② 吴毓江撰,孙启治点校:《墨子校注》,中华书局,1993年,第78页。

子画上了等号。

还有就是哀亚曾是西亚神话中的创造主(齐地八神中的天主,正是水星神哀亚,奉水星神哀亚为天主,体现了齐地八神神话传来时应在哀亚作为创造主的西亚苏美尔神话时期),后来其子马杜克也有屠龙创世之伟业。而中国文献中也屡提"鲧、禹是始布土,均定九州"等布土造地的业绩。鲧、禹各称伯鲧、伯禹,这"伯"字,并非要说他们均是长子,也不是说他们有"伯"之爵位,应是"爸""父"之义,是人类祖之意。这也跟哀亚、马杜克父子在西亚神话中的创造主地位相一致。

上面所论以伯鲧为主,讨论了近东开辟史诗中的哀亚、阿伯苏与伯鲧的对应关系。下面我们再具体看看大禹与西亚神话原型马杜克、尼波的对应关系。

大禹既吸收了西亚群神领袖木星神马杜克的诸多事迹和印迹,也具备水星神尼波的神性。这是因为,大禹一方面继承了其父伯鲧及其原型哀亚、阿伯苏的水神性,也像哀亚、阿伯苏与马杜克为父子关系一样,与伯鲧为父子关系,所以自然要继承阿伯苏之子马杜克的神性。在西亚神话中,马杜克是哀亚之子,但又与哀亚的"符合者"尼波有父子关系,这就相当于本为一身的哀亚和尼波,从父亲(哀亚)一角转变成了儿子(尼波)。西亚神话中这种角色转换所在多见,我们就见怪不怪吧。提请注意的仅是这对父子的神性已集中于大禹一身。哀亚本有龟形、蛇形等变形,正可对应鲧禹父子兼有的龟(黄能)形和蛇(句龙)形。

近东神话中,马杜克打败原始女怪后,将这个庞然大物(即龟形)劈为两半,上半造天盖,下半造大地①,并用女怪身体各部件造成天地万物。他还步天、察地、测深渊之广狭②。大禹也有布土定九州、奠山导水、制定晨昏的功绩。他还以太阳行程为根据,测得空间有五亿万七千三百九里,这是步天。命太章、竖亥量东西南北四极的里数,这是察地。测鸿水渊薮,这是测深渊③。大禹的"息土填鸿",通常认为就是治理洪水,其实不然。《淮南子·地形训》言:"凡鸿水渊薮自三百仞以上,二亿三万三千五百五十里,有九渊。禹乃以息土填洪水以为名山,掘昆仑虚以下地。"④这个"鸿水渊薮",当是原始深渊传到中国后的叫法,而不是大洪水。"掘昆仑虚以下地"是指大禹掘昆仑墟四周之土以堆成高山,供天神以之为台阶下到地面。这都说的是布土造地及堆山为阶的神话。笔者甚至推断所谓鲧禹治水,恐怕也是"鲧禹是始布土,均定九州"的讹误,即将在原始深渊中创造大地误解成了在大地上治理洪水。

鲧、禹既是从西亚神话中的水主哀亚一系发展而来,则对水主作为最早的死神的特性也该有所继承。前文有提到禹死为社的说法。浙江绍兴有禹穴,故秦始皇到泰山行封禅大典时先封泰山,随后又到会稽(今绍兴)祭大禹。封泰山是为求升天祈长生,祭大禹自然也是这个仪典中一项,即祭死神,求得死神允他不死以便升天。由这几点,大禹的死神性也很明显了。

比较了这么多的两地神话人物的共性,其传播和影响的痕迹

---

① 龟甲上盖圆形,造为圆天,下版为方,造为方形大地。
② 苏雪林:《天问正简》,武汉大学出版社,2007年,第279页。
③ 〔汉〕刘安等著,许匡一译注:《淮南子全译》,贵州人民出版社,1993年,第229页。
④ 何宁撰:《淮南子集释》,中华书局,1998年,第322页。

十分明显。因为近东神话古老久远,自然是它传播影响到了鲧、禹神话。我们在这里分析它们存在影响关系,是为了进一步证实鲧、禹故事的神话性,至于二者之间具体的文化传播时间、路线和内涵,则是另一个更复杂的问题,与本题无关,不论。

四、晴川阁的大禹传说遗存及大禹文化

建于明代嘉靖年间的晴川阁,因与隔江相对的黄鹤楼遥相呼应,有"对江楼阁相参差"之景,更因号称"三楚胜境、千古钜观"而名扬天下。点缀其间的大禹传说遗存,如禹功矶(图4-1)、禹稷行宫(图4-2)、禹碑亭(图4-3)、禹柏(图4-4)等,虽不及晴川阁之盛誉,但它们却有着更悠久的历史和丰厚的传说。

图4-1 晴川阁禹功矶

图4-2 晴川阁禹稷行宫

图4-3 晴川阁禹碑亭

图4-4 晴川阁纪念禹柏之禹柏轩

第四章 大禹神话及其在晴川阁的传说

禹功矶是晴川阁下一突兀江中的石矶,据说是为纪念大禹治水时疏江导汉,使江汉在此交汇,朝宗入海,驯服洪水,大功告成而命名。元代林元《大别山禹庙碑记》是现在所见关于禹功矶的最早记载,上面说唐以前称禹功矶,唐以来称吕公矶,后者是讹传。元代复名禹功矶,且在矶上复建大禹庙。通过这篇碑记并不能看出禹功矶之名始于何时,但相对于此地其他大禹传说遗存,我们认为它可能是最早的。

大禹纪念建筑大禹庙,又称禹王庙、禹王祠,始建于南宋绍兴年间,元大德八年(1304年)复建,明天启年间更名为"禹稷行宫",在独祭大禹的基础上,加祀后稷。因大禹为社神,后稷为稷神,禹、稷同祀,社、稷同祭,倒也颇有道理。此名一直沿用至今。

禹碑亭在禹稷行宫西北侧,因禹碑而建亭。碑共有两块,内容不一。一块来源无考,一块摹刻自湖南衡山岣嵝峰。碑文奇特难识,书体有"蝌蚪文""鸟虫篆""篆书"三说,明代杨慎释碑文大意为禹受舜命,艰苦卓绝,成功地制服了洪水,使天下"衣制食备,万国其宁",等等。

关于禹柏的记载,宋元明留下的诗文图画最多,时人甚至相信这柏树是大禹亲手所栽,如东坡诗"谁种殿前柏,僧言大禹栽。不知几千载,柯干长苍苔"。并为其建亭纪念。明末战火摧毁了这所谓的禹柏和柏亭[①]。

上述晴川阁大禹传说遗存,除传为大禹亲栽的禹柏外,均为纪念性质。柏树虽有数千年树龄的可能性,但并没有被定为大禹亲

[①] 本节有关晴川阁的大禹传说遗存资料来源,参考自《晴川阁》编辑委员会:《晴川阁》,武汉大学出版社,1996年。

栽的证据。再者,透过这些纪念物,虽然可以看得出纪念者是将大禹当作人间的治水英雄而崇拜的,但这些纪念物,也没有一例可以作为大禹曾是历史人物并曾到过汉阳龟山东麓的禹功矶,甚至疏江导汉、朝宗入海的证据。

那既然大禹是神话人物,历史上就并不存在他治理水患、建立夏朝等丰功伟绩,是不是我们今天就没必要保留这些大禹传说遗存,没必要研究鲧禹神话及其在历史上的种种影响和流变,没必要纪念鲧禹等神话人物了呢？我们认为答案是否定的。我们的保留、研究和纪念,并不是以大禹是否为历史人物为指归,而是看到在三千年的流传和纪念中,它实实在在地成了中华文明的组成部分,形成了内涵丰富、值得在今天继续挖掘和探讨的大禹文化。

正是基于此,武汉市在晴川阁原有的大禹传说遗存的基础上,又在其旁的汉阳江滩上修建了大禹神话园,并成立大禹文化博物馆,其目的自然是更好地保护、研究和纪念大禹传说遗存及大禹文化。

五、结论

至少在西周时期就已出现的神话人物大禹,春秋战国以后逐渐人格化和历史化,成为人们心目中的治水英雄和夏朝的开国圣王,这就是"神话的历史化"。这是自20世纪20年代以来以古史辨派为代表的多位著名学者的观点。鲧、禹神话的主角及诸多情节,并非中国先民所独创,而是受到近东开辟史诗及相关神话人物如哀亚、阿伯苏、尼波、马杜克等的强烈影响,甚至可以说,鲧、禹的原型就是上述几位近东神话人物。

　　晴川阁旁的大禹传说遗存,虽没有一例能证明大禹为历史人物且曾到过汉阳的龟山东麓,但它们如全国众多的大禹传说遗存一样,蕴含着丰富的大禹文化,值得我们去挖掘、发扬和继承。

第五章　遂公盨铭所反映的大禹及其神话历史

本章提要: 遂公盨铭记载了大禹治水传说,引起学界广泛讨论。观点各执一端。经过对比辩难,大禹是天神的观点更为可取。通过遂公盨铭可以看出周人对待神、人的态度,认为神可以成为人祖和人王,这是周人仍有神话思维和神话世界观的体现。鲧禹治水传说也极符合世界民间故事类型中的"原始大水"和"潜水捞泥"型故事,通过对比,可看出鲧禹治水传说实际上是由原始创世神话演变而来。考古学上良渚文化神徽的大禹骑龟造型,也进一步揭示了大禹作为天神的特性。

遂公盨又称燹公盨或豳公盨,2002年保利艺术博物馆在香港古董市场购得,经众多国内青铜器和古文字鉴定、研究专家认定,该器是西周中期遂国的某一代国君所制作的青铜礼器。该盨器表

第五章 遂公盨铭所反映的大禹及其神话历史

面装饰一周凤鸟纹带及瓦楞纹,器口两侧有一对兽首形耳。装饰简洁典雅,属西周中晚期青铜器典型风格(图5-1)。盨内底铸铭文十行九十八字,字体优美,行款疏朗。铭文开篇即言:"天命禹敷土,随山濬(浚)川……"记述已被传世文献记载并流传至今的"大禹治水"故事,随后又以大段文字阐述德与德政,教诲民众以德行事等(图5-2)①。本章要讨论的正是以盨铭首句为主的"大禹治水"故事,以此揭示周人心目中的大禹形象及其神话历史。

图5-1 遂公盨  图5-2 遂公盨铭文拓片

遂公盨的出现,从实物的角度将有关大禹的记载的时间提前到了西周中期,而此前最早的实物证据是春秋时期的秦公簋和齐侯镈钟②,这自然激起了学者们讨论大禹身份的新热潮。总结他们

---

① 周宝宏:《近出西周金文集释》,天津古籍出版社,2005年,第177—178页。
② 王国维:《古史新证》,湖南人民出版社,2010年,第3页。

的观点,可区分为两大端:一端是认为大禹是实有其人的历史人物,是夏朝的创建者,遂公盨铭成为这一观点的更早更有力实证。另一端则认为早年顾颉刚有关禹是上帝派下来平治水土的一个神的观点是正确的,且禹的传说已相当古老,到西周中期,时人已将禹的故事当作历史的一个传说了①。也即是说大禹已由神转化为人了,成为神话历史化的一个典型案例。上述两种观点各执一端,没有做好对相反观点的回应和批驳。本章试图在评说关于遂公盨铭所载大禹故事的对立观点的基础上,揭示笔者所认为的大禹从一个开辟创世的天神转化为夏人始祖的历史人物的过程,也即大禹的神话历史。

一、对遂公盨铭所载大禹故事的主要观点及评价

上面已述及关于遂公盨铭所载大禹故事的主要观点可分两端,这里对最具代表性的对立两端的观点作些介绍和评述。

先看认为遂公盨铭强化了大禹是历史人物之说的观点。沈长云先生通过对遂公盨铭有关大禹治水内容的考订,认为古文献中有关禹治洪水故事的记叙基本上是可信的,只要去除这些故事中虚夸的成分,仍可以看出它们在历史上真实存在的素地②。江林昌先生认为遂公盨铭记载大禹,比春秋时期的秦公簋、叔夷镈钟铭文更具体、更古老,铭文中有关禹的一系列历史传说,与先秦时期保

---

① 裘锡圭:《新出土先秦文献与古史传说》,《中国出土文献十讲》,复旦大学出版社,2004年,第22页。
② 沈长云:《遂公盨铭与禹治洪水问题再讨论》,《国学学刊》2014年第1期。

留远古传说较多的书面文献如《尚书》之《洪范》《禹贡》《吕刑》，《诗经》之《商颂》《大雅》，以及《山海经·海内经》《楚辞·天问》等，可以相互印证发明。这就更加充分地证明了夏禹故事在西周以前早已流传。大禹的存在是真实可信的，而不是春秋战国以后的伪作或假托。夏代最引起怀疑的第一代世系夏禹也被出土资料证明为可靠，则其整个世系亦当可信，中国文明史上第一个王朝的基石奠定得更加坚固了。这就是遂公盨铭文的重要学术价值①。余世诚先生认为，遂公盨铭至少证明了《尚书》及"孔序"中有关大禹的文字，并非后人臆造。这为《尚书》等古文献的真实性提供了证明。千古流芳的"大禹治水"、大禹功德，前记于有两千多年历史的《尚书》，今又见于有近三千年历史的青铜器上，正可谓"铜证如山"②。

  总结这三位学者的分析，可归纳为，遂公盨及铭文以实物的形式，将大禹治水故事的出现，至少提前到西周中期，同时印证了诸多记有大禹故事的传世文献的可靠性，等等。这里面有一个很大的问题，就是直接将出土文献记载的内容当成史实。我们觉得这种判断是有危险的。笔者的看法，出土文献记载的内容，只能证明该内容是出土文物所在时期的文献，而不会是后代的伪造，至于其内容是否为史实，那就要看该内容本身是史实，还是时人或一直流传到时人的虚构的故事，或者时人以为是史实，但实际上是久远时

---

① 江林昌：《新出遂公盨铭与夏禹问题》，王宇信等主编《2004年安阳殷商文明国际学术研讨会论文集》，社会科学文献出版社，2004年，第370—373页。
② 余世诚：《国宝"遂公盨"的发现及其史学价值》，《中国石油大学学报》2008年第1期。

代流传下来的虚构故事。到底是哪一种情况,是要经过我们的精心考辨的。

再看认为遂公盨强化了大禹是天神之说的观点。裘锡圭先生说,从遂公盨铭文可以知道,当时人的确把禹看作受天之命平治水土的神人,并可据有关文字纠正后人对禹治水传说的一些误解。更为重要的是,天授洪范九畴以为人世大法的说法,在当时应已存在①。在另一篇文章中,裘先生仍以遂公盨铭所述大禹故事为凭,认为在较早的传说中,禹确是受天,即上帝之命来平治下界的水土的。《洪范》《吕刑》之文,与此盨铭文可以互证,顾颉刚的有关意见完全正确(是指顾认为禹"是上帝派下来的神")。顾氏认为尧、舜传说较禹的传说后起,禹跟尧、舜本来并无关系的说法,当然也是正确的。同时裘先生也认为,在此盨铸造的时代,禹的传说无疑已经是相当古老的、被人们当作历史的一个传说了。不然,器主是绝不会把禹的事写进一篇有明显教训意义的铭文,铸在准备传之子孙的铜器上的②。周宝宏先生认为,遂公盨铭首句描绘了上帝命令大禹创世的神话故事。这是西周时代或者更早的人们对天地形成的一种思考和回答。这则创世神话,回答了大地上的土地、高山和江河的来源问题。大禹开天辟地的传说当在西周或西周以前,而大禹治水的传说当为后起。遂公盨铭本为与治水无关的创世神话,可是到了春秋战国时代演变为大禹治理洪水、疏通河道的传说,把本来具浪漫色彩的神话,演变为一个具有历史真实性的传

---

① 裘锡圭:《遂公盨铭文考释》,《中国历史文物》2002年第6期。
② 裘锡圭:《新出土先秦文献与古史传说》,《中国出土古文献十讲》,复旦大学出版社,2004年,第20—22页。

说。正因为大禹创世神话和大禹治水传说都是以天地未形时只有一片洪水为前提的,故春秋战国时代的人们把前者演变成了后者①。丁妮赞同裘锡圭和周宝宏的观点,认为遂公盨所提供的信息,能够说明至少在西周中期或者晚期,就有大禹治水的传说了,禹在周人的观念中是天帝派到人间填平洪水,然后造出山川大地的一位天神,同时也是人间秩序的建立者,是"下民"的监护者,等等②。

这三位学者都继承了顾颉刚先生近百年前所提出的大禹是一个天神的观点,且认为遂公盨铭的出现,虽修正顾颉刚先生有关大禹的一些判断,但大禹作为天神的特性,没有被推翻,反而可强化。在对铭文首句的具体理解上,裘先生与周先生有不同,裘先生认为是上帝派禹布土、堕山濬川,即平治下界的水土。周人已经将大禹平治水土的神话,理性化为大禹治水的历史传说了。周先生则认为是上帝派大禹下降到下界来布土、堆土和挖川,即认为这是创造大地、高山和挖掘河流的开天辟地的创世神话。这主要体现了二者对文中"隓(堕、隨)"和"濬"字的理解的不同。周先生对"隓"字的理解是,该字从阜从双手从两土,会意用手堆土。"濬"字本从叡,会意从手持"歺"掘川之意。笔者更为认同。

若大禹本为天神,但遂公盨铭中也说到大禹"降民监德,乃自作配享,民成父母,生我王、作臣……"③即大禹在完成创世神功后,降于民间,监视德是否被奉行。因大禹功德合于天意,乃作为天之

---

① 周宝宏:《近出西周金文集释》,天津古籍出版社,2005年,第234—235页。
② 丁妮:《豳公盨的一点启示》,《才智》2008年第13期。
③ 周宝宏:《近出西周金文集释》,天津古籍出版社,2005年,第201页。

配而享天给予之命,成为百姓的父母,被他们奉为王,等等。这又显示出大禹降到下界成为人王。那到底周人是如何看待神、人的关系的,我们继续分析。

二、遂公盨铭大禹故事体现出来的时人对神、人关系的认知

在遂公盨铭中,先说了天帝派大禹布土造陆、堆山挖川等创世功绩,这显然只有天神才有如此神功。但后文又说大禹下降到人间,德可配天,因此成为百姓的父母,被后者奉为王,等等。这又显示出大禹成了人间的王。在周人眼里,似乎神可以降到人间为人王,这体现了神、人转化自如的特点,也即是说,神、人可相通,神可成为人祖。

在这一点上,顾颉刚也有类似的说法,他说:"古人对于神和人原没有界限,所谓历史差不多全是神话。人与神混的,如后土原是地神,却也是共工氏之子,实沈原是星名,却也是高辛氏之子。……他们所说的史固决不是信史,但他们有如是的想象,有如是的祭祀,却不能不说为有信史的可能。自春秋末期以后,诸子奋兴,人性发达,于是把神话中的古神古人都'人化'了。"[①]这是在揭示春秋以来的神话历史化现象,但也指出了古人不分神、人的界限,神、人可互通的特点。

周人对于神、人关系的这种认知,一方面体现了周人的理性化

[①] 顾颉刚:《答刘胡两先生书》,《古史辨》第一册,海南出版社,2005 年,第 105—106 页。

运动和神话历史化的过程,另一方面也显示出周人对待神话,不同于今人将现实世界与神话世界分得很清很开。他们这种神人不分、神话世界和现实世界可互通互融的认知,当是周人离神话时代不远,他们的理性化运动才刚刚起步所造成,但这也使周人的"历史"记述,实际上是不同于今天所理解的"历史"的所谓"神话历史"了。

关于遂公盨铭首句的"天命禹敷土"的理解,不赞成大禹是天神的学者举出一些商汤、周文王也接受过天命的文献来反驳。例如《尚书·君奭》:"我闻在昔,成汤既受命,时则有若伊尹,格于皇天。"①《尚书·多士》:"惟时天罔念闻,厥惟废元命,降致罚。乃命尔先祖成汤革夏,俊民甸四方。"②《尚书·君奭》:"在昔,上帝割申劝宁(文)王之德,其集大命于厥躬。"③等等。这几句话中接受天(帝)命的对象是商汤、文王等人王,说明天帝与人王之间可以对话,则"天命禹"中的禹,也可以是人王。杨栋给予的解释是,这是西周天命思想的结果,是西周神权政治——天命思想与政治联姻的背景下的产物。因此杨栋认为在西周的话语观念里,接受天命的往往是创造了伟业的先贤和将要建功立业的有抱负的人,是人而不是神。故接受了天命的禹,也是人,而不是神④。

其实利用受天命者可以是人王来反驳大禹不是天神的观点,早在顾颉刚时代就有人提出。如刘掞藜引《商颂·玄鸟》"古帝命

---

① 屈万里:《尚书集释》,中西书局,2014年,第209页。
② 屈万里:《尚书集释》,中西书局,2014年,第195页。
③ 屈万里:《尚书集释》,中西书局,2014年,第212页。
④ 杨栋:《夏禹神话研究》,中华书局,2019年,第224、229页。

武汤,正域彼四方"①,《大雅·文王有声》"文王受命,有此武功"②,《大雅·皇矣》"帝谓文王,无然畔援"③,等等。但顾氏的回应不够有力④。笔者以为,天神或人王,都可以成为天命的对象。到底是哪一种,主要是看接受者的所作所为是神功还是人事。大禹接受帝命所施行的敷土、堕(随)山和濬川,不管是理解为平治水土,还是布土造地、堆山挖川,都是非人力所能及的神功神迹。反观商汤、周文王接受帝命后之举措,不是"革夏,俊民甸四方",就是"文王受命,有此武功"等,都是人王力所能及的行为。两相对比,大禹与商汤、文王的神、人分途,就是很明显的了。

三、从神话学和考古学角度对大禹身份的认识

通过上文的分析,我们认为,遂公盨铭并不能强化大禹是真实存在过的历史人物的观点,相反,我们从盨铭首句看到了大禹的天神神格及他的开天辟地创世神话,也看到了至少在西周中期,他由天神下降到人间成为夏邦的创建者。周人显然认为神、人之间可互通转化。这体现了古人对待神话,是不同于今人的,古人认为神话是荒古的时候确曾发生过的事实,神是可以下到人间成为族群的始祖的,等等。马林诺夫斯基就说过:"存在蛮野社会里的神话,

---

① 刘精盛:《诗经通释》,湖南大学出版社,2007年,第323页。
② 刘精盛:《诗经通释》,湖南大学出版社,2007年,第254页。
③ 刘精盛:《诗经通释》,湖南大学出版社,2007年,第248页。
④ 顾颉刚:《讨论古史答刘胡二先生》,《古史辨》第一册,海南出版社,2005年,第111页。

以原始的活的形式而出现的神话,不只是说一说的故事,乃是要活下去的实体。那不是我们在近代小说中所见到的虚构,而是在荒古的时候发生过的事实,而在那以后便继续影响世界,影响人类命运的。蛮野人看神话,就等于忠实的基督徒看创世纪,看失乐园。"①马林诺夫斯基的话是对诸多野蛮社会对待神话态度的总结,因此周人在遂公盨铭中也体现出来的这种认知,并不奇怪。如果将这种认知上升到早期人类的思维和世界观上,正是所谓神话思维和神话世界观。早期人类的思维,是一种整体思维、形象思维、原始思维和神话思维,他们以初民特有的神话世界观来观察世界、认识世界,在他们的眼里,世界充满着奇异和神秘,想象和虚构成为他们日常的"真实记叙"。周人去古不远,仍残存着这样的神话思维和世界观,实在是不足为奇的。

那些持大禹为历史人物观点的学者,也不是不承认大禹身上所具有的超人的神性,但他们更愿意想当然地看成是历史人物身上的夸饰、历史人物死后的神化等,何以见得是这样? 真实历史人物的证据何在? 他们是拿不出来的。所以对待无文字的文化大传统社会②,我们可以在逻辑思维的基础上,来"摆"各种可能性,哪一种可能性更大,持这种可能性的观点就应该更接近历史真实。

除了以上的两类文献,即出土文献和传世文献,还有两个途径可以加强我们对大禹身份的认知,那便是神话学和考古学。它们

---

① [英]马林诺夫斯基著,李安宅译:《巫术科学宗教与神话》,上海社会科学院出版社,2016年,第123页。
② 关于什么是"文化大传统",请参考叶舒宪等编:《文化符号学——大小传统新视野》,陕西师范大学出版总社有限公司,2013年。

合起来就是叶舒宪先生所倡导的四重证据法①。

吕微先生从民间故事母题角度分析了汤普森《民间故事母题索引》归纳的 A810"原始大水"神话母题组中,有一些母题与汉语神话中的"潜水捞泥"型故事有关。其基本结构是:0.背景和角色;1.帝命;2.捞泥(窃土);3.布土(泄水);4.违命(作乱);5.惩罚(剖育、负土);6.巡视。我们将这个母题结构套进鲧禹故事中,非常符合。

以《山海经·海内经》记载鲧禹故事为例:禹、鲧是始布土(3.布土),均定九州(6.巡视)。……洪水滔天(0.背景),鲧窃帝之息壤(2.窃土)以堙洪水,不待帝命(4.违命),帝令祝融杀鲧于羽郊(5.惩罚)。鲧腹生禹(5.剖育),帝乃命禹(1.帝命)卒布土(3.布土)以定九州(6.巡视)②。《山海经》这段文字叙述简略,但还是将动物潜水捞泥故事母题基本情节都涵盖了进去,其他文献还可以补充上述文字简略的部分,可参见吕微文的具体分析③。

吕微还具体分析了鲧、禹故事从神话向历史传说演变的清晰痕迹。其办法就是对上述 7 个步骤的故事情节,用历史传说替换掉创世神话。现转述如下:

(0.背景和角色)神话中创世前的原始大水,在传说中被置换为帝尧、帝舜时代的一场现实的水患灾难;神话中的创世者或天

---

① 这四重证据法是指:一、传世文献;二、出土文献;三、口传和非物质资料;四、实物和图像。
② 袁珂译注:《山海经全译》,贵州人民出版社,1991 年,第 336 页。
③ 吕微:《鲧、禹故事:口头传说与权力话语》,《神话何为——神圣叙事的传承与阐释》,社会科学文献出版社,2001 年,第 64—74 页。

帝,在传说中被置换为人间的贤君帝尧、帝舜;而神话中天神的后裔或人类的始祖动物鲧、禹,在传说中被置换为尧、舜的臣僚。

(1.帝命)神话中的创世者命令动物神潜水捞泥,在传说中被置换为君、臣在朝廷上讨论治水人选。

(2.捞泥)神话中的潜水动物相继潜入原始大水捞取水底泥沙用以创造陆地(或诸神从天上取得大地,或诸神用各种办法让洪水退去、露出地面),在传说中被置换为鲧、禹父子相续的治水事业。

(3.布土)神话中用以造地的神秘物质息壤,在传说中被置换为治理人类社会的九等大法——洪范九畴(式)。

(4.违命)神话中潜水者违背创世者之命私藏、偷窃息壤,在传说中被阐释为道德败坏之举,即"废帝之德庸"。

(4.1作乱)神话中鲧违背创世者意志,用所窃息壤破坏了已经造好的陆地,在传说中被置换为鲧"汩陈其五行","九载无绩"。

(5.惩罚)神话中潜水者因偷窃息壤被殛死于"日照无及"的地下幽冥世界羽渊,在传说中被置换为帝尧、帝舜试用鲧治水,因鲧不胜任而将其刑杀于边荒地区。

(5.2负土)神话中禹在鲧腹上创造陆地在传说中被置换为鲧、禹最早发明城郭。

(6.巡视)神话中创世者于造地成功之后巡视、步测大地,在传说中被置换为大禹规划、制定九州中国的行政区域、贡赋标准。

于是,经过一次从神到人的场景转换,一则创世神话就被转述为一则古代历史传说了①。这就是吕微先生揭示出来的鲧、禹传说

---

① 吕微:《鲧、禹神话:口头传说与权力话语》,《神话何为——神圣叙事的传承与阐释》,社会科学文献出版社,2001年,第74—75页。

的神话原型。

还可以从考古学角度进一步揭示大禹神话的远源。

笔者曾考证过良渚文化玉器上的神人兽面纹图案,认定该图案是大禹骑龟的形象。在前文中,笔者仔细讨论了该图案兽面的龟形特征、鲧禹的天神性及存在的化龟经历、良渚文化的外来文化因素及与夏文化的关系,从而指出大禹神话实际上是北迁的良渚人带到中原去的,良渚文化神徽上的神人是大禹,他是受到外来神话影响的良渚人的祖神,北迁良渚人与当地土著龙山文化先民,以及东来的山东龙山文化移民、西来的齐家文化移民融合成夏人,继续奉大禹为祖神。因此,大禹作为良渚人和夏人的祖神,被信奉了至少一千年,并非如后代的大禹治水传说那样,以为禹是公元前21世纪初前后的真实历史人物。

以上所述利用神话学和考古学对大禹展开研究的成果,进一步强化了通过遂公盨铭得出的大禹为天神的结论。

四、结语

遂公盨及其铭文的出现,使得围绕大禹治水故事的讨论迅速成为学界热点,尽管意见并不一致,甚至形成针锋相对的两个极端,一端认为强化了大禹是历史人物的观点,一端却认为强化了大禹是天神的观点。前者最大的问题是,将实物的真实可靠性当成了刻在它上面的铭文的内容的历史真实性,这是完全不同的两回事。铭文内容是否属实,是要经过考证辨析的。而经过摆各种可能性,大禹是天神的可能性是远远大于他是历史人物的可能性的。

通过对遂公盨铭的分析,我们还能看出周人如何看待神、人的关系,即认为神、人可相通,神是可以变为人祖、人王的。这体现了周人去古未远,还有着浓厚的神话思维和神话世界观,尽管他们已经走上了理性思维的道路,神话在他们的手里,开启了历史化的命运。

我们通过神话学和考古学等角度对鲧禹神话的考证,发现鲧、禹治水神话,完全同于世界民间故事类型中的"原始大水"和"潜水捞泥"民间故事的类型,鲧禹治水传说原来是由原始创世神话演变为治水历史传说的。良渚文化神徽中的神人兽面纹图案,被考证出该兽面是龟,该神人是大禹等。这些都进一步将大禹定格为了天神的角色。大禹神话,至少从良渚文化中期就开始了流传,到夏初,都有千年的历程了。夏民族将大禹奉为创邦之祖,后代的神话历史化运动,使大禹由天神降为历史人物。我们应该将大禹和夏民族分开看,夏人是真实存在的,夏人奉为祖先的大禹却只是天神,并不真实存在。

第六章　大禹、祝融一神考

本章提要：通过对典籍中所载大禹和祝融的相关事迹分析，以及"禹"和"融"字的甲金文分析，发现被夏人和楚人奉为祖神的大禹和祝融，其实是一神。且"禹""融"二字的甲金文构形，源自西亚创世大神马杜克的铲形徽记。这背后有着深远的中外文化和神话交流背景。大禹、祝融为一神的新观点，强化了夏人和楚人的族群始自嵩山南北的主流观点。

大禹和祝融是中国文明史开篇时的重要人物。当前的主流知识界和常识，将二者理所当然地认作是历史人物，即他们分别是夏民族和楚民族的祖先。但自近代的古史辨运动以来，仍有不少学者认为大禹和祝融只是神话人物[①]，一些上古族群在造神的同时，

[①] 认为大禹、祝融只是神话人物的学者有顾颉刚、童书业、杨宽、苏雪林、胡万川、张开焱等，观点具体出处见后文称引。

还认神作祖,使很多大神纷纷成为某些族群的祖神或是众多相关族群的共祖。例如伏羲、女娲、神农、黄帝、炎帝、颛顼、大禹、祝融等,在后来的理性化运动和历史书写中,他们逐渐由神变人,形成中国早期文明中特别突出的"神话的历史化"现象。这些有关中国文明起源期的族群祖神的研究成果,并没有得到现当代中国知识界的认真对待和合理吸收。笔者近几年广泛阅读古史辨派和苏雪林的屈赋研究等成果,充分认识到他们对中国上古史和神话史研究的贡献,并认为今天的中国上古史和文明探源研究,只有在充分吸收上述大家的研究成果正确部分的基础之上,才有可能少走弯路并取得进步。

笔者在本章中,不是要继续讨论大禹和祝融到底是人还是神,而是要在前辈学者研究成果的基础上,进一步阐发这两位祖神的密切相关性。笔者发现,这两位祖神,其实是一神,且"禹""融"两字的构形,均源于西亚创世大神马杜克的徽记——巨铲及相关创世神话。大禹、祝融一分为二的原因,可能与族群的分流以及西周以来的社会理性化和伦理化运动有关。而大禹和祝融作为夏人和楚人的祖神及神话历史化后的祖先,在他们实际为一神的新认识下,也很有益于探讨仍然没有结论的夏人和楚人的族源问题。

关于大禹和祝融的关系问题,笔者仅见一例讨论。那便是台湾学者陈炳良,他提出鲧、禹、祝融是三位一体的关系。基于这三位大神都有火神、太阳神和水神的神格,认为他们是三位一体,意即三者也是一神①,该结论将鲧也拉到一起,且依据是他们三者的

---

① 陈炳良:《神话·礼仪·文学》,联经出版事业公司,1986年,第11—14页。

神格相同,这都是笔者不同意的。因此大禹和祝融的关系问题,仍然有深入讨论的必要。下面拟从这四个方面展开论述。

一、大禹、祝融若干事迹具同一性

上古典籍载有多条鲧、共工、禹、祝融等神道或两两或二三者联袂出现的材料,除鲧禹是父子关系外,对于其他可能存在的关系,古人未曾置词,近代古史辨派学者顾颉刚、杨宽等提出了鲧和共工是一神的观点①,苏雪林在此基础上进一步认为鲧、共工、颛顼皆为水神、水星神,是一而三、三而一的关系②。此外,只有台湾学者陈炳良提出鲧、禹、祝融是三位一体的关系,笔者已在上文提出反对意见。现提出仅大禹、祝融是一神且有完全不同于陈炳良的证据的新看法。这多条证据材料,能将大禹和祝融联系为一神,下面逐条试做分析。

关于祝融和大禹杀鲧或共工的材料。《山海经·海内经》:"帝令祝融杀鲧于羽郊。"③《史记·楚世家》:"重黎为帝喾高辛居火正,甚有功,能光融天下,帝喾命曰祝融。共工氏作乱,帝喾使重黎诛之而不尽。"④这两条材料,一言祝融杀鲧,一言重黎也即祝融诛共工。前人已指出鲧即是共工,则这两条材料说的是一回事。其

---

① 杨宽:《中国上古史导论》,上海人民出版社,2016 年,第 230—234 页;顾颉刚、童书业:《鲧禹的传说》,《古史辨》第七册,海南出版社,2005 年,第 582—583 页。
② 苏雪林:《天问正简》,武汉大学出版社,2007 年,第 253、279 页;苏雪林:《屈原与〈九歌〉》,武汉大学出版社,2007 年,第 183—185 页。
③ 〔清〕吴任臣撰;王兴芬整理:《山海经广注》,凤凰出版社,2018 年,第 280 页。
④ 〔汉〕司马迁:《史记·楚世家》,中华书局,1959 年,第 1689 页。

他材料中,则有多条禹逐杀共工的情节。如《战国策·秦策》和《荀子·议兵篇》并言"禹伐共工"①;《荀子·成相篇》也说:"禹有功,抑下鸿,辟除民害,逐共工。"②《山海经》中的《海外北经》和《大荒北经》则言禹杀共工之臣相柳(繇),苏雪林曾提出神话中主神的佐贰之神或其宠兽,经常是主神之演化③。因此此处的相柳(繇),也即是共工。《山海经·大荒西经》则有"禹攻共工国山"④记述。因共工与鲧是一神,则这些材料中的禹杀共工,也即是禹杀鲧。那为何不直接记为"禹杀鲧"呢?一方面,苏雪林认为鲧和共工,是西亚神话人物水神阿伯苏和哀亚在不同的时间或从不同的地域传入中国而形成的一分为二的结果⑤,这便涉及中外文化和神话交流的问题,后面会集中介绍和讨论。另一方面,则是周代以来的社会理性化和伦理化运动可能造成的对文献的修改,将禹杀鲧即子杀父这样直接违背人伦的情节修改为禹杀共工,只有这样,被古人标榜为以德治国的禹德,才能够取信于人。这当然是神话历史化和社会理性化合谋的结果,如果古人一直将鲧、禹当作神话人物,自然没必要回护他们并修改神话情节,一如希腊神话中克洛诺斯杀其父乌拉诺斯及前者后来又被其子宙斯驱逐一样,就永久保留在了希腊的神话情节中。

---

① 〔战国〕荀况著,蒋南华、罗书勤、杨寒清注译:《荀子全译》,贵州人民出版社,1995年,第309页。
② 〔战国〕荀况著,蒋南华、罗书勤、杨寒清注译:《荀子全译》,贵州人民出版社,1995年,第522页。
③ 苏雪林:《屈原与〈九歌〉》,武汉大学出版社,2007年,第195页。
④ 〔清〕吴任臣撰,王兴芬整理:《山海经广注》,凤凰出版社,2018年,第243页。
⑤ 苏雪林:《天问正简》,武汉大学出版社,2007年,第266—267页。

关于禹杀鲧的神话情节，还是在民间传说和民俗记载中留下了蛛丝马迹。《汉书·地理志》："东海郡，……祝其，《禹贡》羽山在南，鲧所殛。"①《续汉书·郡国志》："祝其有羽山。"刘昭注引《博物记》："县东北独居山，西南有渊水，即羽泉也，俗谓此山为殛父山。"②张开焱先生分析认为这殛父的杀手只能是禹③，杨宽先生也认为"俗谓羽山为殛父山，当必先有禹殛鲧之传说"④。

一言祝融杀鲧或共工，一言禹杀共工或鲧。则祝融和大禹当为一神。此证一。

《左传》昭公二十九年："颛顼氏有子曰犁，为祝融。共工氏有子曰句龙，为后土，此其二祀也。后土为社。"⑤杜预注"犁为火正"，此"犁"也即"黎"和"重黎"。句龙、后土和社，则是大禹的异称。因大禹正是社神，如《淮南子·泛论》言"禹劳天下，死而为社"。重黎就是祝融，还有一证，见《史记·楚世家》："重黎为帝喾高辛氏火正，甚有功，能光融天下，帝喾命曰祝融。"⑥前文提到颛顼、共工、伯鲧三者是一神，则颛顼、共工的儿子祝融、大禹也当是一神。此证二。

《山海经·海内经》："共工生后土，后土生噎鸣。"⑦《山海经·大荒西经》："老童生重及黎，帝令重献上天，令黎邛下地。下地是

---

① 施丁主编：《汉书新注》，三秦出版社，1994年，第1159页。
② 钱林书编著：《续汉书郡国志汇释》，安徽教育出版社，2007年，第166页。
③ 张开焱：《世界祖宗型神话——中国上古创世神话源流与叙事类型研究》，中国社会科学出版社，2016年，第365页。
④ 杨宽：《中国上古史导论》，上海人民出版社，2016年，第233页。
⑤ 杨伯峻编著：《春秋左传注》，中华书局，2009年，第1503页。
⑥〔汉〕司马迁：《史记·楚世家》，中华书局，1959年，第1689页。
⑦ 袁珂译注：《山海经全译》，贵州人民出版社，1991年，第336页。

生噎。"袁珂解释:"黎即后土也;黎所生之噎即后土所生之噎鸣也。"①黎即重黎也即祝融,后土即大禹,再次将祝融与大禹联系为一神。此证三。

《国语·周语》上:"昔夏之兴也,融降于崇山;其亡也,回禄信于聆隧。……是皆明神之志者也。"韦昭注:"融,祝融也;崇山,崇高山也,夏居阳城,崇高所近。"②崇高山即嵩山,正是夏文化起源的中心。史籍所记夏人祖先是禹,还原为神话,则是夏人将大禹当作祖神,而并非祝融,但此处所记偏偏是祝融,只有将祝融和大禹理解为一神,才能读通这段夏人祖神大禹从天而降到嵩山的夏族起源神话。文献中天降神禹的记载很多,如《诗经·商颂·长发》"洪水茫茫,禹敷下土方"③;《楚辞·天问》"禹之力献功,降省下土四方"④;等等。绍兴有一个地名叫禹降村,算是大禹从天而降神话的活态存在了。祝融从天而降的神话,除了《国语》所载的"降于崇山",还有"祝融降处于江水"⑤"天命融降火于夏之城间西北隅"⑥等记载。这里顺便捋一捋大禹和祝融天降神话的例子。至此,则大禹与祝融为一神有第四证。

《山海经·大荒南经》:"鲧妻士敬,士敬子曰炎融,生骧

---

① 袁珂译注:《山海经全译》,贵州人民出版社,1991年,第307页。
② 徐元诰撰,王树民、沈长云点校:《国语集解》,中华书局,2002年,第29—30页。
③ 程俊英、蒋见元:《诗经注析》,中华书局,1999年,第1034页。
④〔宋〕洪兴祖撰,黄灵庚点校:《楚辞补注》,上海古籍出版社,2015年,第146页。
⑤ 袁珂译注:《山海经全译》,贵州人民出版社,1991年,第336页。
⑥ 谭家健、孙中原译注:《墨子今注今译》,商务印书馆,2009年,第115页。

头。"①童书业认为"炎融当即国语之融(即祝融)"②。士敬子也即鲧之子,本该是禹,则此则材料可证炎融(祝融)也即是大禹。此证五。

大禹和祝融都有开天辟地之神话。先说禹。《山海经·海内经》:"禹、鲧是始布土,均定九州。……帝乃命禹,卒布土以定九州。"③《遂公盨铭》:"天命禹敷土。"④学者们已分析过,这实际上是创世神话,说大禹在原始洪渊中布土造陆,然后分为九州⑤。《诗经·大雅·韩奕》:"奕奕梁山,维禹甸之。"⑥《诗经·小雅·信南山》:"信彼南山,维禹甸之。"⑦《诗经·大雅·文王有声》:"丰水东注,维禹之绩。"⑧《尚书·禹贡》:"禹敷土,随山刊木,奠高山大川。"⑨《淮南子·天文训》:"日出于旸谷,……入于虞渊之汜,曙于蒙谷之浦,行九州七舍,有五亿万七千三百九里,禹以为朝昼昏夜。"⑩《淮南子·地形训》:"禹乃使太章步自东极,至于西极,……使竖亥步自北极,至于南极,……"⑪大禹布土定州、奠山导水、制定朝夜、派人测量大地四极等神功,均是他开天辟地创世神话的组成

---

① 袁珂译注:《山海经全译》,贵州人民出版社,1991年,第285页。
② 童书业:《说驩兜所放之崇山》,《古史辨》第七册,海南出版社,2005年,第192页。
③ 袁珂译注:《山海经全译》,贵州人民出版社,1991年,第336—337页。
④ 周宝宏:《近出西周金文集释》,天津古籍出版社,2005年,第177—178页。
⑤ 苏雪林:《天问正简》,武汉大学出版社,2007年,第248页。
⑥ 刘精盛:《诗经通释》,湖南大学出版社,2007年,第288页。
⑦ 刘精盛:《诗经通释》,湖南大学出版社,2007年,第209页。
⑧ 刘精盛:《诗经通释》,湖南大学出版社,2007年,第255页。
⑨ 屈万里注译:《尚书今注今译》,新世界出版社,2011年,第24页。
⑩ 〔汉〕刘安等著,许匡一译注:《淮南子全译》,贵州人民出版社,1993年,第151—152页。
⑪ 〔汉〕刘安等著,许匡一译注:《淮南子全译》,贵州人民出版社,1993年,第229页。

部分。

再看祝融。《国语·楚语》下:"昭王问于观射父,曰:'《周书》所谓重黎实使天地不通者,何也? 若无然,民将能登天乎?'对曰:'非此之谓也。古者民神不杂。……及少皞之衰也,九黎乱德,民神杂糅,不可方物。夫人作享,家为巫史,无有要质。……颛顼受之,乃命南正重司天以属神,命火正黎司地以属民,使复旧常,无相侵渎,是谓绝地天通。曰:'重实上天,黎实下地。'"①重黎即祝融,这里的"绝地天通",通常解作上古时针对"民神杂糅"宗教状态的一项禁令,或者说是以人文理性精神对待宗教的意识形态传统的反映,等等。其实这是对重黎也即祝融开辟神话的重大误解,连春秋时的学问家观射父也中招了。另两则文献则要更接近神话原型一些。如《尚书·吕刑》:"蚩尤惟始作乱,……皇帝哀矜庶戮之不辜,……遏绝苗民,无世在下。乃命重黎,绝地天通,罔有降格。"②《山海经·大荒西经》:"帝令重献上天,令黎邛下地。下地是生噎,处于西极,以行日月星辰之行次。"③从这两则文献更容易看出,这实际上是说重黎也即祝融,将天和地分开,使它们不再紧密地合在一起,是天地分离、光明出现的创世神话的历史化的结果。韦昭注"重实上天,黎实下地"(即前则引文中的"令重献上天,令黎邛下地")二语说:"言重能举上天,黎能抑下地"。则"'献、邛'"之义殆及'举、抑'乎?"④韦昭对"献、邛"字义的推测是对的,

---

① 邬国义等译注:《国语译注》,上海古籍出版社,2017 年,第 525—526 页。
② 屈万里:《尚书集释》,中西书局,2014 年,第 256—258 页。
③ 袁珂译注:《山海经全译》,贵州人民出版社,1991 年,第 299 页。
④ 转引自袁珂译注:《山海经全译》,贵州人民出版社,1991 年,第 306 页。

可惜的是他也未能辨析出这是开天辟地的神话。

祝融开辟神话可以在西亚神话中找到类似情节。如苏美尔人开辟神话：“最初的世界，只有一片茫茫大水，她是宇宙万物的母亲，叫南玛赫。……南玛赫生了双性同体的混沌神安启，安启后来分化成天神安和地神启；安和启的结合生出了空气之神恩利尔，恩利尔在安和启的怀中长大起来，他力大无穷，插在父母之间，将安托了起来，远远地推了上去，和启分裂开来，于是，天和地分开了，恩利尔夹在父亲安和母亲启之间。”①这段创世神话中的安启分化为天神安和地神启，与祝融即重黎被分化为南正重和火正黎，有异曲同工之妙。其天地分离的情节也一如祝融"重实上天，黎实下地"神话。至于安启和重黎有何关系，"绝地天通"为何是开天辟地的创世神话，笔者已在另一篇文章《"绝地天通"新解》中进行了较为详细的讨论辨析②。

由以上分析可知，大禹和祝融都是创世大神。这种关联虽然不是以上五证中的大禹、祝融一一对应关系，但至少也可作为二者可能为同一神的重要旁证。因此列为证据六。

大禹和祝融均具龙(蛇)形。闻一多在《伏羲考》中，用七条证据论证禹自身是龙，夏族为龙族。七证分别是禹自身是龙、传说中多言夏后氏有龙瑞、夏人的器物多以龙为饰、传说中夏后氏诸王多乘龙、夏人的"姒"姓和"禹"字都与龙有关、禹的后裔多属龙族、禹与伏羲同姓而后者人首蛇身等等③。杨宽则论证过烛龙与祝融可

---

① 姬耿编译：《巴比伦神话故事》，中国民族摄影艺术出版社，1998年，第1页。
② 宋亦箫：《"绝地天通"新解》，《楚学论丛》第十一辑，湖北人民出版社，2023年。
③ 闻一多：《伏羲考》，《神话与诗》，天津古籍出版社，2008年，第27—28页。

能是同一神话之分化①,也即祝融就是烛龙。则祝融也有龙形。另日本学者森安太郎《祝融考》中,论证过"融"同"螣""螣",后二者字义有飞蛇、蛇之义。再者,融,长也,而融字从虫,虫为蛇,则融字有长虫、长蛇之义②,再次将祝融与蛇挂钩。龙蛇为一类,则大禹与祝融在龙蛇的形象上又具同一性。此为旁证第七证。

大禹也称后土,而后土为社,故大禹也是社神、地神。已见前述。森安太郎引《淮南子集解》,言"祝"属之意,"融"土也,万物盛长而属土也③。则大禹和祝融在"土"性上又达成了一致。此为旁证第八证。

大禹与祝融都是大巫。人类学家弗雷泽在《金枝》早就分析过国王一般也兼作巫师④,大禹和祝融分别是夏族群和楚族群的祖神和神王,自然也是大巫。当然更明显可证他们为大巫的是"禹步"和祝融之"祝"字。"禹步"首见于《尸子》:"古者龙门未辟,吕梁未凿,……禹于是疏河决江,十年未窥其家,手不爪,胫不生毛,生偏枯之病,步不相过,人曰禹步。"⑤西汉扬雄《法言》卷十《重黎》云:"昔者,姒氏治水土而巫步多禹。"李轨注曰:"姒氏禹也,治水土,涉山川,病足,故行跛也。……而俗巫多效禹步。"⑥这表明禹步最早

---

① 杨宽:《中国上古史导论》,上海人民出版社,2016年,第217页。
② [日]森安太郎著,王孝廉译:《祝融考》,《中国古代神话研究》,地平线出版社,1979年,第33—34页。
③ [日]森安太郎著,王孝廉译:《祝融考》,《中国古代神话研究》,地平线出版社,1979年,第31页。
④ [英]J. G. 弗雷泽著,徐育新等译:《金枝》,新世界出版社,2006年,第86—92页。
⑤ 朱海雷撰:《尸子译注》,上海古籍出版社,2006年,第61页。
⑥ 汪荣宝撰,陈仲夫点校:《法言义疏》,中华书局,1987年,第317页。

为巫祝所采用。禹步也被后代的道教徒、巫师及今天中国西南地区少数民族的法师们采用。

祝融有巫师之职,从其名之"祝"字便可看出,"祝"当解作"巫祝",而不仅仅解作"甚、大、始"义①。如此,大禹和祝融便都是大巫。这可算作大禹、祝融为一神的旁证第九证。

以上九证,基本可证实大禹和祝融为一神。在此基础上,我们还可以在"禹""融"两字上再下些分析的功夫,并联系西亚木星神马杜克的铲形徽记,进一步强化二神的同一性及由二神与马杜克的密切关系而展望早期东西文化交流特别是神话的交流情况。

二、禹、融字构形源自西亚木星神马杜克铲形徽记

"禹"字,甲骨文中未见,但出现在多处金文中,如遂公盨、秦公敦、叔向父簋、齐侯钟、嬭加编钟等铜器铭文,其形有 ![字形], ![字形], ![字形], ![字形], ![字形]等,在齐侯钟铭中,还多了一"土"旁,形为 ![字形],隶为"堣"。苏雪林分析了"禹"字的金文构形,多呈手持铲形,但该铲尾端弯曲厉害,这实际是一龙蛇形,龙蛇在古代又称"虫",如此,"禹"字便呈一种头铲尾虫的构形。若有的还带有"土"旁,便表达了一手持铲播土,外加一虫即龙蛇形的造字理念。这当然很符合大禹作为布土造地的开辟大神、他有龙形形象的神格特征。此外金文中的"禹"字还有一种铲形物置于三脚架上之形,如 ![字形]。除了字形,可有其他方面的大禹与铲关系密切之证据?文献和图像方面都能找到证

---

① [日]森安太郎著,王孝廉译:《祝融考》,《中国古代神话研究》,地平线出版社,1979年,第31页。

据。如《庄子·天下》:"禹亲自操橐耜而九杂天下之川。"①苏雪林认为"橐耜"即铲。另在汉代武梁祠石刻古帝王像中,可看到大禹手执一铲的造型(图1-3)。可见大禹与铲的关系确实非同一般,我们分析出"禹"字有铲形构件,并非蹈空的臆想。

苏雪林认为,这几种"禹"字构形,与西亚神话中的木星神马杜克的徽记,居然若合符节。马杜克徽记为一巨铲立于三脚架上,其形状为"▲",更完整的样子,则是在巨铲和三脚架下,还卧伏有一狐形异兽,也即混沌孽龙(图1-2)②。禹字金文和马杜克之徽记的铲形和三脚架,其形十分相似,不用多析。"禹"字中的铲尾呈弯曲状的龙蛇形,可对应于马杜克徽记中的狐形异兽或混沌孽龙,因后者有多种形象,有兽形,也有龙蛇形。如此,二者在字形和徽记的主要部件构形上完全相合。苏雪林认为这不是巧合,而是二者存在文化和神格上的传播和影响关系的反映,即马杜克影响了大禹。或者说,大禹是西亚创世大神马杜克在中国的遗形和变形。

为此,苏雪林从创世神话、徽记、禹本身为虫的问题、禹令人测量深渊及步天察地、禹斩九头虺及攻三苗、禹由水神转为木星神等六个方面,论证了马杜克对大禹的影响及二者神格、事功上的同一性问题③。这种神话、神格上的类同和传播影响问题,自然是上古中外文化交流的大事件,等下面分析了"融"字后再统一做一些讨论。

"融"字在甲骨文中已出现,形如"▲",金文字形为"▲",谷衍奎

---

① 〔晋〕郭象注,〔唐〕成玄英疏:《庄子注疏》,中华书局,2011年,第560页。
② 苏雪林:《天问正简》,武汉大学出版社,2007年,第276—278页。
③ 苏雪林:《天问正简》,武汉大学出版社,2007年,第276—280页。

认为二者皆从土从虫，下土上虫，表冰雪消融，春气升腾，蛰虫蠢动之意①。篆文改为从鬲虫声，形为"䖝"和"䗶"，即今天的"融"字构形。东汉许慎正是在篆文"䖝"字基础上将其解作"炊气上出也"②。许慎没有看到"融"字甲骨文和金文，按照篆文释义，虽然颇符字形结构，实际不着边际。谷衍奎将"融"字甲金文析作"下土上虫"，大致是对的，但他按照今天的"融"字字义推断其本义，恐怕还是力有不逮。

笔者仔细辨析"融"字甲金文构形，并结合禹字金文字形，认为上部除弯曲状的虫形外，虫形上端的箭头状，与"禹"字的铲形相似，只不过"禹"字是一铲，这里有三铲。若这样分析不误，则"禹""融"二字在最早的文字构形中是一致的，均有铲、虫（龙蛇）、土等构字部件，二者以相同的构字部件造字，要表达的神话观念当然也一致，那便是龙形天神持铲敷土的创世神话。如此，"禹""融"二字字形中所包含的持铲敷土创世神话以及创世大神具龙的形象这两个方面，在"禹""融"二字之间画上了等号，也在以这二字为名的天神大禹和祝融之间画上了等号。这可算是由字形分析导出的大禹、祝融为一神的第十证了。

"融"字的甲金文构形，还可以从上文提到的"绝地天通"神话拆解。该字上部朝上的三个箭头形，当为头铲尾蛇形，代表了南正重，下部的土形，代表了火正黎，如是"重实上天，黎实下地"，二神将天地分离了开来，这是另一种天地开辟神话。

---

① 谷衍奎编：《汉字源流字典》，华夏出版社，2003年，第826页。
② 〔汉〕许慎撰，〔宋〕徐铉校定：《说文解字》，中华书局，2013年，第57页。

第六章 大禹、祝融一神考

由"禹""融"字构形中的铲、蛇、土等部件及所代表的神话观念,我们发现了这两字与西亚木星神马杜克铲形徽记的奇妙对应关系。而这背后,有更深远的中外文化和神话交流背景,其详细情状,笔者曾发表有相关著述①,其基本观点是,中外之间在极早期便开始了文化的接触和交流,萌芽期可追溯到旧石器时代晚期,以勒瓦娄哇技术的石器为代表,其后的彩陶、冶铜术和驯化动物黄牛、绵羊(世系 B)、山羊,家培植物大小麦等,曾作为外来文化的代表,融入了"偏安一隅"的东亚大陆诸族群中,这些外来文化,参与了随之而来的中华文明起源的构建,以上诸文化因子的迁徙通道可能有多条,其最重要的通道则是东亚大陆北部的欧亚大草原和蒙古高原,其进入华夏文化圈的首入地则有两处,分别是以陇山为中心的甘陕交界地区和以泰山为中心的山东地区。以上所述以物质文化交流为主,除此,早期外来文化还同时带来了以神话、宗教和观念为代表的精神文化和以国家结构、治理体系为代表的制度和伦理文化,等等。

在人类的石器时代便已开始的中外文化交流大背景下,西亚创世神话和创世大神马杜克影响到了古代东亚,促成了古代中国的大禹神话和祝融神话,这并不离奇。只是在周代以来的社会理性化思潮影响下,神话被历史化。周代以来的人们以为是真实历

---

① 宋亦箫:《青铜时代的东西文化交流》,中国社会科学出版社,2019 年;宋亦箫:《中国与世界的早期接触:以彩陶、冶铜术和家培动植物为例》,《吐鲁番学研究》2015 年第 2 期;宋亦箫:《西王母的原型及其在世界古文明区的传衍》,《民族艺术》2017 年第 2 期。

史的"大禹治水"①和"绝地天通",实际上都是天地开辟神话的置换变形。经过还原,才可见它们的原始神话真貌,才发现被夏人和楚人奉为祖神和祖先的大禹和祝融,其实是一神的分化。

经苏雪林分析,西亚的创世神马杜克,兼有多重神格,他是木星神,但又有水神性,还有太阳神性、死神性,等等②。由他影响而来,并一分为二的大禹和祝融,在保有多种相同事功的基础上,也体现了一定程度的神格的分工,例如大禹继承了马杜克的木星神、水神、死神等神格,而祝融则继承了马杜克的太阳神神格③,并发展出与之相近的火神神格。正是这种神名和神格的分化,加之神话历史化的大潮袭击,后人才将他们分得太清,而看不到他们曾是一神曾为一体。

三、大禹、祝融一神二分原因推测

既然大禹和祝融是一神之分化,就要解答一个问题:他为何要分化?笔者目前尚未找到坚实的理据,只能做一些可能性的推测,以供后人在进一步研究时作为参考。

苏雪林曾分析过鲧和共工一神而二分的原因,推测可能是外来神话传入时,因传入的时间、地域不同,造成了一神而二分,其中

---

① 关于"鲧、禹治水"神话实际上是世界创世神话中的"捞泥造陆"神话的变形,参见胡万川:《捞泥造陆——鲧、禹神话新探》,《真实与想像——神话传说探微》,台湾"清华大学"出版社,2004年,第1—42页;吕微:《神话何为——神圣叙事的传承与阐释》,社会科学文献出版社,2001年,第58—94页。
② 苏雪林:《天问正简》,武汉大学出版社,2007年,第280页。
③ 杨宽:《中国上古史导论》,上海人民出版社,2016年,第219页。

也包括西亚原始女怪本身就存在过一神二分的情况,即二分为甘水神哀亚和咸水神阿伯苏,其善神之质性传给了哀亚,恶神之质性则传给了阿伯苏。继而,伯鲧继承了更多的甘水神哀亚之神格,共工则继承了更多的咸水神阿伯苏之神格。

大禹、祝融之分化,其原因大概既有同,也有异。其同处可能在神格之分工,已见前文,其异处,可能不都是由外来神话传入的时间和地域不同所造成。下面试作剖析。

原因之一,可能跟族群的分流有关。夏人、楚人之先民,均处于嵩山周围的中原之地,接受了创世大神大禹(䇂)或祝融(䇂)为本族群的始祖神神话观,后来夏人仍立足中原并向豫西、晋南发展,楚人则向南进发,随着二者的分道,其共奉的祖神也随之分化,从字形之变异,到神格之分工,都有了各自的理解和推重,久而久之,便一神而二分,后人不识其源,便以流为源,将其传承至今而不辨。

原因之二,还是跟西周以来的社会理性化和伦理化有关。神话中的大禹(祝融)杀了他的父亲伯鲧(共工),这子弑父的神话情节本无关人世伦理,但一旦将神话历史化后,父子相残就太有违人世伦理了。怎么办?后人的办法便是将有违伦理的情节"派发"给他们以为没有父子关系的鲧和祝融,或是也以为没有父子关系的共工和大禹,以消弭伦理上的紧张。而鲧禹之间,则只留下鲧禹治水、鲧腹生禹、禹功禹德等大功大德之情节,以符合社会理性化和伦理化的需要。唯有极少量的民间传说,才留下一点"惩父山"等禹惩鲧的蛛丝马迹,让我们能够通过它们,并细析典籍,得以复原鲧、共工、大禹、祝融的真实关系。

笔者以为,第一点可能是主因,第二点当是大禹(祝融)一神而二分的辅助原因。

四、夏人、楚人共奉一神引出的思考

既然大禹、祝融原是一神,是一神神名与神格的分化,并各自成为夏人和楚人的祖神,再在神话历史化大潮中成为后人所认可的夏人和楚人的祖先。这一新认识是有益于探求夏人和楚人的族源问题的。

先看夏人的族源。讨论夏人族源之前,还得先回应夏人和夏朝的有无问题。夏人和夏朝的有无问题,近百年来是经历了多番讨论的①,到今天仍是信者自信,疑者自疑。但学术界的主流倾向是信。但他们将鲧、禹与夏人和夏朝捆绑在一起来确信,这是笔者不能同意的。笔者的基本看法是,夏人和夏朝确实存在,但夏人及后人所认同的夏人祖神(祖先)鲧、禹却是不存在的,他们只是神话人物而已。这种看法并非笔者的首创,而是在数十年前,即由顾颉刚、苏雪林等提出②,只是和者寥寥,未受重视。

在确信夏人和夏朝存在的前提下,学者们也多方探讨了夏人

---

① 杜勇:《中国早期国家的形成与国家结构》,中国社会科学出版社,2013年,第41—42页。
② 王煦华:《顾颉刚关于夏代史的论述》,《夏文化研究论集》,中华书局,1996年,第124—127页;苏雪林:《天问正简》,武汉大学出版社,2007年,第280页。

的族源问题。有豫西说①、晋南说②、山东说③、东南说④、中原说⑤等观点。现在更主流的观点是中原说,即以嵩山为中心的颍汝河流域和伊洛河流域,是早期夏人的分布中心。他们所对应的考古学文化有认为是河南龙山文化王湾类型、新砦文化和二里头文化⑥,也有认为是新砦文化和二里头文化,而王湾三期文化晚期遗存与夏族有密切关联,等等⑦。这两说已非常接近,且其分布都不出嵩山周围,甚至有学者研究指出,早期夏文化有一个从嵩山南部

---

① 邹衡:《试论夏文化》,《夏商周考古学论文集》,文物出版社,1980年,第90—169页;李仰松:《从河南龙山文化的几个类型谈夏文化的若干问题》,《中国考古学会第一次年会论文集》,文物出版社,1979年,第32—49页;吴汝祚:《关于夏文化的初步探索》,《文物》1978年第9期;赵芝荃:《试论二里头文化的源流》,《考古学报》1986年第1期。
② 刘起釪:《由夏族原居地纵论夏文化始于晋南》,《华夏文明》第一集,北京大学出版社,1987年,第18—52页;王克林:《略论夏文化的源流及其有关问题》,《夏史论丛》,齐鲁书社,1985年,第56—82页;袁广阔:《二里头文化研究》,郑州大学博士学位论文,2005年,第97—101页。
③ 吕琪昌:《从夏文化的礼器探讨夏族的起源》,《中原文物》1998年第3期;杜在忠:《试论二里头文化渊源——兼述泰山周围大汶口—龙山文化系统的族属问题》,《史前研究》1985年第3期。
④ 陈剩勇:《中国第一王朝的崛起——中华文明和国家起源之谜破译》,湖南出版社,1994年,第234—262页;闻惠芳:《夏代礼玉制度探源》,《东南文化》2001年第5期。
⑤ 王立新:《从嵩山南北的文化整合看夏王朝的出现》,《二里头遗址与二里头文化研究》,科学出版社,2006年,第410—426页。张国硕:《早期夏文化与早期夏都探索》;吴倩:《早夏文化来源研究》;杨树刚:《早夏文化的时空变迁》;张松林:《嵩山地区夏代早文化遗址的考察与研究》,后4篇引文均出自《早期夏文化与先商文化研究论文集》,科学出版社,2012年。
⑥ 李伯谦:《夏文化探索与中华文明起源与形成研究》,《文明探源与三代考古论集》,文物出版社,2011年,第23—25页。
⑦ 杜金鹏:《新砦文化和二里头文化——夏文化再探讨随笔》,《中国社会科学院古代文明研究通讯》2001年第2期。

颍汝河流域向嵩山北部伊洛河流域转移的现象①,这种考古学上的判断也颇能得到历史文献材料的支撑。

　　研究夏人族源的中原说,虽提出了夏文化的主源在中原的王湾三期文化,但也注意到了周邻文化对前者形成的贡献,包括东边的山东龙山文化、西边的齐家文化②、北边的陶寺文化③等,其实还应包括东南方的良渚文化,过去陈剩勇先生提出夏文化发源于东南的良渚文化,我不赞同,但后者确乎北上中原并参与了中原夏文化的构建,且文化因子上的表现均是在居夏文化上层的精神文化和礼制文化上,例如鲧禹祖神神话传说、玉礼器祭祀体系等等。

　　以上是通过历史文献和考古学的互证研究得出的夏人起源观点,其实它缺失了一个很重要的研究视角,那便是神话学的角度。有关神话学研究应该参与中华文明起源的探索的呼吁,主要存在于国内的文学人类学学派,以叶舒宪先生为代表④,在历史和考古界,得到的呼应还很少,笔者不揣浅陋,愿意在这方面作一些尝试,以加强这几个学科的协作以便推进中华文明探源工作。

　　前引《国语·周语》上"昔夏之兴也,融降于崇山;其亡也,回禄信于聆隧。……是皆明神之志者也"⑤这段话,当应从神话学的角

---

① 王立新:《从嵩山南北的文化整合看夏王朝的出现》,《二里头遗址与二里头文化研究》,科学出版社,2006年,第410—426页;杨树刚:《早夏文化的时空变迁》,《早期夏文化与先商文化研究论文集》,科学出版社,2012年,第72—79页。
② 吴倩:《早夏文化来源研究》,《早期夏文化与先商文化研究论文集》,科学出版社,2012年,第80—95页。
③ 袁广阔:《二里头文化研究》,郑州大学博士学位论文,2005年,第100页。
④ 叶舒宪:《中华文明探源的神话学研究》,社会科学文献出版社,2015年;叶舒宪:《玉石神话信仰与华夏精神》,复旦大学出版社,2019年。
⑤ 徐元诰撰,王树民、沈长云点校:《国语集解》,中华书局,2002年,第29—30页。

度来解读,这里从天而降的天神"融",也即祝融,经过本章的分析,他也是大禹,其所降之处是嵩山,这正是夏文化孕育、起源之中心,因此神话学角度的解读与历史文献学和考古学的解读达成了高度一致,这自然能够强化后两者的研究结论。有人或许要问,神话乃虚构故事,又不是真实发生过的历史,怎么能够参与历史的研究呢?这是对神话研究的偏颇认识。其实很多神话尤其是族源神话,保留有很多历史的素地,更重要的是,神话毕竟是先民的创造,这个创造过程和内涵,以及它与创造者的关系等,却是真实的。这种真实往往能够帮助我们追踪和研判历史。大禹和祝融神话正是如此。我们试做分析:上述引文说大禹从天而降在嵩山,从此夏族出现并兴起,这是夏人起源神话,我们虽不认为大禹真是夏族的祖先,真的从天而降在了嵩山,但是此则神话让我们知道了创造该神话的夏人先民,当就住在嵩山附近,这是正符合上文所介绍的从历史文献学和考古学角度所探讨的夏文化起源和分布范围的。关于嵩山,它当是夏人心目中的昆仑山,即他们心中的神山,笔者曾经讨论过昆仑山神话,并指出中国古代有多处"昆仑山",嵩山即其一①。

总而言之,关于大禹降于嵩山成为夏人祖神的神话,有力地强化了从历史文献学和考古学角度所论证的夏人起源于嵩山周围的中原地区的历史研究结论。而楚人族源的研究,利用这一段祝融降于嵩山的神话,同样能达到强化相关研究结论的目的。

关于楚人的族源(这里指楚公族来源),前人也多有研究,综合

---

① 宋亦箫:《昆仑山新考》,《丝绸之路研究集刊》第四辑,商务印书馆,2019年,第1—19页。

起来,有东方民族说①、西方印欧民族说②、南方世居民族说③和北方华夏民族说④。北方华夏民族说提出虽晚但证据最为充分,成为当前最主流的观点。其所依据的仍为历史文献和考古学证据,尤其是出土文献清华简《楚居》的面世,进一步强化了北方华夏民族说。该说基本观点是:楚人起源于河南新郑与嵩山之间的"祝融之虚"⑤,商代后期离开中原逐渐向西南迁徙,穿过秦岭东端的伏牛山地,于商代末年抵达南阳盆地西部的丹淅地区⑥。

祝融八姓的分布也很有利于讨论楚人的起源地问题。"祝融八姓"之说出于《国语·郑语》,《大戴礼记·帝系》中则言"陆终六子",内容大同小异,郭沫若曾论证过陆终即祝融,杨宽也表示可备

---

① 郭沫若:《中国古代社会研究》附录四"失令簋考释",商务印书馆,2017年,第308页;郭沫若:《两周金文辞大系图录考释》(下)之《令簋》考释,上海书店出版社,1999年,第3页;胡厚宣:《楚民族源于东方考》,《史学论丛》第一册,北京大学潜社,1934年,第31、38页;童书业:《春秋左传研究》卷一之"楚之始兴"篇,上海人民出版社,1980年,第46—49页。
② 岑仲勉:《楚为东方民族辨》,《两周文史论丛》,中华书局,2004年,第55—61页;丁山:《古代神话与民族》,商务印书馆,2005年,第339—389页。
③ 林惠祥:《中国民族史》上册,商务印书馆,1936年,第98页;范文澜:《中国通史简编》,人民出版社,1964年,第165页;俞伟超:《先楚与三苗文化的考古学推测》,《文物》1980年第10期;刘彬徽:《试论楚都丹阳与郢都的地望与年代》,《江汉考古》1980年第1期;王劲:《江汉地区新石器时代文化综述》,《江汉考古》1980年第1期;高至喜、熊传新:《楚人在湖南的活动遗迹概述》,《文物》1980年第10期。
④ 傅斯年:《〈新获卜辞写本后记〉跋》,《民族与古代中国史》,河北教育出版社,2002年,第265页;徐旭生:《中国古史的传说时代》,文物出版社,1985年,第125页;王光镐:《楚文化源流新证》,武汉大学出版社,1988年,第138页;徐少华、尹弘兵:《楚都丹阳探索》,科学出版社,2017年,第65页。
⑤ 参见《左传》昭公十七年:"郑,祝融之虚也。"
⑥ 徐少华、尹弘兵:《楚都丹阳探索》,科学出版社,2017年,第75页。

一说①。因此这是同一则族源神话的变异而已。祝融八姓神话,还原为真实历史,当为这八个有血缘或地缘关系的族姓(族群)共奉祝融(或陆终)为祖神。因此,他们最初的分布地域,有助于我们确定祝融八姓之一的楚人芈姓季连一族的起源地。祝融八姓的早期分布,李学勤先生有过探讨,他认为分布地域在"北起黄河中游,南至湖北北部,可以说是环处中原"②。徐少华先生则对祝融八姓的分布与流变作过全面探讨:"昆吾族先在今河南许昌东,后迁帝丘,即今河南濮阳西南;其支族在今河南范县与梁山之间;董父一支初在今山西绛县、闻喜与曲沃三县之间活动,帝舜赐姓命氏后东迁今山东定陶一带,其后别封鬷夷,亦在定陶一带活动;斟姓氏族的活动地在今山西西南部的汾河下游一带,与董父居地相近;彭祖族先在中原,后在今江苏徐州一带,其后别支豕韦北迁至今河南滑县东南;秃姓舟人与妘姓邬人两支均在今新郑附近,季连一支可能在今河南鄢陵县西北一带。总之,祝融各族所居,东至今山东西部、江苏西北,南未过淮河、方城,西未及关中,北至山西南部和河南北部,基本未出黄河中游地区。"③综上,可知楚之先祖的确源出华夏集团的所谓祝融部族,为祝融八姓之一,祝融族团最早居住在河南中部的新郑一带,即"祝融之虚",其后分散到黄河中游的广大地区④。

至于楚人认祝融为其先祖,有传世和出土文献的证据。传世

---

① 杨宽:《中国上古史导论》,上海人民出版社,2016年,第218页。
② 李学勤:《谈祝融八姓》,《江汉论坛》1980年第2期。
③ 徐少华、尹弘兵:《楚都丹阳探索》,科学出版社,2017年,第49页。
④ 徐少华、尹弘兵:《楚都丹阳探索》,科学出版社,2017年,第49页。

文献以《史记·楚世家》和屈原《离骚》①为代表,出土文献则有包山楚简、新蔡楚简和望山楚简中的祭祀"祝融"相关内容的简文为证②。

《国语·周语》中的那句"融降于崇山",作为祖神神话,同样把楚人的祖神祝融神话发生地框定在了嵩山,这是完全符合历史文献和考古证据所考定的祝融八姓包括楚人的起源地域的。因此楚人祖神祝融降世神话同样强化了楚人起源于北方华夏民族说这一主流学术观点。这就是神话学所能给予历史和考古研究的神奇之处。不止于此,前文所分析的大禹、祝融一神而二分的原因,也完全同于从历史文献和考古证据中所考定的夏人由嵩山以南向嵩山以北的伊洛河流域和晋南发展、楚人从嵩山以南的"祝融之虚"向西南方向发展的结论。此结论正解释了两族群由同处于嵩山以南的颍汝河流域而共奉一个始祖神大禹(祝融)到分道南北而所奉虽仍为一神,但因距离的疏远而神名神格发生变化的原因。

由此,我们可以大胆假设,夏人和楚人的先祖的血缘和文化当很密切,并非如后世所以为的夏为正宗、楚为南蛮之旧说。

五、结论

大禹和祝融,在知识界和常识里,被看作是夏人和楚人的祖先,在部分学者眼中,只被当作是夏人和楚人的祖神。本章进一步

---

① 《离骚》中屈原自述身世"朕皇考曰伯庸",有学者考证此"伯庸"即祝融。
② 徐少华、尹弘兵:《楚都丹阳探索》,科学出版社,2017年,第48—49页。

认为,大禹和祝融这两位祖神实为一神。其证有十,其中六证是直接证据,分别是祝融和大禹均杀鲧或共工的历史或民俗记载;由颛顼、共工、伯鲧三者是一神而推导出颛顼的儿子祝融、共工或伯鲧的儿子大禹也是一神;由《山海经》中的"噎"和"噎鸣"为中介推导出大禹(后土)、祝融(重黎)为一神;由《国语·周语》"昔夏之兴也,融降于崇山"一语可证大禹、祝融为一神;由《山海经·大荒南经》"鲧妻士敬,士敬子曰炎融"中的"炎融"即祝融,可知大禹即祝融;还有就是"禹""融"二字的构形（䖝、䖝）一致,均有铲、虫(龙蛇)、土等构字部件,二者以相同的构字部件造字,要表达的是龙形天神持铲敷土的创世神话,这是从大禹、祝融二神之神名的同一性论证了他们本身的同一性。以上六证是直接证据。另四条旁证则是大禹、祝融都是开天辟地的创世大神;他们均具龙蛇形;他们均是大巫;他们均属土、是地神;等等。此四证不能让二者画上等号,但在前面一一对应的六证基础上,这四证可起强化作用。准此,大禹和祝融为一神的证据充实,结论可靠。

禹、融二字的甲骨文和金文构形,所体现的龙形天神持铲敷土的创世神话观念,竟然与西亚创世大神马杜克的铲形徽记高度相似,且马杜克的开天辟地创世神话及诸般神格,均可在大禹或祝融身上复现,我们认为这是早期东西文化交流特别是神话交流的结果,马杜克的创世神话和神格影响到了大禹和祝融,且在大禹和祝融一神二分的过程中,马杜克的一些神格被分解到大禹和祝融身上,如大禹继承了马杜克的木星神、水神、死神等神格,而祝融则继承了马杜克的太阳神神格,等等。

大禹、祝融既为一神,为何二分? 笔者以为原因或有二:一是奉大禹和祝融为祖神的夏人和楚人，本共处于嵩山以南的颍汝河流域一地，后夏人北上，楚人南下，因分道而导致所共奉的祖神在神名、神格方面的一些变异；二是西周以来的社会理性化和伦理化运动，为避免子弑父这样有违人伦的神话情节出现在已经历史化的鲧禹父子身上，便将此种情节转移到似乎没有血缘关系的大禹和共工、祝融和伯鲧身上，以消解此种伦理危机。这第二种原因作为间接原因，强化了第一种原因形成的一神二分的局面。

  此前，有关夏人和楚人的族源问题，学术界已有比较主流的观点，那便是夏人和楚人均起源于中原，夏人和楚人先在嵩山以南的颍汝河流域，后来夏人向嵩山以北的伊洛河和晋南发展，楚人则从新郑与嵩山之间的"祝融之虚"向西南发展，进入丹淅流域。现在夏人和楚人的祖神大禹和祝融原来是一神，他们均将嵩山当作是自己的祖神从天而降并由此到达地面的神山，这一新认识可进一步强化上述夏人和楚人起源地在嵩山周围的中原的主流观点。可见夏人和楚人的先祖的血缘和文化关系当很密切，在这一新观点的观照下，我们再讨论夏人和楚人的历史，或许会得出一些新认识。

中篇
誉契神话研究

第七章　由訾、商、离（离、契）字构形论商祖帝訾和商契之神话

本章提要：甲骨文"商"字及商代祖先"訾""离（离、契）"等汉字的构形，蕴涵了丰富的商祖神话。帝訾、帝俊、帝舜、高辛、太皞以及商契、仓颉、帝挚、少皞、夒这两组共十位所谓历史人物，实际上是两位父子神的分化和历史化。有关商始祖诞生的玄鸟神话，以东周两汉传世文献最为丰富，甲金文也有少量记载，还可追溯到龙山文化中的鹰伴人首形（纹）玉佩和玉锛上面。訾、契父子神神话与西亚巴比伦马杜克、尼波父子神神话，希腊宙斯、赫尔墨斯父子神神话惊人相似，是极早期中外神话和文化交流的结果。

之前随手翻阅新到的期刊资料，读到顾万发先生《"商"字新

论》①一文,他以及文中提到的张立东先生②对"商"字的新颖解读,给了我极大的启发,由此激发我做进一步的思考。我联系与"商"字密切相关的商代祖先"喾""禼""离""契"等字,有了一些新的认识,发现这些早期文字的构形,蕴含了商代祖神喾、契的神话,例如以锛凿斧之类为武器的雷神崇拜、甲骨占卜巫术、刻字的锛凿或锲刀等神话元素,而所谓先商历史人物帝喾、商契等,在这些全新的解读中,被还原为神话人物,我们从而可望将神话历史化的结果再度还原为神话。

下面笔者尝试从分析商代祖先的名字"喾""商""禼(离、契)"入手,找到文字背后隐含的神话、文化和史影,并讨论帝喾、帝俊、帝舜、高辛、太皞以及商契、仓颉、帝挚、少皞、夔这两组共十位所谓历史人物,揭示他们实际上各具同一性,只是帝喾和商契父子神神职和事迹的分化和历史化,在此基础上,完成对喾、契神话和神格的剖析,就教于方家。

一、"喾""商""禼(离、契)"字构形新解

先看"喾"字。"喾"在甲骨文和金文中不见,但有"喾"之下部"告"字。"告"在甲骨文中作"🐂、🐂"形,上为牛,下为口。卜辞中作"祷告"义。如"告于大甲祖乙"(《甲》183)。"告"的孳乳字有"祰",《说文》:"祰,告祭也。"徐山认为"告"字形义为祭祀时用牛

---

① 顾万发:《"商"字新论》,《华夏文明》2020年第1期,第48—55页。
② 张立东:《钺在祭几之上:"商"字新释》,《民族艺术》2015年第6期,第121—127页。

第七章　由喾、商、卨(离、契)字构形论商祖帝喾和商契之神话

牲并对牛而祷告。且"告"的本源对象是天上的雷神①。我虽然没有看到徐山对"告"与雷神关系的论证,但我认为这个结论可信,具体论证我将放在后文分析帝喾的神格时一并讨论。

"喾"之上部"⺍"同"尚"∵,"尚"字,甲骨文不见,但见于先周周原甲骨文和西周金文,形如"", 徐山认为其""当指天空的穹隆状。上面的两短横为指示符号,表示天空之上②。天空之上正是古人想象的天帝诸神的居所。故"尚"又同"上",指上帝、天。"⺍"也是自龙山时代到夏商时期多见的神面像顶部的"介"字形冠之形,是远古的通神密码,也是"神像帽子"或就是"神像"③。故它也代表天帝和天神。

由此,可知帝喾之"喾",不是指人间的帝王和先祖,而是天帝,是以牛为牺牲来祷告祭祀的天神,乃至牛成为祭祀对象帝喾的象征。同时他又是商人的祖神。古人拉天神做自己的先祖的情形,世界各古文明区所在皆有,如马杜克之如巴比伦、珀耳修斯之如波斯等等。在古代中国,除了商人,夏人、周人、楚人也都如此,如鲧禹之如夏、后稷之如周、祝融之如楚等等。

次看"商"字。"商"字在甲骨文中便有出现(图7-1),最早的"商"字由上下两部分构成,上部为"辛"(），下部为"丙"（），后来在"丙"下新添一"口"字(图7-1-3)。因此分析"商"之本义,从最先出现的上部和中部出发才比较可靠。在顾万发、张立东先生

---

① 徐山:《雷神崇拜——中国文化源头探索》,上海三联书店,1992年,第65页。
② 徐山:《雷神崇拜——中国文化源头探索》,第72页。
③ 邓淑苹:《远古的通神秘码——"介"字形冠》,台北《故宫文物月刊》总第286期,2007年第1期,第82—97页。

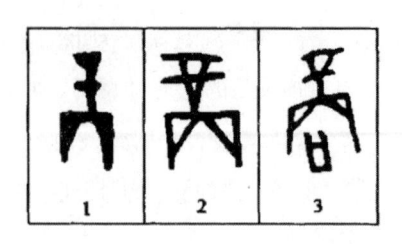

图 7-1　甲骨文中的商字

释"商"之前,已经有了诸多说法。张立东做过梳理,统计出四组观点,分别是将"商"字作形声字分析、解为某种器物或动物的象形、解为图腾柱或图腾、视为某种场景的会意①等等。具体会意则有丙(几案)上置烛薪、刑罚之器、凤凰、燕子、尊、钲铙、日晷、祖先正面人像等等。第四组的解析方向是对的,只是对"商"字上部的"辛"部件解释得不够准确,从而差之毫厘谬以千里。其中"商"字是祭几上置祖先正面人像观点的提出者是张光直先生②,张立东以商周祭祖不设人像而代之以"尸"为由否定了这一见解。笔者也同意"辛"字不是祖先形象,但它是祖先使用的武器工具之像,即锛凿斧之类③,它仍然代表祖先,准确地说是祖神。而不管是帝喾还是商契,所持之锛凿斧之类武器或工具,在喾,可看成是雷神之雷霆、雷公斧;在契,可看成是笔神之刻字锲刀④。因此从"商"与祖的密切

---

① 张立东:《钺在祭几之上:"商"字新释》,《民族艺术》2015 年第 6 期,第 121—127 页。
② 张光直:《商名试释》,《中国青铜时代》,生活·读书·新知三联书店,1999 年,第 284—285 页。
③ 詹鄞鑫:《释辛及与辛有关的几个字》,《中国语文》1983 年第 5 期。詹先生将卜辞中的 ᵵ、ᵷ、ᵹ 等字释为"辛"字,为凿形工具。
④ 为何持雷霆和刻字锲刀的看法,见后文分析。

关系着眼,张光直先生的"商就是祖。商城就是祖先之城,也是祭祖之城"又是对的。

张立东将"商"字上部解作"刃部朝上的钺",即"钺在祭几之上"①。从而认为这是商人祭祀化身为钺的战神。

顾万发释"商"为"几案上供奉凿形或曰楔形雷神工具"②。顾还强调了"商"字上部是"辛"(𢆉)而不是"王"(王),因此总体上不该是"王"字原型的斧钺而是"辛"字原型的凿或楔,并认为凿或楔是雷神之工具。顾也承认有极少量"商"字上部构形与斧钺相近,那也只能理解为代表雷神之雷公斧。

笔者认为,张光直、张立东、顾万发三位先生对"商"字的解读都已无限接近"商"之本义,笔者只在他们解读的基础上,再前进一步,那便是:"商"字反映了几案上放置象征商祖的锛凿斧类武器工具的祭祀场景。由此场景,"商"字便进而象征商祖(也即张光直所言"商就是祖"),扩而指称商人宗庙之地,再扩而指称商都、商人活动之区域、该活动区域的商族群,乃至商国,因此,"商"之义,由指代祖先(神)的人(神)名到地名、族名、国名,便是这样一步步扩大而来。

"商"之为人(神)名,既可指称帝喾,更可指称帝喾之子商契。因为"商"字上部之"辛",既可指帝喾所掌之武器锛、凿、斧之类(雷神、战神武器),也可指商契所握之锲刀(笔神刻字工具)。说是帝喾,还可以帝喾另一名"高辛"为证,"高"(髙)为祭台形,"辛"(𢆉)是锛凿斧类工具,"高辛"合在一起,仍是指在高高的祭台上祭

---

① 张立东:《钺在祭几之上:"商"字新释》,《民族艺术》2015 年第 6 期,第 121—127 页。
② 顾万发:《"商"字新论》,《华夏文明》2020 年第 1 期,第 48—55 页。

祀象征商祖的锛凿斧类武器工具。说是商契,还可从商契之"契(𥜹)"字所含有的"从人持刀刻写文字"之刀笔看,因二者都有刀斧这类工具。而《诗经》"天命玄鸟,降而生商"和"帝立子生商"之"商",与《史记·殷本纪》"殷契,母曰简狄,有娀氏之女,为帝喾次妃,三人行浴,见玄鸟堕其卵,简狄取吞之,因孕生契"①之"契",只有是一人方可读通,因此"商"更可指契。

再看"卨""禼""契"字。将这三字合在一起分析,是因为它们都指"殷民族的始祖"②。这三字在甲骨文中都不见,可见它们被命名为殷始祖是后代的行为。但"卨"字下半部"咼"去"口"则为"冎",在甲文中形如"𠮷",陈梦家先生曾写过《释冎》专文,他解之为"卜骨之形,读若咎"③。谷衍奎先生在《汉字源流字典》中释"冎"本义为剔治卜骨,是"剐"(别)的初文,也引申为"骨头"④。陈、谷二先生释义相同。"卨"字上半部是"卜"字,可表达卜骨上的"卜"形裂纹,下部在"冎"字基础上加了一"口"字,综合起来,"卨"当为以骨占卜并口诵吉凶的占卜祭祀场景的体现。那是否已在卜骨上刻字?光看"卨"字还看不出来。

"禼"字古文作"𧴪"形,《字源》将其释作"蝎类爬虫之形"⑤,谷衍奎先生也释为"蝎子类爬虫",并推断"大概商代始祖以蝎子类爬虫为族徽,故遂以之为商殷始祖之名"⑥。笔者则以为,"禼"字古

---

① 〔汉〕司马迁:《史记》,中华书局,1982年,第91页。
② 李学勤:《字源》,天津古籍出版社、辽宁人民出版社,2012年,第1269—1270页。
③ 陈梦家:《释冎》,《陈梦家学术论文集》,中华书局,2016年,第142页。
④ 谷衍奎:《汉字源流字典》,华夏出版社,2003年,第123页。
⑤ 李学勤:《字源》,第1269页。
⑥ 谷衍奎:《汉字源流字典》,第447页。

文整体呈一龟形,上下部状龟之头部和四肢,中间圆形并饰网格状纹以象征龟之背甲。当然,上部的"卜"形还可看成"卜"形裂纹之象,合在一起表示在龟甲上有卜纹,是会意字,仍然表达的是占卜祭祀场景,并进而指称操控此行为的殷商之始祖。因此,"卨""禼"两字,并非用完全不同的两种场景或事物来指称同一个人(神),而是用相同的占卜祭祀行为来指称商始祖,略有不同的只是该场景中一以牛骨一以龟甲为材而已。

"契"字古文作"㓞",《字源》释为"从人持刀刻写文字",是会意字。所以本义当为"占卜时用刀刻写文字,读作 qì"①,即"契刻"之意。笔者理解,"契"字初始时当有两义,一是指刻写之行为,读作 qì,二是指刻写之工具,读作 qiè,后来为示区别,还创造了锲、楔二字。锲表刻写之行为,楔表刻写之工具。《尚书》中便以"契"名商始祖,故读作"xiè",《汉书》则以"禼"名商始祖。"契"字被选作商始祖名,显示出古人认为商始祖契是有刻字造字之本领的,才以刻字之工具"契"为他命名,即以刻写工具"契"命名操该工具之人(神)。综合起来,商始祖以之为名的"卨""禼""契"三字,指向他掌握了以甲骨占卜,并在甲骨上刻写文字的职能和本领。而修骨刻字之刀凿,正可看作其父帝喾也即雷神、战神之武器斧凿之新用途。这就将"商"字之"辛"和"契"字之"刀"联系了起来。当然,能刻写文字的商契,其笔神、智慧神之神格,我们放到最后一节再作解析。

---

① 李学勤:《字源》,第 909 页。

二、帝喾、帝俊、帝舜、高辛、太皞实为一神

在讨论帝喾和契的神话和神格之前,有必要先行分析一下与帝喾、契相关的人物,我们分两节讨论,这一节先讨论帝喾、帝俊、帝舜、高辛和太皞。

在历史文化常识里,这五位都是历史人物,是五帝时代的人间帝王。但在20世纪前期的古史辨派眼里,他们不是历史人物,都是人造的祖神。古史辨派的见识当然更胜一筹,只可惜这份古史研究成果未被后代继承,乃至到今天,我们还得回到古史辨派,接续上他们的研究再出发。

20世纪前期,已有多位学者讨论了上述五位人物的关系。王国维便认为高祖夋、帝俊和帝喾是一人[1],陈梦家论证了舜即帝喾,太皞即帝喾[2],郭沫若也论证了帝舜、帝俊、帝喾为一人[3]。闻一多则称"帝俊,一曰帝喾,又曰帝舜,殷人东夷之天帝也"[4],即指出帝俊、帝喾、帝舜的同一关系,还认为他们是殷和东夷人的天帝。杨宽则集其大成,在王、陈、郭的基础上,全方位论证了帝喾、帝俊、帝舜、高辛、太皞为一神,且认为他们是"殷人东夷之上帝"[5],是至上神,是一神之分化。相关的具体论证,极为烦琐严密,在此不复举,

---

[1] 王国维:《殷卜辞中所见先公先王考》,《观堂集林》,河北教育出版社,2003年,第209—224页。
[2] 陈梦家:《商代的神话与巫术》,《陈梦家学术论文集》,中华书局,2016年,第58页。
[3] 郭沫若:《中国古代社会研究》,商务印书馆,2011年,第238—242页。
[4] 闻一多:《天问疏证》,生活·读书·新知三联书店,1980年,第54页。
[5] 杨宽:《中国上古史导论》,上海人民出版社,2016年,第136—155页。

读者可自行按验。

当代学者韩江苏、江林昌也提出了帝喾、帝舜、帝俊乃一神三名之分化①,这是非常难得的学术观点,尽管非首创,但毕竟大音希声。

关于帝喾、帝俊、帝舜、太皞为一神的讨论最多,论证也极充分,本章不再具举,有关帝喾和高辛为一神的材料略少,这里便列举几条:

《大戴礼记·五帝德》:宰我曰:"请问帝喾。"孔子曰:"玄嚣之孙,蟜极之子也,曰高辛。"②
《大戴礼记·帝系》:"高辛,是为帝喾。"③
《史记·五帝本纪》:"帝喾高辛者,黄帝之曾孙也。"④

由上可知,最晚到战国时期,帝喾就是高辛的说法已很普遍。高辛之"辛(辛、辛、辛)"字乃锛凿斧类武器工具,被置于"高"这样高高的祭台上致祭的场景,使我们联想到"商"字构形的同理性。可见在商人的观念里,既视帝喾也即高辛为天神和祖神,也为后人揭示了帝喾的雷神、战神神格。

本节剖析这五位天神的同一性问题,是为了给后文阐释帝喾的神话和神格作铺垫。因为这些天神被分化和历史化后,他们往

---

① 韩江苏、江林昌:《〈殷本纪〉订补与商史人物徵》,中国社会科学出版社,2010年,第43—56页。
② 〔清〕王聘珍撰:《大戴礼记解诂》,中华书局,1983年,第120页。
③ 〔清〕王聘珍撰:《大戴礼记解诂》,第126页。
④ 〔汉〕司马迁:《史记》,中华书局,1982年,第13页。

往只继承了原始天神的部分神迹和神格,这也是后世为了区隔他们的不同身份而做的有意识汰选,现在我们知道了原委,便可将这些不同名但实为一神的大神们的神迹和神格归并到一起,才可还原出原始天神的完整神迹和神格。例如帝俊的太阳神和月神神格,帝舜的"重瞳子"①实即"四目"问题,帝舜名"重华"实即太阳神、月神神格问题,等等,都可以归并到帝喾身上做统一的神话和神格分析。详见下文。

三、商契、仓颉、帝挚、少皞、夔也实为一神

如同第二节所列五位天神实为一神,这里所列的五位"历史人物",也实为一人(神)。当然,流行历史知识是将他们当作历史人物的,但我们认为他们仍是神,在辈分上正是上节所述天神之子。下面做扼要讨论。

先看商契和仓颉。仓颉又称苍颉。关于汉字的起源,有所谓"仓颉造字"说,这已是妇孺皆知的典故。因此在中国传统文化里,仓颉的名气很大,有关他的文献记载和传说也很多。但都是战国以来才突然出现,之前未见任何记录。将战国、两汉及唐代记录扼要引述如下:

> 《荀子·解蔽》:"好书者众矣,而仓颉独传者,一也。"②
> 《韩非子·五蠹》:"昔者苍颉之作书也,自环者谓之厶

---

① 〔汉〕司马迁:《史记》,中华书局,1982年,第338页。
② 〔战国〕荀况著,蒋南华等注译:《荀子全译》,贵州人民出版社,1995年,第452页。

(厶),背厶谓之公。"①

《吕氏春秋·审分览·君守》:"奚仲作车,苍颉作书,后稷作稼,皋陶作刑,昆吾作陶,夏鲧作城,此六人者,所作当矣。"②

《淮南子·本经训》:"昔者仓颉作书,而天雨粟,鬼夜哭。"③

《说文解字·序》:"黄帝之史仓颉,……初造书契。""仓颉之初作书,盖依类象形,故谓之文;其后形声相益,即谓之字。"④

《春秋元命苞》:"仓帝史皇氏名颉,姓侯冈,龙颜侈哆,四目灵光,实有睿德,生而能书。及受河图录字,于是穷天地之变,仰观奎星圆曲之势,俯察龟文、鸟羽、山川、指掌而创文字,天为雨粟,鬼为夜哭,龙乃潜藏。"⑤

唐代徐坚《初学记》卷二十一:"易曰'上古结绳以治,后世圣人易之以书契'……苍颉造文字,然后书契始作,则其始也。"⑥

总结起来,仓颉又称仓帝,四目,有睿德、一生下来就能书写,

---

① 〔战国〕韩非著,张觉译注:《韩非子全译》(下),贵州人民出版社,1992年,第1044页。
② 〔战国〕吕不韦门客编撰,关贤柱等译注:《吕氏春秋全译》,贵州人民出版社,1997年,第591页。
③ 〔汉〕刘安等著,许匡一译注:《淮南子全译》,贵州人民出版社,1993年,第420页。
④ 〔汉〕许慎撰,〔清〕段玉裁注:《说文解字注》,中州古籍出版社,2006年,第753—754页。
⑤ 〔清〕赵在翰辑:《七纬》下,中华书局,2012年,第421页。
⑥ 〔唐〕徐坚等:《初学记》(下),中华书局,1962年,第505页。

文字契刻便是始于他。且他造字有向天上的奎星也即魁星(笔神、智慧神)学习,也有向地上的龟文等学习云云。

关于商契和仓颉的关系,我只看到陈梦家先生许多年前的讨论,他认为商契即仓颉。理由是他发现《国语·郑语》"商契能和合五教,以保于百姓者也"是"商""契"连称的,而商契可音转为仓颉,他举了一些古音之例,如古音中契、颉极近,《尔雅·释鸟》有"仓庚,商庚"的解释,夏小正"二月有鸣仓庚,仓庚者商庚也",这里"仓"便通于"商"云云①。也颇有说服力,但笔者仍觉证据还不够,我这里另从其他方面增加一些证据。

首先,看二者与文字的关系。仓颉造字神话已见前引,商契与文字刻写的关系也见于上文对"卨""离""契"三字的分析。因此仓颉和商契都是书契文字的发明者,是造字之神,是笔神。此同点一。

其次,商契有玄王之称,如《诗经·商颂·长发》:"玄王桓拨,受小国是达,受大国是达,率履不越。"毛传:"玄王,契也。"②《国语·周语下》:"玄王勤商,十有四世而兴。"韦昭注:"玄王,契也。"③《荀子·成相篇》:"契玄王,生昭明,居于砥石迁于商。"④这都是商契称玄王的例子。至于契为何称玄王,我们放在第四节作解,这里是要将"玄王"与仓颉的另名"仓帝"作比。玄和仓均为"黑"义,王和帝都是世界之主之意⑤。因此二者是一个意思,是指

---

① 陈梦家:《商代的神话与巫术》,《陈梦家学术论文集》,中华书局,2016年,第60页。
② 林义光:《诗经通解》,中西书局,2012年,第437页。
③ 〔三国〕韦昭注,王树民、沈长云点校:《国语集解》,中华书局,2019年,第140页。
④ 〔战国〕荀况著,蒋南华等注译:《荀子全译》,第522页。
⑤ 帝也有天帝之意,玄王和仓帝,实际都是天神,有人间之主之意,是神话历史化的结果。

一位神道。此同点二。

最后，仓颉有四目之特异之处，这当然是神话①，且这是一传播于世界诸多古文明区的世界性神话，源头要到西亚创世神话英雄马杜克身上去找，他们的相互关系，后文再展开评述，此处不赘。商契和帝喾没有四目的神话，帝舜号重瞳子，是有四目之意，他也即是帝喾，似可与仓颉做些比较，但仍然有些迂回，我们还可以找到更近便的例子。那便是商周金文中的"商"字构形。我们可看到多处金文中的"商"字（图7-2），有的在表斧凿的"辛"字两旁分置两目，有的则置四目，这显然是在表达"商"字所代表的商契的身份特性，即他也有四目之特异之处。此同点三。

商代晚期	西周早期	西周晚期	春秋早期	春秋晚期		
《佚》518	宰主骨	作父乙尊	鲁上商虞又簋	秦公镈	庚壶	蔡侯壶

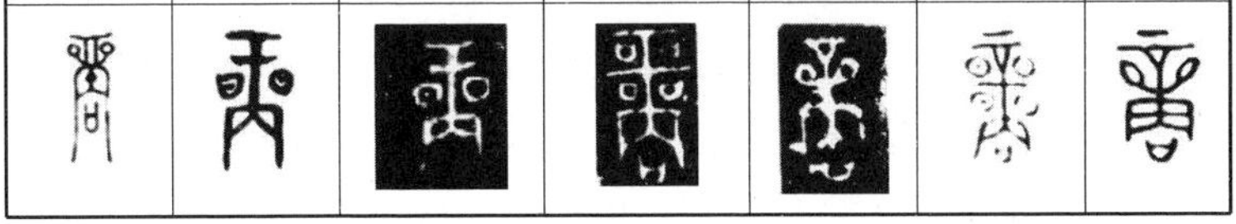

图7-2 商周甲金文中的"商"字

有陈梦家先生的语音之证，加上笔者的以上三证，商契即是仓颉，应该没有什么问题了，那么他们所具有的神话和神格特性，就可以贯通起来梳理，我们留待后文作统一分析。

再看商契、帝挚、少皞的同一关系。文献记载和学者们的相关研究都有。下面作一些摘录引述。

---

① 即便将仓颉当作历史人物的观点里，也认可这是附着于历史人物身上的神话传说。

《左传》昭公十七年:"我高祖少皞挚之立也,凤鸟适至,故纪于鸟,为鸟师而鸟名。"①这里将少皞和挚连称,显然认为少皞就是挚,是一人(神)。《帝王世纪》也说:"少昊帝名挚。"也有写作"质",如《逸周书·尝麦解》:"乃命少昊清司马鸟师,以正五帝之官,故名曰质。"可见少皞也即少昊,少昊挚也即少昊清、少昊质等。

《世本》则称:"少昊名契。"郭沫若和胡厚宣都称少皞契就是少皞挚,也即殷祖契。郭称:"少昊金天氏帝挚,其实当即是契。古挚契同部。挚之母常仪,契之母简狄,实系一人。"②胡厚宣则称:"少皞名挚,《逸周书·尝麦解》作少昊名质。《路史·后记七》说'少昊名质,是为挈'。罗苹注,'挈本作栔,乃契刻字'。《诗·大雅·绵》'我契我龟',《周礼·轮人》注引郑司农诗和《汉书·叙传》集注引诗,契都作挈。《周礼·菙氏》'掌共燋契',《仪礼·士丧礼》注引契作挈。……是少皞名挚,挚即契,即殷契之契。"③如此,则少皞即帝挚即商契。

王震中认为:"少皞挚之挚,也通作鸷。《左传》僖公二十六年说:'我先王熊挚有疾',《史记·三代世表》作熊鸷。《史记·白圭传》说:'趋时若猛兽挚鸟之发',挚鸟即鸷鸟。《夏小正》六月:'鹰始挚',洪震煊《夏小正疏义》说:'挚读曰鸷'。《说文》:'鸷击杀鸟也',段玉裁注:'古字多假挚为鸷'。可见少皞挚之挚,通作鸷,乃是一种厉害的鸟名。"④这就非常清楚地将少皞挚也即是商契,与一种厉害的鸟鸷上了关系。上引的《夏小正》六月的"鹰始挚"又非常

---

① 杨伯峻编著:《春秋左传注》(四),中华书局,2009年,第1387页。
② 郭沫若:《中国古代社会研究》,商务印书馆,2011年,第201页。
③ 胡厚宣:《甲骨文商族鸟图腾的遗迹》,《历史论丛》第一辑,1964年。
④ 王震中:《商族起源与先商社会变迁》,中国社会科学出版社,2010年,第22页。

清楚地将这种厉害的鸟与鹰攀上了关系。所以说,简狄吞玄鸟卵所生之商契,也有鸟的身份,这个玄鸟,也该是鹰这样的猛禽,而不该是战国以来所认为的燕子。

最后我们来看"夒"。"夒"字见于甲骨卜辞(图7-3),有的"夒"字单用为人(神)名,也常见"高祖夒"这样的联称,显然他是商人祭祀的重要先祖之一。前辈学者讨论过他是谁的问题。王国维认为他就是商祖帝喾①,陈梦家、徐中舒、容庚、唐兰、杨树达等学者则认为是商契。陈梦家有一个总结,他说:"而徐、容、杨均以为是'禼'字,徐氏说'以形视之,与禼为近'。"②饶宗颐释此字为"夓",并说读为"禼",考证后也认为"夒"是殷之先祖契③。看来是更多学者认为"夒"即是契。

图7-3 甲骨文中的"夒"及"高祖夒"等字

---

① 王国维:《殷卜辞中所见先公先王考·续考》,《观堂集林》卷九,河北教育出版社,2003年,第209—230页。
② 陈梦家:《殷虚卜辞综述》,中华书局,1988年,第338页。
③ 饶宗颐:《殷代贞卜人物通考》,香港中文大学出版社,1959年,第272—273页。

笔者赞同高祖夔即是商契，还可贡献两点理据。其一，卜辞"夔"字字形甚多，总体特点是人形侧身歧首独足而立，有的手持一斧凿形物件（图7-4-4、5），苏雪林释其为"锲刀"①，可从。此锲刀，当然可用来比附商契的"契"字右上角的刻刀形。此同点一。其二，隶定后的"夔"字，左上之"止"当是为显示"夔一足"而缩上去的一足，右上是"巳"字，"巳"即蛇，苏雪林疑其是笔，即蛇笔或蛇形笔，如同希腊风神、神使赫尔墨斯的蛇棒②，很有见地。这当即是蛇笔，因此它仍可比附商契的刻字锲刀。此同点二。证"夔"即"契"，也很好地解释了为何甲骨卜辞中只有"夔"却没有"契"。这样，有关"夔"的神话，我们就在下节讨论商契的神话和神格时合并讨论。

图7-4 甲骨文中的各形"夔"字

四、商祖"帝喾""契"之神话及神格

关于商祖喾契的神话，东周秦汉文献有记录传世，卜辞和金文也能发现极少记载。出土及传世的部分龙山文化和殷商文化玉石器上的鹰伴人首纹饰，是一种极为宝贵的神话图像，但笔者已在本书第八章予以讨论。此处仅就文献部分展开。

---

① 苏雪林：《屈原与〈九歌〉》，武汉大学出版社，2007年，第189页。
② 苏雪林：《屈原与〈九歌〉》，第189页。

第七章 由䘏、商、卨(离、契)字构形论商祖帝喾和商契之神话

先列举一些东周文献,然后做一些解读。

《诗经·商颂·玄鸟》:"天命玄鸟,降而生商,宅殷土茫茫。"毛传:"春分玄鸟降,汤之先祖,有娀氏女简狄配高辛氏帝,帝率与之祈于郊禖而生契。"郑笺:"天使鳦下而生商者,谓鳦遗卵,娀氏之女简狄吞之而生契,为尧司徒,有功封商。"①

《诗经·商颂·长发》:"濬哲维商,长发其祥,洪水茫茫,禹敷下土方,外大国是疆,幅陨既长,有娀方将,帝立子生商"。郑笺:"禹敷下土之时,有娀氏之国亦始广大,有女简狄,吞鳦卵而生契。"②

《诗经·商颂》被认为是春秋文献,是除卜辞金文以外载及商祖卵生神话的最早传世文献。

《楚辞·天问》:"简狄在台,喾何宜?玄鸟致贻,女何喜?"王逸注:"言简狄侍帝喾于台上,有飞燕堕遗其卵,喜而吞之,因生契也。一云喜一作嘉。"③

《楚辞·离骚》:"望瑶台之偃蹇兮,见有娀之佚女。……凤皇既受诒兮,恐高辛之先我。"④

《楚辞·思美人》:"高辛之灵盛兮,遭玄鸟而致诒。"⑤

---

① 林义光:《诗经通解》,中西书局,2012年,第434页。
② 林义光:《诗经通解》,第436—437页。
③ 〔宋〕洪兴祖撰,白化文点校:《楚辞补注》,中华书局,2015年,第82—83页。
④ 〔宋〕洪兴祖撰,白化文点校:《楚辞补注》,第25—26页。
⑤ 〔宋〕洪兴祖撰,白化文点校:《楚辞补注》,第114页。

《吕氏春秋·季夏纪·音初篇》:"有娀氏有二佚女,为之九成之台,饮食必以鼓,帝令燕往视之,鸣若谥隘,二女爱而争搏,覆以玉筐,少选,发而视之,燕遗二卵北飞,遂不反。二女作歌一终,曰'燕燕往飞',实始作为北音。"高诱注:"帝,天也,天令燕降卵与有娀氏女,吞而生契。"①

张光直认为:"《商颂》和《楚辞》虽然都是东周的文学,其玄鸟的神话则颇可能为商代子族起源神话的原型。"②这个神话原型大致是:简狄是有娀氏女,因与上帝所派的玄鸟接触而怀孕生契,契为商人始祖。怀孕的经过不一,有说是玄鸟使简狄怀孕③,有说是吞玄鸟卵使简狄有孕。在《诗经》中,只提到玄鸟和简狄,既未指玄鸟是什么鸟,也未出现帝喾。但到了战国文献《楚辞》和《吕氏春秋》中,一说玄鸟是凤凰,一说是燕子,帝喾(高辛)作为简狄的配偶的身份也出现了。这显然都是神话的补充和增饰效果。《诗经》的毛传和郑笺,虽提到了帝喾及玄鸟是鳦即燕子,但毛亨、毛苌和郑玄都是两汉人,这显然是受到了战国文献影响的结果。

玄鸟神话的战国增饰部分,笔者有取有舍,所取是帝喾的天帝和简狄配偶身份,所舍则是所谓玄鸟是凤凰或燕子④,笔者认为玄

---

① 〔战国〕吕不韦门客编撰,关贤柱等译注:《吕氏春秋全译》,贵州人民出版社,1997年,第186—187页。
② 张光直:《商周神话之分类》,《中国青铜时代》,生活·读书·新知三联书店,1999年,第386页。
③ 此说颇似希腊神话主神宙斯化身天鹅到人间诱使丽达怀孕的故事。
④ 笔者近读萧兵先生《四方风神话》,深受启发。书中萧先生是将"凤"看作一个属概念的,即凤包含了多种鸟,但最早的母题是鹰鹜类猛禽。在该书中,鹰鹜、燕子、猫头鹰、鸿鹄等都是凤鸟的一种。从这个意义上说,玄鸟似乎可包括凤凰、燕子以及猫头鹰、鸿鹄等鸟。但通过当时的实物图像判定,我们认为玄鸟首先是指鹰鸟。

第七章　由䘏、商、离（离、契）字构形论商祖帝喾和商契之神话

鸟是鹰,分析已见前文。而帝喾和简狄的神话,或许也有单独的流传,战国时将其与情节不同但内涵相同的玄鸟神话融合。作为天神的帝喾,除了具备人形,他还有动物飞禽类形象,比如牛形,从"喾"字构形中的"牛"字及祎祭中以牛作牺牲并对着牛祷告可知。还有就是鹰形,上文分析过的帝喾子帝挚又可称帝鸷,还有就是《夏小正》六月所说的"鹰始挚",指向这鸷鸟,就是鹰,神人父子往往同形,帝鸷为鹰,则帝喾也该有鹰形。此外,《初学记》卷九引《帝王世纪》:"帝喾……生而神异,自言其名曰夋。"①此"夋"通"俊",除证明帝喾即帝俊外,"夋"字本身的构形也极像一只鸟的形象,如上部的"厶"即"私",指形如男根的私处,状鸟头,下部的分叉像鸟尾,中间的"八"形像鸟之双翼或鸟羽。当然,"夋"的山东骨刻文（𠂤）和甲骨文（𡕢）、金文（夋）也极像鸟形。此分析若不误,自名"夋"的帝喾当然就是玄鸟,是鹰。因此,所谓"天命玄鸟,降而生商",也即是天帝命帝喾,下降到地上生契,而"帝立子生商"的"子",是子姓的"子",也是玄鸟卵,"商"仍是"契"。神话中往往父子同形,因此商契也该有牛、鹰等形象。

帝喾还可能有的一种形象是鹄形。鹄即天鹅,也称白凤。萧兵先生在《四方风神话》中指出,并引前人说法,提到吴其昌曾暗示喾有一化身为鹄②,何光岳认为喾以鹄为图腾③,等等,但萧先生仍然认为证据不足④。笔者倒认为喾有鹄之化形是能够成立的。其

---

① 〔唐〕徐坚等著:《初学记》（上）,中华书局,1962年,第197页。
② 吴其昌:《卜辞所见殷先公先王三续考》,《古史辨》第七册,海南出版社,2005年,第337页。
③ 何光岳:《东夷源流史》,江西教育出版社,1990年,第7页。
④ 萧兵:《四方风神话》,陕西师范大学出版总社,2019年,第75页。

135

一，䘒、鵠字共有一"告"字，而"告"正是对以牛为象征并以牛为牺牲来祭祀的天帝(帝䘒)的符号表达，那么在此基础上，加上象征"上天"的"艹"符或者帝䘒化形之一的"鸟"符，形成"䘒"或"鵠"，是顺理成章的。其二，䘒与鵠是叠韵词，上古汉语中，双声或叠韵词总是有义同或义近的密切关系。

再看看汉代的文献。

>《史记·殷本纪》："殷契，母曰简狄，有娀氏之女，为帝䘒次妃，三人行浴，见玄鸟堕其卵，简狄取吞之，因孕生契。"①
>
>《淮南子·地形训》："有娀在不周之北，长女简翟，少女建疵。"高诱注："有娀，国名也；不周，山名也。娀读如嵩高之嵩。简翟、建疵姊妹二人在瑶台，帝䘒之妃也。天使玄鸟降卵，简翟吞之以生契。"②

《殷本纪》商祖神话是司马迁对先秦文献的综合梳理，可看出理性化的修饰，但神话色彩仍在。《淮南子》补充了战国文献就提到过的二佚女之全名，也让我们知道了《史记》中所说的"三人行浴"的三人，当是帝䘒及其二妃——简狄和建疵。

甲金文涉及商祖神话的内容，比传世文献要少很多。卜辞中有一些可能是有关䘒和夒的内容。如丁山认为，卜辞中数见的"䘒"字，当为帝䘒之"䘒"，"夒"则为契。卜辞中数见商王贞问燎祭

---

① 〔汉〕司马迁：《史记》，中华书局，1982年，第91页。
② 〔汉〕刘安等著，许匡一译注：《淮南子全译》(上)，贵州人民出版社，1993年，第256页。

于"🐦",也有"🐦""🐛"同祭于一块卜骨之上,如"庚午燎于🐦,有从,才雨""壬申贞桒年于🐦"(《后编》上,二二),还有"🐦""🐛"与河伯同祭,如"戊午卜宾贞侑桒年于🐦河🐛"①。河指河神即河伯,同时也是商人的远祖之一,卜辞中有称"高祖河",夋和夒与河并列同祭,体现了商人将他们视作远祖也视作神,所以总起来说就是祖神。

商代金文能反映商祖神话的莫过于"玄鸟妇壶",该壶铭文有"玄鸟妇"三字(图7-5),壶及铭文著录于《西清古鉴》卷十九,称"周妇壶",《陶斋吉金续录》下五称"元鸟壶",《三代吉金文存》十二·二称"玄鸟妇壶",作者们多从图腾角度,称此当为商人图腾。在笔者看来,图腾不图腾还很难说,但它以文字的形式记录下玄鸟神话则确定无疑。铭文中玄鸟所衔之"8"形符,可看成是"玄"字的会意,也可看成是垒着的鸟卵,下方侧身蹲踞着的女性,手持一笤帚形物件,合为妇字,当指简狄。这是确定无疑的汉字,也可看成是文字画,因为其画面感极强。看着它,你能想象出"天命玄鸟,降而生商""见玄鸟堕其卵,简狄取吞之,因孕生契""玄鸟致贻,女何喜?"等商祖卵生神话情节。

图 7-5 玄鸟妇壶铭文

---

① 徐中舒主编:《甲骨文字典》,四川辞书出版社,1989年,第623页。

甲金文所及商祖神话内容虽少,但它们以物证的形式将商祖神话存在时间提到了商代晚期。比起《诗经》上的记载早了至少600年。当然,若将笔者也曾讨论过的龙山文化鹰伴人首玉佩及玉锛等反映的商祖神话也计算进来,则商祖神话可早至龙山文化时期,完全就是跟先商文化一并兴起,且完整表现了商祖神话的兴衰起落历程。

下面讨论喾、契父子神的神格,并与西亚和希腊神话作适当比较。

先看帝喾。

雷神和战神。徐山在《雷神崇拜》中讨论过"告"字,并说祮祭的对象就是天上的雷神,但他只提到雷神是龙,是帝,没有提到是帝喾,通过我们在第一节分析过的"喾"字,可知作为天神的帝喾,正该是祮祭的对象,如果徐山的分析不误,帝喾就该是雷神。徐山说雷神是龙,而帝喾的符合者太皞与龙恰有对应关系,如《淮南子·天文训》:"何谓五星?东方,木也。其帝太皞,其佐句芒,执规而治春。其神为岁星,其兽苍龙。"[①]这里面就提到天帝太皞的宠兽是苍龙,而天神与宠兽之间往往就是化身、变形的关系[②]。此外,喾(太皞)的儿子夒(契)也有龙形的记载,如《说文解字》:"夒,神魖也。如龙,一足。"[③]神人父子同形,也可反衬帝喾具龙形。

还有其他证据,即帝喾的另一名称"高辛"和"商"字所体现的雷神神话。高辛之"辛"和"商"字上部的"辛"字,是锛凿斧类武器

[①] 〔汉〕刘安等著,许匡一译注:《淮南子全译》,贵州人民出版社,1993年,第114页。
[②] 苏雪林:《屈原与〈九歌〉》,武汉大学出版社,2007年,第195页。
[③] 〔汉〕许慎撰,〔宋〕徐铉校定:《说文解字》,中华书局,2013年,第107页。

第七章　由詈、商、卨(离、契)字构形论商祖帝喾和商契之神话

之形,而雷神所执武器,正是这类工具(图7-6)。雷神又往往兼为战神,如西亚神话中的马杜克、希腊神话中的宙斯,以及所谓夏人始祖实际是始祖神的大禹,他们是雷神,同时又是战神。张立东在作出"商"是"钺在祭几之上"的新释时,列举了欧亚大草原上的斯基泰人和匈奴人祭祀青铜短剑的礼俗。斯基泰人设军神阿列斯的祭祀场,是用树木枝干堆成薪堆,其上置一方形祭台,祭台上置一把作为阿列斯化身的短剑。这里的军神也就是战神。匈奴人崇拜战神"径路神","径路"就是短剑的音译,径路神就是以短剑为化身的战神。因此他推断"商"字也反映这种祭祀以钺为化身的战神的礼仪场景①。我们将"商"字上部的"辛"字释为锛凿斧之类,而与钺稍有不同,但我们认为"商"字反映祭祀战神的礼仪场景是很可取的。因此"商"字和"高辛"之名确可作为帝喾为战神的证据。

1.东湖三官殿梁墓中雷公图像　　2.彝族文献《宇宙人文论》中雷公画像　　□里为雷公图像　3.武梁祠汉画中雷公图像

图 7-6　持雷公锤斧之雷公像

风神。萧兵先生在《四方风神话》里对殷墟甲骨卜辞中的四方风名相关问题做了纵横捭阖又鞭辟入里的梳理和讨论,他认为甲骨文字"风"通"凤",因此四方风也是四方凤,且以四方神鸟(即凤

---

① 张立东:《钺在祭几之上:"商"字新释》,《民族艺术》2015年第6期,第121—127页。

139

鸟)来表示四方,而这些凤鸟也成为四方风神。萧先生认为凤鸟最早的母型是鹰鹫,后来又加进去了雉鸡、孔雀等形象。最关键的是,萧先生发现,四方凤鸟与殷商祖先神有一种对应关系,并大致拟出了四方凤(神鸟)所对应的殷商祖先神,分别是东方玄鸟(挚鸟)对应帝俊(帝喾)和商契,南方昏鸟(鸱鸮)对应上甲微(或王亥),西方雉鸟对应后羿,北方信天翁(或鹲鸟)对应伯益,等等①。这部大著给笔者启发极多,转引的上述观点中,萧先生认为帝喾和商契,对应了玄鸟的形象,还是东方的风神且是四方风神神主。笔者完全赞同,现一并引在这里。后文讨论商契的神格时,其风神神格便不再讨论。

木星神。木星神是所谓五星神话中的五星神之一,源自西亚,屈原《九歌》中的十神便有五星神,分别是木星神东皇泰一、水星神河伯、土星神湘君、金星神湘夫人、火星神国殇②,中国上古另以五色总结的五色帝也是,即木星神青帝、水星神黑帝、土星神黄帝、金星神白帝、火星神赤帝或炎帝,所以所谓五帝,其实是五星神,中国古人将他们历史化后,它们才被后人当作了历史人物。除了东皇泰一,苏雪林分析过大禹也是木星神③,笔者发现,帝喾也是。证据之一,前引《淮南子·天文训》说"何谓五星? 东方,木也。其帝太皞",明确指出,五星神中的木星神位在东方,其名太皞,太皞就是帝喾。因此这是最直接的证据。证据之二,从五星神被配五行、五方和五色来看,木星神位在东方,其宠兽也即自己的化身为苍龙,而帝喾正具龙形,便与木星神又重合在一起了。证据之三,帝喾有

---

① 萧兵:《四方风神话》,陕西师范大学出版社总社,2019年,第236—237页。
② 苏雪林:《屈原与〈九歌〉》,武汉大学出版社,2007年,第144—277页。
③ 苏雪林:《屈原与〈九歌〉》,第167—169页。

以"木德治世"之说①,所谓木德,虽是五行之说,但正是木星神所具性质。证据之四,"高辛"和"商"字所具锛凿斧类武器乃为雷神帝喾之象征,而木星神正是持这类武器,如大禹执铲,马杜克也持巨铲,宙斯所执雷霆都是。证据之五,木星神往往有四目,如马杜克是双面四目,帝喾虽未有直接文献证据,但他的符合者帝舜号"重瞳子",正是四目之意。证据之六,帝喾是东夷人的天帝,在世界神话中,天帝作为最高神,往往由木星神承担,如西亚神话中的马杜克、希腊神话中的宙斯,他们都是木星神,同时也是最高神。

分析至此,可以来解释一下《诗经·商颂·长发》中的"洪水茫茫,禹敷下土方"这句话,《长发》整篇都是在歌颂商祖的辉煌历史,为何突然冒出一句讲述夏祖大禹的神话来呢?我的理解是,一方面说明到春秋时大禹治水神话深入人心,也影响到商遗民的宋人;另一方面,或许在揭示大禹和帝喾有同等角色和神职,他们都是天帝所遣之神,是手执巨铲或雷斧的木星神和雷神,因此二者是二而一、一而二的关系。这或许就是《商颂》中出现夏禹的原因。

日月神。日神和月神神格主要显现于帝喾的符合者帝俊和帝舜身上。

先看《山海经》对帝俊的描述。《山海经·大荒南经》:"羲和者,帝俊之妻,生十日。"②《山海经·大荒西经》:"帝俊之妻常羲,生月十有二。"③《山海经·大荒东经》:"有中容之国,帝俊生中

---

① 〔三国〕曹植:《帝喾赞》,《曹子建集》,中国书店,2018年;张闻玉等编著:《夏商周三代事略》,科学出版社,2017年,第277页。
② 〔清〕吴任臣撰;王兴芬整理:《山海经广注》,凤凰出版社,2018年,第241页。
③ 〔清〕吴任臣撰;王兴芬整理:《山海经广注》,第249页。

容。……有山名曰壑明俊疾,日月所出,有中容之国。"①这三段引文都跟帝俊有关,他能与其妻子羲和生出十个太阳、与常羲生出十二个月亮,他所生的中容之国,有日月所出的壑明俊疾山,等等,这都体现了他的日月神性。当然,他的妻子羲和当也有日神性,常羲也即嫦娥,当也有月神性,因为神话里的人物,其神格往往是夫妻互通、父子相继。帝舜的日月神性体现在他的名字上,他又名"重华",笔者的理解,"重华"正是日月辉映、双重光华之意。与他的另一特征即"重瞳子"还不一样,后者只表示他有四目。

乐神。在帝喾的事功中,文献有载他制乐器,作乐曲,命咸黑、柞卜为乐官,制作鼗鼓、苓、管、埙、帝等新乐器,创作《九招》乐曲,等等②。如《吕氏春秋·古乐篇》"帝喾命咸黑作《声歌》——《九招》《六列》《六英》",同篇中还讲到帝喾的符合者帝舜与音乐的关系,如"帝舜乃令质修《九招》《六列》《六英》"③。《淮南子·泛论训》也说:"舜《九韶》。"④

关于舜与音乐的关系,比之喾更多。陈泳超在他的著作《尧舜传说研究》辟专章作了详细考证,讨论其父瞽瞍(叟)之名所具有的乐官性质,瞽瞍、帝舜父子以"以音律省土风",舜改五弦之瑟为二十三弦之瑟,"象往入舜宫,舜在床琴","舜……其为天子也,被袗衣,鼓琴"等记载舜善鼓琴的文献,舜弹五弦歌《南风》的传说等⑤,作者虽只将舜作为历史人物以讨论他与音乐的密切关系,但我们

---

① 〔清〕吴任臣撰;王兴芬整理:《山海经广注》,第 228 页。
② 张闻玉等编著:《夏商周三代事略》,科学出版社,2017 年,第 278 页。
③ 〔战国〕吕不韦门客编撰,关贤柱等译注:《吕氏春秋全译》,贵州人民出版社,1997 年,第 162、164 页。
④ 何宁撰:《淮南子集释》,中华书局,1998 年,第 919 页。
⑤ 陈泳超:《尧舜传说研究》,南京师范大学出版社,2000 年,第 156—178 页。

知道舜实际是东夷人的上帝,因此他与音乐的密切关系可看成是具有乐神之神格的体现。当然,帝喾之子夔(契)的乐神性也非常浓烈,这显然也是父子神格相继的结果,我们将在讨论契的神格时再具体分析。

下面讨论商契的神格。

笔神和智慧神。笔神和智慧神主要体现于商契和他的符合者仓颉和夔的身上。"契"字所带之刀笔,"高""离"字所体现的龟甲占卜等巫术行为,仓颉造字神话和"夔"字所带之蛇笔,都指向了商契的笔神神格。后代的民间故事"魁星点斗"和"独占鳌头",讲的都是魁星独足站在鳌鱼头上,他手持一笔,点中谁,谁就能科举高中(图3-7)。如是古代中国到处建有魁星楼(阁),士子们无不顶礼膜拜。此"魁星"同于"夔",其实是笔神这一神话母题的后代演绎。同时,文字的发明创造被视为最重大最智慧的创造,有人统计,古代重要的发明,差不多全出于帝喾(帝俊)的子孙①。因此,商契也是智慧神。其实在世界神话中,水神都兼任笔神和智慧神,如西亚神话中的水神——水星神哀亚、尼波,希腊神话中的水神赫尔墨斯及普罗米修斯等都是。他们的造型往往也手握笔或蛇形笔或者锲刀等。商契也正是水神,见下文分析。

水神和水星神。在世界神话中,水神与水星神往往互兼,如西亚神话中的哀亚、尼波,《九歌》中河伯,等等。商契、仓颉和夔,都有一定程度的水神和水星神神格体现。

先看水神神格。《山海经·大荒东经》:"东海中有流波山,入

---

① 王震中:《商族起源与先商社会变迁》,中国社会科学出版社,2016年,第16页。

海七千里。其上有兽,状如牛,苍身而无角,一足,出入水则必风雨,其光如日月,其声如雷,其名曰夔。"①这段话值得分析的地方非常之多。夔在海中七千里,能出入水,能带来风雨等,他当然是水神、海神,完全可比于希腊海神波塞冬。其状如牛,这牛形与其父帝夋也具的牛形相同,这是神人父子往往同形的现象。"苍身"之"苍",指"黑",而五行中水色黑,也与商契有"玄王"之称、仓颉之"仓"也为黑等同一,都指向他们的水神性。这段话中的"其光如日月,其声如雷"所体现的日月神、雷神神格,是夔之父辈神的神格,因父子往往神格相继,便体现在了夔的身上。

再看水星神神格。五星神所依傍的五大行星,与五行、五方和五色相配,其中水星在五行中属水,五方中为北方,五色中属黑。《九歌》中的水星神是河伯,东夷和商人的水星神当是其始祖商契。当然,在世界神话中,水星神往往成为世界的创造主和民族始祖,如西亚神话中的水星神哀亚、齐地八神中的天主②等等。所以作为商人始祖的商契为水星神,便不是孤例。

乐神。商契的乐神性集中在他的符合者夔的身上。很多典籍载有夔的乐官职能,我们恢复夔的神格,便知这些乐官职能,正是他的乐神神格的体现。《吕氏春秋·察传》:"昔者舜欲以乐传教于天下,乃令重黎举夔于草莽之中而进之。舜以为乐正。夔于是正六律,和五声,以通八风,而天下大服。"③《尚书·尧典》:"帝(舜)

---

① 袁珂译注:《山海经译注》,贵州人民出版社,1991年,第271—272页。
② 苏雪林:《我研究屈赋的经过》,《屈赋论丛》,武汉大学出版社,2007年,第11页。
③ 〔战国〕吕不韦门客编撰,关贤柱等译注:《吕氏春秋全译》,贵州人民出版社,1997年,第850页。

第七章　由甾、商、卨(离、契)字构形形论商祖帝喾和商契之神话

曰:'夔,命汝典乐,教胄子……'夔曰:'於!予击石拊石,百兽率舞。'"①《大戴礼记·五帝德》:"夔作乐,以歌籥舞,和以钟鼓。"②这些记载,足以让我们相信夔也即契具有乐神的神格。商契的乐神神格,也让我们想到了希腊神话中的水神、水星神赫尔墨斯,后者是七弦琴的发明者,与太阳神阿波罗都是希腊神话中的乐神。

上文分析了天帝帝喾和其神子商契的诸般神格,也随手将西亚和希腊相关神话人物作了一些比附。这里不妨再做一番通盘的比较,并回应一下这种中外神话人物间奇妙类同关系的历史动因。

西亚神话中的马杜克和尼波,希腊神话中的宙斯和赫尔墨斯,是两对父子神,其中父神都是木星神、雷神、风神、神主,子神则是水星神、水神、风神、笔神和智慧神,赫尔墨斯还是音乐神,当然他们有的还有其他一些神格,如尼波和赫尔墨斯都是神之使者,赫尔墨斯还是行路神等,因不需要拿来作比,便不多叙。

帝喾和商契,也是一对父子神,其中帝喾是雷神、战神、风神、木星神和天帝,商契则是笔神、智慧神、风神、水神、水星神和乐神,中外三对父子神,完全可一一对应,还不止如此,天帝宙斯有很多人形以外的化身形象,例如牛形(图7-7)③、鹰形(图7-8)④、天鹅形(图7-9)⑤,帝喾也恰恰具有牛形、鹰形、鹄(天鹅)形等化身。在古希腊的雅典,每年最后一月有一个思奇罗佛利亚节(Skiropho-

---

① 屈万里:《尚书集释》,中西书局,2014年,第27页。
② 〔清〕王聘珍撰:《大戴礼记解诂》,中华书局,1983年,第123页。
③ 宙斯曾化身一只金黄色的牡牛诱拐腓尼基公主美少女欧罗巴。
④ 宙斯曾化身苍鹰诱擢美少年特洛伊王子伽倪墨得斯(Ganymede)。苍鹰便一直成为宙斯的宠禽,西方常见青春女神赫柏喂食扮成老鹰的宙斯的油画。
⑤ 宙斯的天鹅化形出现于希腊神话中有名的"丽达与天鹅"故事中。

ria),人们会屠宰一头公牛献给宙斯①。而帝喾之"喾"字,正是以牛为牺牲献祭给上帝"喾"的文字写照,说明商族对其祖神也是天帝的帝喾,同样有以牛为牺牲的献祭活动。马杜克或尼波常以混沌孽龙为坐骑(图3-6),其实坐骑也是他们自己的化身,而帝喾和他的神子夒,也具龙形。这一切难道都是巧合吗?有如此严丝合缝的巧合存在吗?

图7-7 宙斯化身公牛诱拐欧罗巴神话图石制盘②　　图7-8 青春女神赫柏与扮成老鹰的宙斯油画③

---

① [美]普鸣著,张常煊、李健芸译:《成神:早期中国的宇宙论、祭祀与自我神化》,生活·读书·新知三联书店,2020年,第104页。
② 希腊神话图石制盘(诱拐欧罗巴),属公元前2世纪至公元1世纪,是犍陀罗地区贵霜王朝之前流行的一种装饰盘,盘中一般雕刻希腊神话故事。此盘中刻有变成牡牛的宙斯诱拐腓尼基公主欧罗巴的场面。现藏于日本平山郁夫丝绸之路美术馆。
③ 古斯塔夫-阿道夫·迪亚兹(Gustav-Adolphe Diez,生卒年不详):《赫柏与扮成老鹰的宙斯》(Hebe with Jupiter in the Guise of an Eagle),油画,1820—1826年,183厘米×131厘米,藏于荷兰阿姆斯特丹国家博物馆。

图 7-9 "丽达与天鹅"大理石石雕①

我们当然不认为这些仅是巧合,而是远古便已存在的神话和文化交流的结果。这方面的研究,集大成者有苏雪林先生,她的四大部专著总称"屈赋新探"②,讨论了中外神话和文化在极早期的交流情形,读者诸君阅后,定会对笔者上面的比较分析不以为忤,反多了解之同情。笔者自己近年也做过一些早期中外文化交流的探讨③,如果有这些早期中外文化交流的认识作为基础,对于喾、契神话与马杜克、尼波父子,宙斯、赫尔墨斯父子神话的雷同,便很好理解了。至于这三者之间的源流关系,需要做更细致的研究才好作出准确的结论,依据这三处神话起源、流播时间和各自的地理位

---

① 该石雕收藏于雅典国家考古博物馆,公元二世纪作品。
② 苏雪林:《屈原与〈九歌〉》;《天问正简》,武汉大学出版社,2007 年;《屈赋论丛》;《楚骚新诂》,武汉大学出版社,2007 年。
③ 宋亦箫:《西王母的原型及其在世界古文明区的传衍》,《民族艺术》2017 年第 2 期;《大汶口文化和良渚文化刻符中的昆仑形象》,《民族艺术》2018 年第 3 期;《"玄武"龟蛇形象的神话解读》,《神话研究集刊》第二集,巴蜀书社,2020 年,第 57—69 页。

置,可大致推测西亚马杜克父子神话最早,是源,希腊宙斯父子神话和中国喾、契父子神话都是流,但也不排除二流之间的再度交流①。

最后还值得一论的是由商契之名带来的文字起源问题。甲骨文中的"夒"既是商始祖契,"夒""契"二字又都体现了刻字和书写之行为,那是否说明,汉字不止从殷商晚期才出现,在先商时期,即商族起源的时候,它们就出现了呢?这个问题很难下判断,因为喾、契传说,毕竟只是神话,已经掌握了文字的殷商后期人,完全可以以神话的形式,追想其先祖便已发明文字,并以表示文字起源的"夒""契"等字来称呼他们想象的始祖神。但是,考古上已在山东发现的东夷骨刻文②,又将这种可能性推到我们面前。希望加强对山东骨刻文的研究,以便找到这种"文字"与甲骨文的相关或不相关性。

五、结论

甲骨文"商"字及商代祖先"喾""禼(卨、契)"的构形,蕴涵了丰富的商祖神话。"商(丙、禹、㕦)"字上部为"辛(丫、辛、辛)",其原型是镌凿斧之类武器工具,下部为"丙(冂)",是几案之形,以及后来增补的"口"字。它们合起来表示在祭几上祭祀以镌凿斧为象征的

---

① 笔者在研究楚文化中的域外文化因素时,便发现中希神话和文化交流的现象。参见宋亦箫:《楚文化中的域外文化因素研究》,长春出版社,2015年。
② 刘凤君:《昌乐骨刻文》,山东画报出版社,2008年;刘凤君:《寿光骨刻文》,山东画报出版社,2010年;丁再献:《东夷文化与山东:骨刻文释读》,中国文史出版社,2012年。

雷神(战神)或笔神,也即商祖帝喾或契,并口诵祭词。而商祖"喾"字,表达的则是祭祀以牛为牺牲同时也以牛为化身的天帝兼祖神帝喾,"禼""离""契"诸字,都是帝喾之子商契的名称,它们则表达了商契作为商人始祖,同时也是甲骨占卜巫术的操控者、文字刻写的发明者等等。

帝喾、帝俊、帝舜、高辛、太皞以及商契、仓颉、帝挚、少皞、夒这两组共十位所谓历史人物,前辈学者们经过精心探求,发现他们每组实际是一人,而不是五人,且他们实际是天神,他们变为不同的历史人物是神话历史化的结果。而且在神话历史化、天神变为历史人物的过程中,出现了人物事迹和性格的分化,今天我们在恢复他们的神话和神格的过程中,需要把分化了的事迹和人物性格再度拼合起来,将之归还给曾被历史化和分化的那位天神,也即父子神帝喾和契。

喾、契的神话,主要见于东周两汉文献,如《诗经》《楚辞》《吕氏春秋》《史记》《淮南子》等,往上追溯,还可在甲骨文和金文中看到少量神话的影子,如喾契被当作天神和祖神致祭、"玄鸟妇壶"铭文呈现的文字画所描述的"天命玄鸟,降而生商"神话图像等,这就将商祖诞生神话以实物证据的形式追溯到了商代的殷墟时期,再往上,还可追溯到龙山文化时期,有诸多鹰伴人首玉佩和玉锛为证,因此,商祖喾、契神话,当完整伴随着商人文化的始终。

喾、契作为商人的天帝和祖神,有诸般神格。帝喾是雷神和战神、风神、木星神、日月神和乐神,商契是笔神和智慧神、水神和水星神、风神、乐神,二者因是父子神,还往往在神形和神格上同形同性。如喾、契可能均有的牛形、鹰形、鸮形和龙形,他们均手持锛

149

凿,在帝喾为雷神武器,在商契为刻字锲刀,他们均为乐神,等等。

　　喾、契父子神与希腊父子神宙斯和赫尔墨斯、西亚巴比伦父子神马杜克和尼波,有惊人的雷同之处,如父神均为雷神、战神、风神和木星神,子神均为笔神、智慧神、水神和水星神、风神、乐神,宙斯有牛形、鹰形、天鹅形等诸多变形,帝喾也有牛形、鹰形和鹄形,马杜克和尼波都有乘他们自己的化身也即混沌孽龙的神话,喾、契父子也有龙形之记载,等等。这样的"巧合",其实不是巧合,而是在极早期就存在的中外神话和文化交流的结果。初步判断,西亚巴比伦马杜克、尼波神话是源,希腊宙斯、赫尔墨斯神话和商代帝喾、商契神话是流,但也不排除二流之间的横向交流的可能。

　　最后做一点补论,"龙""凤"在甲骨文中形如"🐉、🐉"和"🐦、🐦"等,二者的共同特点之一是在龙、凤的头部,均有一"辛(🔱、🔱、🔱)"字,关于这个构件,有过许多解释,但笔者认为这"辛"字正是商祖帝喾或商契作为雷神的雷公斧和作为笔神的刻字刀之符号,而后二者正有龙形和凤形的化身,因此,甲骨文中的龙、凤二字,其源头当是商祖神帝喾和商契的象征或称号。由此更可看出,中国传统文化中(尤其是甲骨文字出现以来)的龙和凤,原来跟商祖神话有着千丝万缕的密切关系。其中的原委和奥秘详见本书第九章。

第八章 古玉上的"鹰伴人首"造型与商祖神话

本章提要:有一批龙山文化和商代古玉,常见雕刻或刻画有鹰鸟纹和人首(神面)纹,它们实际上是一组神话图像,即表现商祖卵生神话,也称玄鸟神话。鹰鸟即玄鸟,人首则是商祖帝喾、商契或帝喾二妃:简狄、建疵。在一个史前文化体内,图像神话与口传神话和仪式神话一道,在族群相关活动中被平行地使用,共同表达该族群对始祖起源的理解和观念。

中外博物馆和收藏机构收藏有一批雕刻或刻画鹰鸟纹和人首(神面)纹的玉佩和有刃玉器,它们以传世品为主,也有少量发掘品。关于这批玉器的文化属性、时代和功能等,中外学者多有研究。其文化属性,学者们绝大多数认可它们属山东龙山文化遗物,少量为商代遗物。因此这批玉器的时代便也因文化属性的确定而定为公元前 2600 年—前 1500 年,即龙山文化至二里头文化时期①。至于它们的功能内涵,则说法不一,巫鸿认为是东夷鸟图腾且已从图腾神向人格神过渡,其中有些还体现了以人头祭神的伐祭现象②,进而认为可与传说中的东方天帝太皞、少皞及神鸟句芒联系起来③。李学勤认为那三件所谓"鹰攫人首"玉佩中的"人首",不是斩获的人头,且从人面的表情和装束看,不是敌俘一类,因此否定了所谓伐祭说,推断鹰和人首结合在一起,或许就是用以表现所崇拜的神或先人的勇猛精神④。刘敦愿认为雄鹰与人头的组合,可能是征服强敌的战绩的纪实,或是诅咒敌人,祈祷战事取得胜利的一种巫术行为⑤。孙机认为这些玉器中的立鹰代表了东夷始祖神少昊挚⑥。邓淑苹则认为这些玉器是通神的礼器,其上的鹰纹,是氏族的图腾神,东夷族群的男祖先——帝与少昊,是"鹰身

---

① 邓淑苹:《论雕有东夷系纹饰的有刃玉器》(上、下),《故宫学术季刊》1999 年第十六卷,第三期、第四期。
② 巫鸿:《一组早期的玉石雕刻》,《传统革新——巫鸿美术史文集》卷一,上海人民出版社,2019 年,第 21—23 页。
③ 巫鸿:《东夷艺术中的鸟图像》,《传统革新——巫鸿美术史文集》卷一,上海人民出版社,2019 年,第 111 页。
④ 李学勤:《古玉上的鹰和人首》,《文物天地》1987 年第 5 期。
⑤ 刘敦愿:《未曾得到充分发展的鹰崇拜》,《美术考古与古代文明》,人民美术出版社,2007 年,第 120 页。
⑥ 孙机:《龙山玉鸷》,《远望集——陕西省考古研究所华诞四十周年纪念文集》(上),陕西人民美术出版社,1998 年,第 168 页。

人面"的苟芒神①等,其中有刃玉器上与鸟纹相对应的神面纹,当是蚩尤②。潘守永认为这些鹰伴人首纹饰是龙山文化的一种神像模式,其中鹰是神鹰,人是神人③。这些观点给了笔者诸多启发,笔者又因正在探讨商代祖先"喾""卨(离、契)"及"商"字的构形所隐含的神话内涵,由此梳理出了商祖喾、契的一些神话和此前未被学术界讨论过的有关他们的神格问题④,发现这批刻有鹰鸟和人首(神面纹)的龙山文化古玉,与商祖喾、契神话有某种若合符契的关联,从而对这批玉器的功能内涵有了一些新的理解,尝试在此提出并予以论证,以就教于方家。

对于这批刻有鹰鸟纹和人首(神面)纹的古玉,学者们曾用过"鹰攫人首""鹰和人首""鹰人合体"等概念来表达,"鹰攫人首"随着学者们认识到鹰和人首之间没有攫取的关系而被否定,另两个概念,笔者认为也不够准确传神,因此取了"鹰伴人首"这个新词,它能表达出鹰与人首的相伴和相关性。在这批古玉中,还有一些是纯鹰纹(但有的在鹰腹或双翅间刻神面纹)或纯人首(也有的在辅助纹饰中刻有鹰纹)造型,因玉器造型、风格、纹饰等方面的相似性,被视为同一文化属性遗物,因此在本章中一并讨论。

---

① 邓淑苹:《古代玉器上奇异纹饰的研究》,《故宫学术季刊》1986年第四卷第一期,第38页;邓淑苹:《天命玄鸟,降而生商——古玉花纹所反映的古代信仰》,《故宫文物月刊》1986年第四卷第六期,第25页。
② 邓淑苹:《论雕有东夷系纹饰的有刃玉器》(下),《故宫学术季刊》1999年第十六卷第四期,第154页。
③ 潘守永:《"鹰攫人首"玉佩与中国早期神像模式问题》,《民族艺术》2001年第1期,第126—142页。
④ 宋亦箫:《由"喾""商""卨(离、契)"构形论商祖"帝喾""契"之神话》,《殷都学刊》2021年第3期。

一、古玉上的"鹰伴人首"造型分类及其时代

这批雕刻或刻画有鹰鸟纹和人首(神面)纹的玉器,根据器型与纹饰的不同组合,可分为四类,分别是第一类:鹰伴人首玉佩,共5件;第二类:鹰伴人首玉锛(圭),共8件;第三类:玉鹰,共11件;第四类:神面纹玉锛和玉佩,共7件。下面按类做介绍。

第一类:鹰伴人首玉佩。分A、B两型。A型有3件,分别为A1、A2、A3。B型有2件,分别称B1、B2。下面作具体介绍。

A1,鹰伴双人首玉佩(图8-1-1),故宫博物院藏。高9.1厘米、宽5.2厘米、厚0.9厘米,玉色青黄,有大面积的褐色沁,并带有白色水沁。李学勤先生描述为"色栗黄而有棕褐色斑,通体雕镂工细,华丽而造型奇异,……珮上的花纹,有些地方用琢成的凸线勾勒,有些地方则用透雕的手法。其上部是一只大鸟,作从正面看的形象。看鸟的钩喙和雄健的爪翼,应该是猛禽类的鹰。鹰的姿态是昂首展翅,头的两侧有枝叶形镂空花纹,作为装饰。珮的下部是一对面朝外侧的人首,是从侧面看的形象。其顶上有束发的箍,长发向后方披垂,脑后有镂空的纹饰"①。李先生的描述准确形象,尤其是对鸟为鹰的判断和对人首装束的描述。笔者只需直接引用过来。

A2,大小鹰伴单人首玉佩(图8-1-2),上海博物馆藏。高10.2厘米、宽4.9厘米,片雕,色泽与故宫那件接近。佩的上部是一只大

---

① 李学勤:《古玉上的鹰和人首》,《文物天地》1987年第5期。

鹰,钩喙,昂首张翼,整体呈侧面形象。鹰爪下面,有一个小人首,侧面像,面貌、发型都与故宫佩相同。大鹰的胸前头后,都有美丽的枝叶形镂空纹饰,在头后纹饰外侧,有一只侧视的小鹰,形态与大鹰相同,方向相反①。

A3,鹰伴人首祭坛形玉佩(图8-1-3),天津艺术博物馆藏。形制较小,高6.8厘米、宽4.7厘米,玉佩严重受沁,色泽近白,通体透雕。表现为一只鸟站立在一个华美的祭坛上,鸟身呈正面,头略侧,该鸟有着强健有力的尖喙、勾爪和展开的双翼,明确无误地表明这是一只鹰鸟的形象②。鹰鸟下方中央有一个作正视的人首,面目较为模糊,其头顶的介字形冠较为清晰。人首之下是透雕的华美祭坛。鹰伴人首、祭坛各约占玉佩上下一半的尺寸。

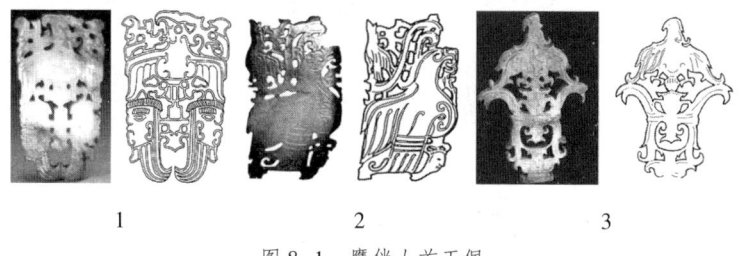

1　　　　　　　2　　　　　　　3

图 8-1　鹰伴人首玉佩

B1,鹰伴人首玉觿(图8-2-1),美国纽约欧内斯特·埃里克森收藏。玉觿下部尖首弯曲而光素,是实用部分,上部刻一钩喙尖爪的鹰鸟,鹰首后转,冠毛为华丽的透雕,几条平行的勾线勾画出鸟

---

① 李学勤:《古玉上的鹰和人首》,《文物天地》1987年第5期;潘守永:《"鹰攫人首"玉佩与中国早期神像模式问题》,《民族艺术》2001年第1期,第128页。
② 巫鸿:《东夷艺术中的鸟图像》,《传统革新——巫鸿美术史文集》卷一,上海人民出版社,2019年,第106页。

翼,鹰爪则紧踏在人首上①。

B2,鹰伴人首玉佩(图8-2-2、3),上海博物馆藏。高6.2厘米、宽3.6厘米、厚3厘米,呈黄绿色,间有赭红沁。圆雕,中空,玉佩正面是一神面,戴介字形冠,长方脸,梭形眼,蒜头鼻,两耳有珥,张口露齿,两侧獠牙上弯。长项。玉佩反面剔地浮雕一鹰,作正面立态,大体与上述玉佩上正立的鹰形象相同②。

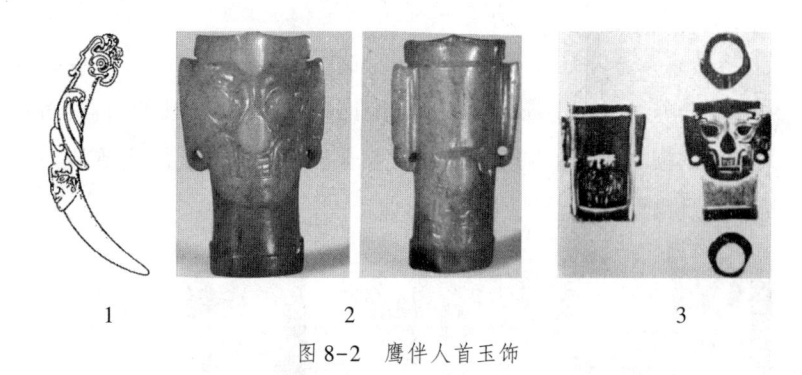

  1   2   3

图 8-2 鹰伴人首玉饰

第二类:鹰伴人首玉锛(圭)。整器呈长条形,一端有刃,有称玉锛,也有称玉圭,这里通称玉锛。在锛的两面,各刻有一鹰鸟一人首(神面、饕餮),鹰鸟腹部,均刻有或较为具象或较为简化的缩小版神面纹。另有三件锛在两面各刻一人首(神面),刻纹风格虽与其他玉锛相同,属同一文化属性,但不属鹰伴人首系列,故放到

---

① 巫鸿:《东夷艺术中的鸟图像》,《传统革新——巫鸿美术史文集》卷一,上海人民出版社,2019年,第108—109页。
② 李学勤:《古玉上的鹰和人首》,《李学勤集——追溯·考据·古文明》,黑龙江教育出版社,1989年,第70页;张尉:《中国古代玉器》,上海人民出版社,2009年,第85页。

第四类。本类分 C、D 两型，C 型有 2 件，为 C1、C2，D 型有 6 件，为 D1—D6。C 型与 D 型玉锛最大的不同就在神面上，C 型神面有华美的羽翎，而 D 型没有。下面分别介绍。

C1，鹰伴人首（神面纹）玉锛（图 8-3-1），台北故宫博物院藏，属清宫旧藏。长 30.5 厘米、刃端宽 7.2 厘米、柄端宽 5.8 厘米。一面是鹰鸟纹，昂首展翅，双足并立，在鹰的胸腹部，还琢有一正面人首，戴介字形冠。在厚约 1.05 厘米的玉锛侧面，浅浮雕一个侧面人首，长发，戴船形帽，圆珥，造型、比例大小同于 A2 的人首[①]。玉锛另一面刻有神面，李学勤先生称之为饕餮纹，潘守永先生称鬼神面，螺旋纹构成双目，目上方装饰繁复华美的羽翎，羽翎之间有介字形冠。

C2，鹰伴人首（神面纹）玉锛（图 8-3-2），美国明尼阿波利斯美术馆（Minneapllis Institute of Art）藏。宽 8.3 厘米。正面饰变形神面纹，巫鸿称兽面纹，有华丽的冠角和侧翼，侧翼之羽翎近同 C1 之羽翎，只是羽翎之间无介字形冠，而代之以冠角。背面刻有鹰鸟图案。鹰鸟正面双足并立，昂首展翅[②]。

[①] 潘守永：《"鹰攫人首"玉佩与中国早期神像模式问题》，《民族艺术》2001 年第 1 期，第 129 页。
[②] 巫鸿：《一组早期的玉石雕刻》，《传统革新——巫鸿美术史文集》卷一，上海人民出版社，2019 年，第 12—15 页。

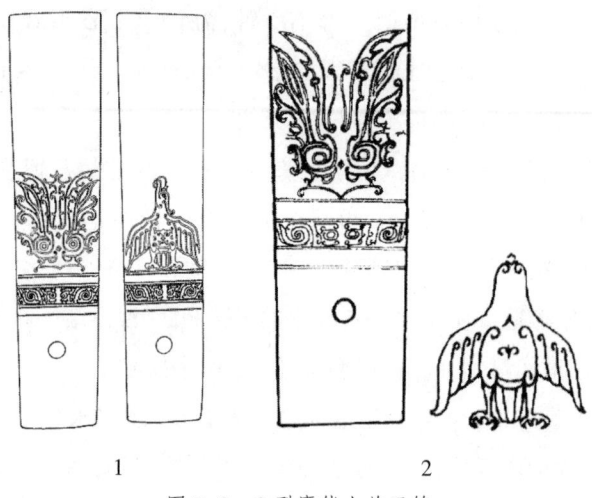

图 8-3　C 型鹰伴人首玉锛

D1,鹰伴人首(神面纹)玉锛(图 8-4-1),上海博物馆藏。长 14.8 厘米、宽 6 厘米,此玉锛一面刻昂首振翅的立鹰,一面刻戴介字形冠神面①。

D2,鹰伴人首(神面纹)玉锛(圭)(图 8-4-2),天津艺术博物馆藏。长 25.2 厘米、最宽处 6.2 厘米。此锛宽端两角被磨去,似经过了后世加工,变得更像圭形。正面立鹰昂首钩喙,折肩振翅。背面神面螺旋为目,戴介字形小冠。

D3,鹰伴神面玉锛(图 8-4-3),香港关善明收藏。玉锛穿孔上方,一面刻有立鹰,鹰首作正面,可见双圆眼和尖喙,折肩振羽状。一面刻简化的神面,介字形冠部分最为清晰。

---

① 孙机:《龙山玉鸶》,《远望集——陕西省考古研究所华诞四十周年纪念文集》(上),陕西人民美术出版社,1998 年,第 165 页。

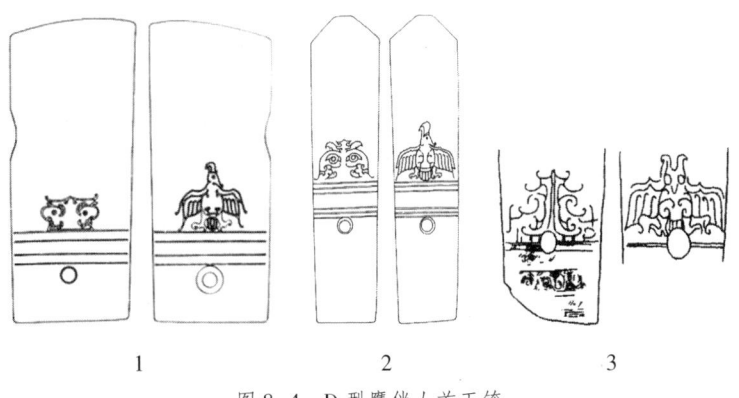

第八章　古玉上的"鹰伴人首"造型与商祖神话

　　　　1　　　　　　2　　　　　3
图8-4　D型鹰伴人首玉锛

　　D4,鹰伴人首玉锛(图8-5-1),美国弗利尔美术馆藏。长18.5厘米。也是在穿孔上方,一面雕有立鹰,一面刻有人首,头顶平,两耳有珥。

　　D5,鹰伴神面纹玉锛(图8-5-2),台北故宫博物院藏。长14厘米、最宽处4.4厘米。穿孔上方一面刻立鹰,侧首钩喙,折肩振羽。另一面刻简化神面,主要做轮廓勾勒,介字形冠清晰可辨。

　　D6,鹰伴人首玉锛(图8-5-3),实物不知下落,拓片收入黄濬编《古玉图录初集》①。李学勤先生据书中拓片测量,锛长17厘米、宽7.1厘米,比常见玉锛略宽。一面刻鹰,一面琢出凸线勾勒的神面纹,李先生称饕餮纹②。神面螺旋为目,戴介字形冠,其他部位较为模糊。

---

① 黄濬:《古玉图录初集》,香港广雅社,1987年,第7号。
② 李学勤:《古玉上的鹰和人首》,《李学勤集——追溯·考据·古文明》,黑龙江教育出版社,1989年,第71页。

159

1   2   3

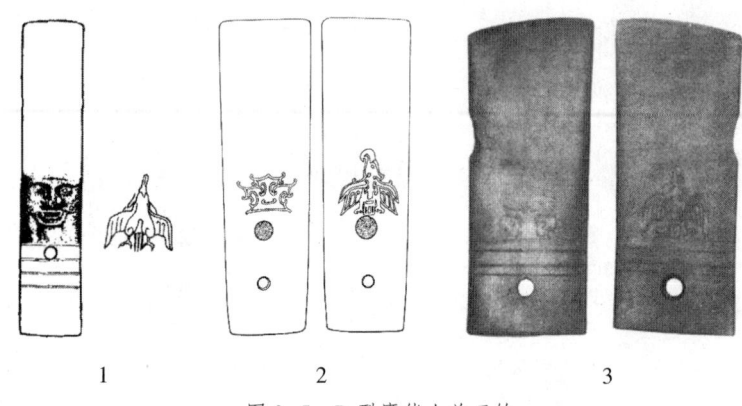

图 8-5　D 型鹰伴人首玉锛

第三类，玉鹰。此类玉器以鹰形雕刻为主体，不似前两类呈鹰鸟纹与人首纹二元对称格局，但在多数鹰鸟纹腹部或双翅间又刻有神面纹，或具象或简化变形。分 E、F 二型，E 型玉鹰较为多样，有的是玉环上的主体雕刻，也有鹰形玉佩，有透雕，也有片雕，共 5 件，为 E1—E5。F 型为玉笄形或部分雕刻为玉柄形器形，共 6 件，4 件出土于石家河、盘龙城和殷墟遗址，2 件为传世品，为 F1—F6。

E1，镂雕立鹰玉镯（图 8-6-1），最早著录于《古玉图录初集》，后流散海外，现藏于法国巴黎塞努奇博物馆（Musée Cernuschi）。玉镯高 12.7 厘米、内径 7.2 厘米，整体透雕镂空，镯的上方是一只正立的鹰鸟，双翅张而有收，十字形透雕表现羽毛，侧首钩喙，腹部有一简化神面纹。

E2，镂雕立鹰玉镯（图 8-6-2），法国巴黎吉美博物馆（Musée Guimet）藏。看图片，此件玉镯与 E1 高度相似，目前笔者不确定是否同一件而误当成了两件。从图片上看，E2 中立鹰腹部神面纹更为清晰。

1 2

图 8-6 镂雕立鹰玉镯

E3,玉鹰残件(图 8-7-1),河南南阳麒麟岗 8 号西汉木椁墓出土,经杨建芳、尤仁德二位先生考释,该玉鹰属新石器时代。玉鹰腹部也刻有一变形神面。

E4,立鹰玉佩(图 8-7-2),殷墟妇好墓出土。片雕。侧身引颈钩喙,羽翼收起,以尾着地,头尾整体姿势呈 90 度曲尺形。

E5,立鹰玉佩(图 8-7-3),殷墟妇好墓出土。片雕。突出钩喙和眼睛,羽翼收起。主要刻画的是鹰的前半身。E4、E5 两件玉鹰出土时杂厕于水禽、鹦鹉、鸽、燕、鸱鸮等众鸟之中,并无特殊之处[1],且这两件玉鹰的姿态也不同于鹰伴人首纹中的鹰,体现了鹰鸟在晚商时有从神圣地位向世俗化转变的趋向。

---

[1] 刘敦愿:《未曾得到充分发展的鹰崇拜》,《美术考古与古代文明》,人民美术出版社,2007 年,第 117 页。

```
       1                    2                    3
```
图 8-7　玉鹰

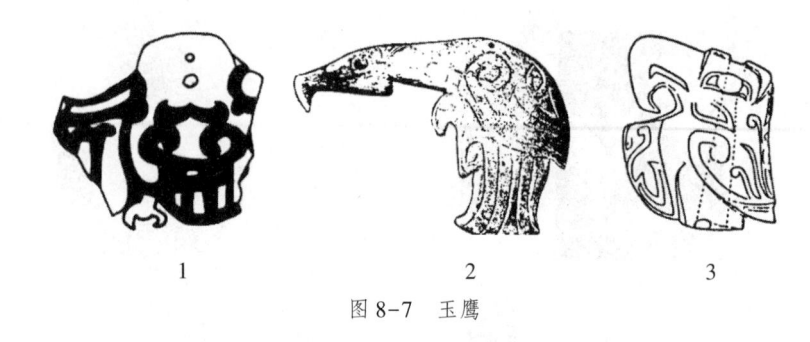

F1，立雕鹰纹玉笄(图 8-8-1)，石家河遗址出土。呈笄形，一半雕有立鹰，首、翼雕刻清晰。另一半光素，且向末端逐渐变细。郭静云认为它很难作为笄来使用，而该器又与柄形器近似，应是祖先崇拜用器，且涉及崇高始祖信仰①。笔者觉得实用形笄与祖先崇拜用器可以兼容，观此器形状，作实用之笄并无大碍。因此仍称玉笄，但认可此种玉笄兼有祖先崇拜特别是始祖崇拜之内涵。

F2，立雕鹰纹玉笄(图 8-8-2)，石家河遗址出土。呈笄形，较 F1 粗短，上端占一半多的位置雕有立鹰，钩喙收翅，下端光素，有榫头，似可与他器相接。

F3，立雕鹰纹玉笄(图 8-8-3)，武汉黄陂盘龙城出土。呈笄形，上端雕立鹰，钩喙收翅，双翅间隐雕有一神面纹。下端光素，有两处环形凸脊，似做紧固之用。

F4，立雕鹰纹玉笄(图 8-8-4)，殷墟小屯 331 号墓出土。呈笄形，上雕立鹰，双翅间也隐雕有神面纹。整体造型同于 F3。

---

① 郭静云：《天神与天地之道——巫觋信仰与传统思想渊源》，上海古籍出版社，2016 年，第 419 页。

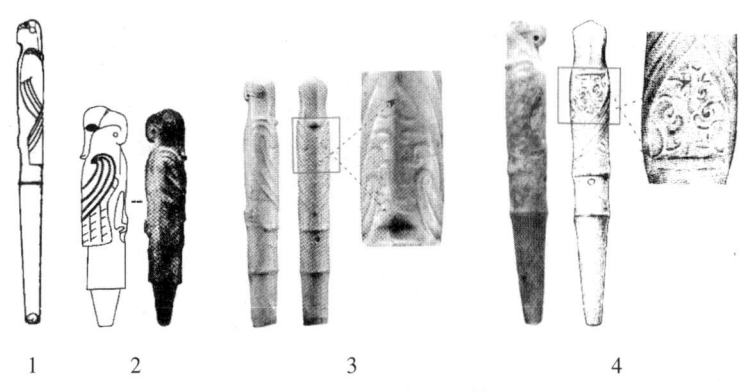

第八章 古玉上的"鹰伴人首"造型与商祖神话

1　　2　　3　　4

图 8-8　立雕鹰纹玉笄

F5,高冠玉立鹰(图 8-9-1),故宫博物院藏。高 13 厘米、宽 3.2 厘米。玉青绿色,近似于圆雕,玉鸟冠与商代柄形器相似,其上有花瓣纹。鹰呈立式,钩喙收翅,以足和尾着地[1]。

F6,鹰纹玉饰(图 8-9-2),故宫博物院藏。高 4.4 厘米、宽 2.6 厘米、厚 1.5 厘米。玉色青白,局部含有黑色斑点。片雕。整体造型颇像一个神面,如上部为头冠部,下部有颈(即柄形器的颈部),但是头冠部不见"面纹",却琢刻出鹰身,并凸起一兽头,有双耳,似牛头而无角,"兽"嘴向里勾卷,又似鸟喙,故侧视如鹰头。下部呈柄形。潘守永发现鹰、兽首(实际是牛首)、神面三者之间有一种三位一体的关系[2]。这是有道理的。具体为何有这种关系,其深刻内涵将放在下文分析讨论。该器原定为西周时期,林巳奈夫认为属龙山文化,可信。

---

[1] 故宫博物院编:《故宫藏玉》,紫禁城出版社,1996 年,第 71 页。
[2] 潘守永:《"鹰攫人首"玉佩与中国早期神像模式问题》,《民族艺术》2001 年第 1 期,第 133 页。

1　　　　　　　　　　　　　2

图 8-9　鹰形玉饰

第四类:神面纹玉锛和玉佩。此类玉器有玉锛和玉佩两种器类,玉锛 5 件,玉佩 2 件。它们的共同特点是,只有神面纹,没有鹰鸟纹(有一件的辅助纹饰中出现了鹰鸟纹),但玉器风格与有鹰鸟纹的一致,尤其是其中的 5 件玉锛。分 G、H 二型,玉锛为 G 型,为 G1—G5,玉佩为 H 型,为 H1、H2。

G1,双神面纹玉锛(图 8-10-1),山东日照两城镇出土,山东博物馆藏。玉锛呈长方形,扁平,双面刃,刃端稍宽薄,底端略窄厚,底宽 4.5 厘米、厚 0.85 厘米,上端宽 4.9 厘米、厚 0.6 厘米,长 18 厘米。墨绿色,近似玉质。发现时已折为两段。神面纹位于玉锛底端,两面各一,但面纹不一。正面神面介字形冠更大,螺旋为目,背面神面介字形冠小很多,最大不同是眼上两侧的"犄角",不是常见的左右平伸,而是旋转了 90 度变为倒立上举的形态。有关神面眼耳旁的这一对"犄角",王仁湘先生解作"对鸟"①,虽用的是战国的材料对比作解,但很有说服力。这又让我们再次来思考兽(牛)角与鸟纹的对应同一关系。

G2,双神面牛鹰纹玉锛(图 8-10-2),从江苏省溧阳市杨庄乡宋庄村征集而来,被当地农民在古沙河道发现。现藏于溧阳博物馆。玉锛长方形,扁平,双面刃,刃端稍宽薄,底端略窄厚。长 21 厘米、刃端宽 4.8 厘米、底端宽 4.3 厘米、厚 0.7 厘米,距底端 6.1 厘米处中间对钻一圆孔,孔径 1.2 厘米。在圆孔上方,相当于玉锛的中部,正反面各刻画有神面和牛、鹰纹主题图案。先看神面纹,正面神面刻画较为规范,有介字形冠,圆圈为眼,阔嘴有牙,冠下两犄角斜出。神面下方,辅助纹饰中间,像后世的"开光"处有一侧面兽形,从角、足看,似牛。背面神面刻画较简化变形,但介字形冠明显。其下方"开光"处,刻有一立鹰,侧首钩喙,折肩振翅,与其他鹰伴人首纹玉锛上的鹰纹相似。此玉锛虽是征集而来,但有明确的发现时间和地点,可视同出土品。它虽出土于良渚文化分布区,但器形、纹饰风格都是龙山文化的,因此属龙山文化。这也体现了龙山文化与良渚文化的密切关系。玉锛上有两个不同的神面,一个牛形和一个鹰形形象,内涵相当丰富,值得详细分析,笔者将在下文一并讨论。

---

① 王仁湘:《对鸟解题》,《凡世与神界》,上海古籍出版社,2018 年,第 226—237 页。

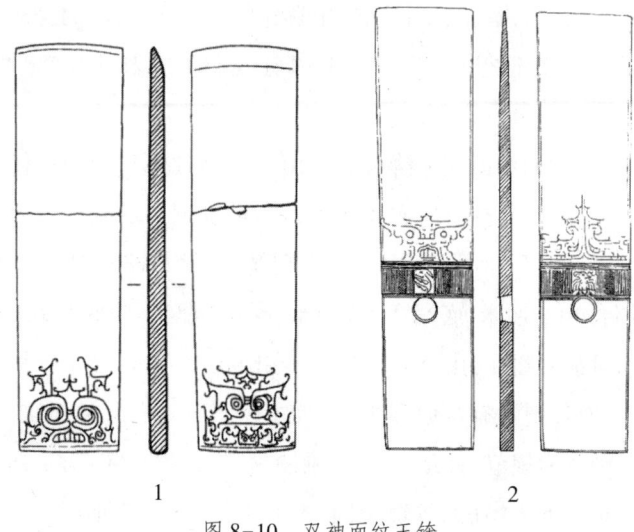

图 8-10 双神面纹玉锛

G3，双神面纹玉锛（图 8-11-1、2、3），台北故宫博物院藏，为清宫旧藏。乾隆时在其上加刻了玺文和御制诗。长 24.6 厘米、宽 7 厘米、厚 1.2 厘米。靠柄端有一圆孔。圆孔上是辅助纹饰和主题纹饰，主题图案为神面纹，两面各一，神面不相同。正面神面戴介字形冠，戴耳珰，耳珰似侧身祖神，口吐獠牙。背面神面也戴介字形冠，无獠牙也无耳珰，但有"对鸟"式犄角。

G4，双神面纹玉锛（图 8-11-4），台北故宫博物院藏，为清宫旧藏。乾隆时同样加刻御制诗和玺文。长 28.6 厘米、最宽处 4.4 厘米、最厚处 0.94 厘米。近柄端有一圆孔，圆孔上方两面刻辅助纹饰和主题图案，主题图案为两神面，不完全相同。正面神面口吐獠牙，背面神面无獠牙，戴介字形冠。

G5，四神面纹玉锛（图 8-11-5），台北故宫博物院藏，为清宫旧藏。乾隆时在其上加刻了玺文和御制诗。长 27 厘米、最宽 4.33—4.38 厘米、最厚处 1.12 厘米。刃部无使用痕迹。近柄端有一圆孔，每面的孔上方有两排纹饰，主体为神面，且上下各两个，两面上排神面有介字形冠，下排一神面有獠牙。

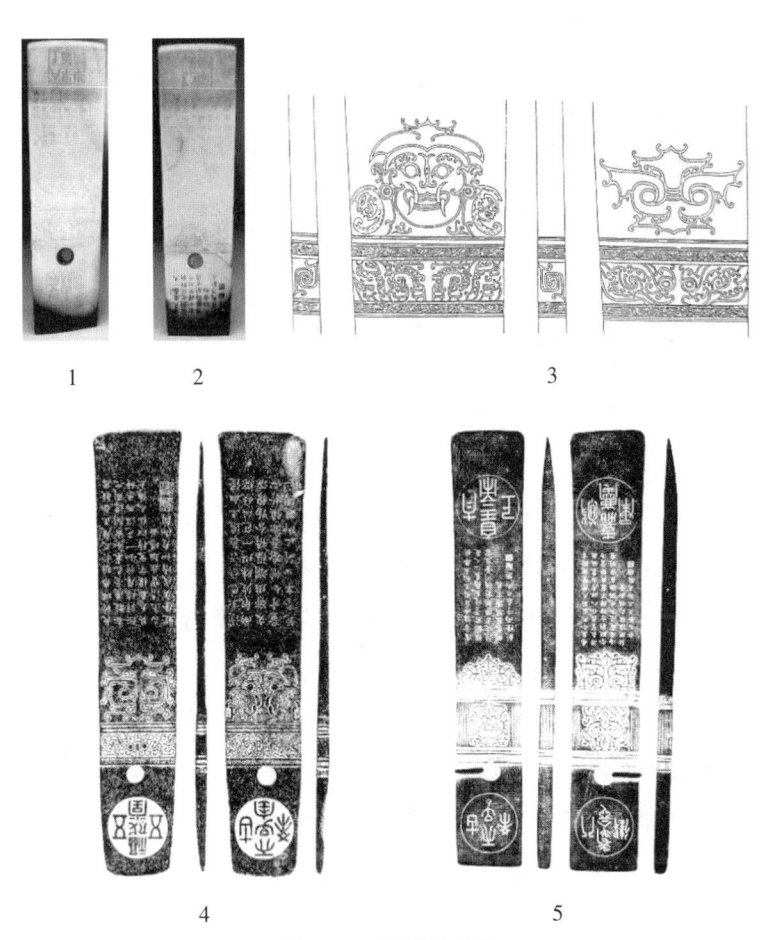

图 8-11　神面纹玉锛

H1，人形玉饰（图8-12-1），故宫博物院藏。透雕。高8.2厘米。人物束顶披发，佩珥，面容秀美，加上裸露的小肩，被认作是女子形象。女子形象底部，似有一变形神面。

H2，人面纹玉饰（图8-12-2），美国弗利尔美术馆（Freer Gallery）藏。中部为正面人头像，也是束顶披发，佩珥，与H1女子面容极似，当也为女子形象。上下部各有一组变形神面纹。

图8-12 人形(面纹)玉饰

以上共介绍了四类共31件玉器，它们有着共同的特点，即在玉器表面或雕刻或刻画有鹰纹和人首(神面)纹，第三类和第四类，虽然鹰纹和人首纹不一定同时出现，但仍有迹象将它们与鹰伴人首纹玉器联系在一起。我们根据共同点下的细微差别，区分为四类八型，但鉴于它们多为传世品，少量出土品也没有相互间的层位关系，故不能找到早晚关系的地层证据，加上玉器这种坚硬物品往往一经生产，可以流传很久，故也很难断定各器的具体生产、使用和埋藏时间，所以本章便不再对它们进行考古类型学中所谓"式"的划分。

这些玉器中，出土品有日照两城镇玉锛、溧阳玉锛、石家河遗

第八章 古玉上的"鹰伴人首"造型与商祖神话

址玉立鹰、盘龙城和殷墟遗址玉立鹰等共计6件,其他为传世品,通过分析,我们认为全部玉器均为山东龙山文化和商文化遗物,其中石家河遗址所出两件玉立鹰,应是受山东龙山文化影响而生产,所以仍属龙山文化的精神传统。它们的生产和使用时期,从大的范围看,也当在龙山文化和商文化存续的时间之内,即公元前26世纪至公元前11世纪。当然也不排除一些传世品在后世被继续使用。

二、"鹰伴人首"造型的图像神话分析

笔者在篇首就列举过多位学者对这批玉器的功能内涵的理解,有些观点,例如玉器上的鹰、人组合图像与东方的天帝太皞、少皞及神鸟句芒有联系,玉器中的立鹰代表了东夷始祖神少昊挚,玉器中的鹰是神鹰、人是神人等观点,都颇为可取,特别是邓淑苹认为玉器上的鹰纹是东夷族群的祖先——帝与少昊,是句芒神等看法,已十分接近笔者的观点。因此,笔者在这些观点的基础上,想再向前推进一步,那便是将这批玉器的功能内涵与商祖神话联系起来。

具体如何联系,玉器图像与口传神话是什么关系?容笔者先做一些分解,并将记载有商祖神话的相关文献做一些引录和前期分析后,再按照前面所划分的玉器类型进行图像与神话的结合分析。

巫鸿先生曾对史前艺术图像志作过反思。他说,在涉及史前艺术的图像志研究中,存在的主要问题是要寻找到艺术品和传说资料可以"在历史上"联系起来的基础。换言之,整个研究过程必

须着力于揭示这二者之间的历史联系。而这一研究的前提是:在一个特定时期和文化体中,人们所创造的艺术与文学(包括口头文学)应有相互平行之处,二者都反映了当时人们观察、理解、表现世界的特殊角度和观念①。这段话非常重要,它告诉我们,一个时代的人们的观念,其表现形式并不唯一,可诉诸口传神话故事,还可诉诸图像实物。而关于神话的表现形式,也有学者做过探索,发现至少有四种载体,分别是口传神话、仪式神话、图像神话和文本神话②。这四种神话形式中的前三种,在史前无文字的文化大传统社会,也该是一种"相互平行"而存在的观念。而在叶舒宪先生眼里,"神话图像的一个重要认知功能在于,相当于找到先于文字而存在和外于文字而存在的一套思想观念表达的符码系统,借此有助于重建无文字时代和无文字民族的复数的神话历史,即史前史和少数民族史"③。我们正应该利用后世的文本神话(它也是与图像神话同时出现的口传神话的后世记载),来寻找到尚无文字的史前时代该文本神话的前身,即口传神话和与之平行存在的图像神话。

笔者在《由嚳、商、禼(离、契)字构形论商祖帝嚳和商契之神话》(后文简称《嚳契神话》)一章中已搜集过商祖嚳、契相关文本神话的记载,此处不再赘述。

《诗经·商颂》被认为是春秋文献,是除卜辞金文以外载及商祖卵生神话的最早传世文献。当中的神话人物,还只提到玄鸟、商

---

① 巫鸿:《东夷艺术中的鸟图像》,《传统革新——巫鸿美术史文集》卷一,上海人民出版社,2019年,第113页。
② 王倩:《作为图像的神话——兼论神话的范畴》,《民族文学研究》2011年第2期。
③ 叶舒宪:《神话历史与神话图像》,《民族艺术》2017年第1期。

也即契和其母有娀氏女。战国文献《楚辞》和《吕氏春秋》补充了商祖帝喾(也即高辛)以及有娀氏二女中的契母名简狄,再到《淮南子·地形训》"有娀在不周之北,长女简翟,少女建疵"①,又补足了二佚女中的少女也即简狄之妹、帝喾二妃之一"建疵"之名。至此,商祖卵生神话也即玄鸟神话的基本情节和人物全部到位。关于"玄鸟"该为何鸟,笔者在《喾契神话》中已做过分析,它不是燕子,不是凤凰,也不是猫头鹰,而是鹰鸟或称苍鹰("苍"有"黑""玄"义)。而且,帝喾和商契,皆有鹰鸟的形象,也即是说,《诗经》中的玄鸟,不仅是指苍鹰,还是指帝喾。

关于商祖喾、契的神格,笔者的分析结论是,帝喾是雷神、战神、风神、木星神、日月神和乐神,其中木星神是他的主要神格。商契的神格有笔神、智慧神、风神、水神、水星神和乐神,水星神是他的主要神格。这实际上是源自西亚极其远古的五星神话(在古代中国即所谓五帝)对商族先民的影响。因此喾、契这对父子神的神格,与西亚神话中的父子神马杜克和尼波,希腊神话中的父子神宙斯和赫尔墨斯,呈一一对应、若合符契的奇观,如这两对父子神的父神皆是木星神、雷神、风神、神主,子神则是水星神、水神、风神、笔神和智慧神,赫尔墨斯也是乐神。宙斯有牛形、鹰形、天鹅等形象,并常常化身为牛或鹰等形象行走人间,帝喾也有牛形、鹰形、鹄(天鹅)形等形象。其实他们的对应、类同之处还不止这些,详见《喾契神话》。笔者也解释了这雷同背后的历史动因,那便是在远古时代便已存在的世界神话和文化的交流。

---

① 〔汉〕刘安等著,许匡一译注:《淮南子全译》,贵州人民出版社,1993年,第256页。

交代了这些商祖神话及相关神人的神格、形象后,我们再来分析这批玉器背后的图像神话内涵。

先看 A 型玉器。A1 号玉佩(图 8-1-1)上半是"睥睨傲岸"的立鹰,其高高在上、不可一世的姿态,只有"天命玄鸟,降而生商"的"玄鸟"可当。下半是侧面相背的人首,戴帽,长发,有珥。张光直先生曾说,"殷商的统治阶级是戴帽子的阶级"①,A1、A2 号玉佩中的人物都戴有帽子,我们虽然认为两玉佩是山东龙山文化遗物,但这阶级特性当也该类似。因此这两个人首,自然不是什么奴隶或战俘,而应是商祖神,所以是神面。那到底是谁呢?光从神面的装束和面容还很难判断,但总不外乎这两组人物,一个是帝喾和商契这对父子,如是,则他们与其上的玄鸟便是二而一、一而二的关系。也有可能是有娀氏二佚女即简狄和建疵。两神面的中间,以一长条柄形结构相连,该结构颇像流行于龙山文化和商代的代表祖先崇拜和牌位的玉柄形器,这也将该玉佩与商祖之徽记联系在了一起。

A2 号玉佩(图 8-1-2)是一大一小两鹰鸟加一较小的神面,神面也戴帽,面容比起 A1,似略秀美,推测她是契母简狄,其上的大小鹰,自然是帝喾和商契。帝喾有鹰形,就是玄鸟,我在《喾契神话》和上文中都有介绍,商契也是帝挚,挚就是鸷,也是鹰鸟,而且神话中父子往往同形同性,我也都有分析。因此大小鹰是喾、契父子俩,毫无问题。

A3 号玉佩(图 8-1-3)图案是祭台上供奉一神面,其上再傲立

---

① 张光直:《商名试释》,《中国青铜时代》,生活·读书·新知三联书店,1999 年,第 284 页。

一鹰鸟,鹰鸟是玄鸟,也即帝喾,神面戴介字形冠,属天神,也该是帝喾,二者还是二而一、一而二的关系。祭台上供奉祖神,与"商"(商、商、商)字和"高辛(辛、辛、辛)"所体现的在高高的祭几上供奉以锛凿斧为象征的商祖帝喾完全一样。

总结起来,这三件玉佩,有佩戴之功能,但又不是简单的装饰用佩戴,而是代表商祖和商祖神话的徽章和法器,它们是图像神话,自可与同一文化体中的口传神话和仪式神话一起,在族群相关活动中平行地使用,共同表达该族群对始祖起源的理解和观念。

再看 B 型玉器。B1(图 8-2-1)是鹰伴人首玉觿,鹰当然还是玄鸟和帝喾的象征,神面既可能是帝喾,也可能是简狄。玉觿有实用功能,这体现了商祖徽记的世俗化和生活化倾向。B2(图 8-2-2、3)是鹰伴人首玉佩,与 A 型最大不同是鹰与神面分处于玉佩两面,这似乎开启了 C、D 型玉锛鹰人图像分处两面的先河。鹰还是玄鸟,神面有介字形冠,口吐獠牙,当是帝喾的造型。

C、D 型都是鹰伴人首玉锛,区别只在 C 型锛上的神面纹,带有长长的华美的羽翎。这自然是玄鸟的羽翎,实际上是将玄鸟与神面更紧密地联系了起来,也即是说,玄鸟就是神面所代表的帝喾,帝喾也就是玄鸟。将鹰鸟与神面分刻于玉锛的两面,但又怕人忽视他们之间的同一关系,便在神面上方加上鹰鸟之羽翎,这大概就是神面上有羽翎的原因。而这一批玉锛,有端刃,但未有使用痕迹,且锛体扁薄,显然是非实用的礼器,而这礼器的形制——锛,正是商祖帝喾作为雷神的武器"辛"(辛、辛、辛),也即后代所说的雷公斧。当然,后代的玉圭,当是在这种礼器玉锛的基础上发展出来的。作为雷神、木星神的武器,变为"圭"后成为《周礼》所载六器之

173

一,它在"以礼天地四方"中礼东方,而东方正是五星神中的木星神所对应的方位(也对应于五行中的东方木),这自然不是巧合。

三、其他鹰纹及神面纹的神话学分析

笔者也搜集了不似第一、二类总是鹰鸟和神面双双对应出现,而是只出现鹰纹或者神面纹的玉器,分别称为第三、四类。但是这些鹰纹或神面纹,又总是千方百计地与对方联系起来。例如在鹰纹胸腹部刻画神面纹,在神面纹下方的辅助纹饰中刻鹰鸟纹,等等。这是在告诉我们,它们还是在表现商祖神话,只不过是商祖神话的简化形式而已。

先看鹰纹玉器。分 E、F 二型,E 型玉鹰中的 E1(图 8-6-1)和 E2(图 8-6-2),极其相似,都是在环形玉镯上端透雕一立鹰,鹰腹又刻有一神面。此神面当是帝喾,鹰即玄鸟。这种鹰腹刻神面的做法,在鹰伴人首玉锛的所有鹰腹中就已出现,而且在后来的盘龙城和殷墟遗址出土立鹰玉笄上继续出现,这当然是要反复强调,鹰鸟也是人格神帝喾,他们是同一的关系。E3(图 8-7-1)是出土于南阳的西汉墓中的玉鹰残件,但它是新石器时代龙山文化遗物,这又充分体现了玉器的生产、使用和埋藏时间的不一致性和久远性。鹰腹也有简化神面纹。这鹰和神面,自然是玄鸟和帝喾。

E4(图 8-7-2)和 E5(图 8-7-3)出土于殷墟妇好墓,鹰的形象不大同于鹰伴人首纹中的那些鹰,鹰腹上也不刻画神面纹,体现了鹰鸟在晚商时有从神圣地位向世俗化转变的趋向。

F 型为玉笄形或部分雕刻为玉柄形器形。F1—F4(图 8-8)均为笄形,且都是出土品,其中石家河遗址 2 件,鹰腹不见神面纹,笔者推测此造型是受龙山文化影响所致。因在龙山文化中鹰被作为祖神崇拜,引至江汉平原后,它仍具有祖先崇拜特别是始祖崇拜的意味。盘龙城和殷墟各出土一件笄形玉鹰,鹰翅间刻有神面纹,这自然是玄鸟神话的延续,鹰是玄鸟,神面是帝喾。

F5(图 8-9-1)为高冠玉立鹰,其冠上有花瓣纹,花冠整体与商代柄形器相似,应有类似功能,即代表祖先崇拜,而立鹰是玄鸟也是帝喾,这是将两种祖先崇拜形式进行结合。因此推断它当是商代器物,要晚于那些鹰伴人首纹玉器。

F6(图 8-9-2)是一件鹰纹玉饰,龙山文化遗物。它的造型是巧妙地将鹰鸟、兽首(实际是牛首)、神面三者结合在一起,构成一种三位一体的关系,这就非常有意思。因为商祖神帝喾正有牛形、鹰形这两种形象,现在所见玉器正是将牛、鹰还有神面结合为一体,这不是在表现帝喾还能是什么呢?

第四类分玉锛和玉佩。玉锛有 5 件,其中 G1、G2(图 8-10)是出土品,正是它们,使全部类此的传世玉器的文化属性和时代得到了确定。G3、G4 和 G5(图 8-11)是台北故宫博物院的清宫旧藏。

所有 G 型玉锛上的双神面纹,同器上的两神面纹刻得并不一致,其中一个很大的不同是一神有獠牙,另一神则没有。这种刻意的差别当是要分别表示父子神帝喾和商契,那到底谁为帝喾谁又为商契?不太好确定,笔者只能推断,凡口有獠牙的,应是帝喾[①]。G 型中的 G2,是江苏溧阳出土的,这件玉锛有所不同的地方是在双

---

① 至于理由,笔者拟另撰文探讨,论文题目《史前獠牙神像为太一神考》。

175

神面纹下方,各有一个辅助图案,一为似牛的兽形,一为鹰形,这是再次将帝喾的牛形和鹰形形象共刻一器,是对商祖神话和此件玉锛的礼器内涵的充分强调。还有就是,大部分的神面纹耳旁上方有一对被王仁湘先生解作"对鸟"的"犄角",这犄角可看作是牛角,象征牛,而对鸟当然可象征玄鸟,则鹰、牛在这里又重合在一起,共同成为神面也即帝喾的标志。

分析到这儿,读者已猜得出最后的两件以女性形象为主题的玉佩,自然表现的是商契之母简狄了。其中 H1(8-12-1) 中简狄的下方,有一个变形的神面,或许表现的是其子商契。H2(8-12-2) 中在简狄的上下方,各有一神面,当上为帝喾,下为商契。简直就是三口之家的集体亮相了。当然,这样集体亮相的还有 A2 即大小鹰伴单人首玉佩。

还想顺便一谈的是,由这批玉器所体现的商祖卵生神话(玄鸟神话),其文化属性让我们在寻找先商文化时又多了一种判断的依据。这便是先商文化当应到它所产生的商祖神话的族群里去找,因此,山东龙山文化作为先商文化及其源头,便又多了玄鸟图像神话这一重证据。

四、结论

本章梳理了 31 件山东龙山文化或受其影响的玉器,它们的共有特点是在玉器上雕刻或刻画有鹰鸟纹和(或)人首(神面)纹。依据鹰鸟纹和人首(神面)纹是否共存一器以及玉器的构形,我们将这批玉器分为四类八型,分别是第一类鹰伴人首纹玉佩,又分 A、B

二型，A 型玉佩透雕有鹰鸟和神面，表现的是商族起源和始祖卵生神话，鹰鸟是玄鸟，A1 下部的两神面则可能是天帝帝喾和他的神子商契，也可能是帝喾二妃简狄和建疵。A2 中的大小鹰表现的是帝喾和其子商契，下面的人首则只能是简狄。A3 是一个祭坛的形状，祭坛上的神面当为天帝同时也是商祖的帝喾，其上的鹰鸟是玄鸟，它与帝喾是同一的关系。B1 和 B2 表示的都是这种同一关系，即鹰鸟是玄鸟，神面是帝喾。

第二类玉器全部是鹰伴人首纹玉锛，依据神像上是否有羽翎分为 C、D 二型。C 型神面有羽翎，这是进一步强调神面即帝喾就是玄鸟的做法。这些玉锛上的鹰鸟，自然是玄鸟，其背面的神面，都是帝喾。还有，玉锛上所有鹰鸟的腹部，都有或清晰或简化的神面纹，同样表达鹰鸟就是神面，也即玄鸟就是帝喾的意思。

第三类是以鹰鸟为主的玉饰。分 E、F 二型，E1 和 E2 均为鹰纹玉镯，鹰腹上也刻有神面，鹰是玄鸟，神面是帝喾，同样表达了玄鸟即帝喾的观念。E3 虽出土于西汉墓，却是龙山文化遗物，这体现了玉器这种耐用品的生产、使用与埋藏时间可以相隔极久的特点。其上的鹰鸟和腹部上的神面，表现的还是玄鸟和帝喾。E4 和 E5 出土于殷墟妇好墓，二者的造型完全不同于上述那些鹰的形象，鹰腹也不见神面纹，体现了鹰鸟在晚商时有从神圣地位向世俗化转变的趋向。F 型器形跟笄或柄形器相关。F1、F2 为笄形，出土于石家河遗址，是受到龙山文化影响的产物，鹰翅间不见神面纹，它们在石家河文化中，带有祖先崇拜特别是始祖崇拜的意味。F3 和 F4 分别出土于盘龙城和殷墟，也为笄形，但鹰翅间有神面纹，这自然是玄鸟神话的延续，鹰是玄鸟，神面是帝喾。F5、F6 都带有柄形器的构造，柄形器是商人的祖先牌位，是一种祖先崇拜形式，将鹰鸟与柄形器组合，是在将这两种始祖神话和形象进行结合，特别是F6，它的造型是巧妙地将鹰鸟、兽首（实际是牛首）、神面三者结合在一起，鹰和牛都是帝喾的形象之一，再加上神面纹，这完全是三位一体，充分表现商祖帝喾神话。

第四类有玉锛和玉佩，它们不同于第一、二类是因为，玉锛上两面都是神面纹，玉佩上也只表现神面而不见鹰鸟。我们认为玉锛上的双神面是表现天帝帝喾和其神子商契，而玉佩上的女子形象，则是简狄，在 H2 的简狄上下方，还各有一神面，上方神面当是帝喾，下方神面是简狄子商契。这种一家三口集体亮相的做法，也见于 A2 玉佩上。两类玉锛加在一起共 13 件，是这批玉器中同一器形数量最多的，这种更多选择在玉锛上刻画帝喾和其形象之一苍鹰的做法，是因为这玉锛并不是普通的工具"锛"，它是雷神帝喾的武器——雷公斧。因此，鹰伴神面纹玉锛和多神面纹玉锛，应是商祖神话的丰富而鲜明的图像神话和实物神话的紧密结合。

这批龙山文化到商代的玉器上的图案，是商族始祖玄鸟神话的图像表达形式，它们与商族先民同时代活态存在的口传神话和仪式神话一道，在族群相关活动中被平行地使用，共同表达该族群对人类创世和始祖起源的神话式理解和观念。

第九章　论龙凤与商祖喾、契之关系

本章提要：商周器物中的饕餮纹、龙凤纹或造型，有一些具锤斧式角冠的特点，甲金文"龙""凤"二字，其顶部均有一"辛"字符，实际这是联系龙凤与商祖神喾、契之纽带。因"辛"字本义正是斧凿或刻字锲刀。在喾契神话中，帝喾作为雷神，有武器雷公锤斧，商契作为笔神，有工具刻字锲刀，他们又都有龙和凤的变形和化身。因此商代器物中的龙凤纹或造型，甲金文中的"龙""凤"二字，是商祖神帝喾和商契的象征。

如果将龙和凤看作是中国传统文化的代表，不会有人反对。它们所体现出来的象征、寓意和装饰等文化效果，经历了数千年的酝酿、形成和发展过程，后代不断地将新的象征和寓意叠加进去，使之纷繁多姿、内涵丰富，又因时代久远、反复叠加重置而形成了内涵遮蔽等现象。陈绶祥先生一段谈龙的话也极为精彩："与龙有关的文化现象堪称中华民族文化的缩影，龙所展示的独特形态，蕴藏着中华文明中最奇妙、最有趣的华彩,龙所表述的观念,牵连着中华文化中最隐秘、最曲折的精粹。"①诚哉斯言,且凤也亦然。

在这些"最隐秘、最曲折的精粹"中,我们发现,龙凤与商代祖神帝喾和商契,竟有一种密切关系,但这种关系已被后来的久远岁月掩盖和遮蔽,我们尝试在此文中揭开这种关系。当然,龙、凤这一对神话动物,它们的出现,要比商人或其祖先还早,也即是说,龙、凤并非商人先民的创造发明,但是商人在继承这一文化成果时叠加进了自己的文化养分,是完全可能的。让我们先从商周器物和甲金文中的龙凤形象说起吧。

一、商周器物和甲金文中的龙凤形象

在商周青铜礼器的纹饰中,除了饕餮纹,龙纹和凤纹算是大宗了。饕餮纹曾有学者认为它实际是"立体龙首纹"②,因此它还是属于特殊龙纹。在龙、凤纹当中,笔者下面要特别介绍一些龙纹、凤纹当中的像雷公锤斧式的角饰和冠饰,这种角冠饰,也称作"蘑菇状"或"保龄球状",在饕餮纹中也广泛存在。

商周青铜器上的龙凤纹选释

商代饕餮纹(图 9-1)。它们均为殷墟出土品,其中图 9-1-1 是殷墟中期齐妇鬲腹部饕餮纹,我们想强调在它的额部双弯角之间,有一个锤斧状造型,上大下小,上部似锤头,下部似锤柄。一般

---

① 陈绶祥:《中国的龙》,漓江出版社,1988 年,第 1 页。
② 邱瑞中:《商周饕餮纹更名立体龙首纹说》,《内蒙古师范大学学报(哲学社会科学版)》,1989 年第 4 期。

称其为"额饰"。但我们认为这并非简单装饰,而是有特殊寓意。图9-1-2为殷墟晚期兽面纹卣盖上的饕餮纹,此饕餮纹较为特殊,呈一种嵌套式结构,即大饕餮纹的额鼻部又有小饕餮纹,大饕餮纹的弯角由侧面象纹构成等,我们更要关注的是象纹式弯角中间的楔形柱式造型,它像一种锛凿类工具,在工具下部,有一弧形呈向两侧对称式翻卷,颇像被上面的锛凿劈开所致。图9-1-3也是殷墟晚期,兽面纹方彝腹部的饕餮纹,该纹饰面部中间有一条清晰的间断线条将饕餮纹面部一分为二,也可以看成是两个对称、侧身的龙首(纹)的拼合。关于这件饕餮纹最要注意的是,在它的双弯角中间,还有一个呈雷公锤式的造型,或者直接把这对造型看成是角。因为后面要介绍的其他龙纹有更多这种情况。

1　　　　　　2　　　　　　3

图9-1　商代带锤斧式顶角饕餮纹

商周青铜器上的龙纹(图9-2)。马承源先生说:"龙这种幻想中的动物,不仅是商周青铜器而且也是其他器物上广泛性的装饰题材。在中国古代的工艺史中,龙这类神秘的灵物占有最重要的地位,大量被装饰在玉器、象牙器、骨器、木雕和许多服饰上。"[①]马先生这段话里只提到龙纹作为"装饰题材",其实在上古中国,很多

---

① 马承源:《商周青铜器纹饰综述》,上海博物馆青铜器研究组编:《商周青铜器纹饰》,文物出版社,1984年,第6页。

的所谓"装饰题材",并非单纯装饰,它们往往在最开始象征寓意更浓,慢慢地象征性和装饰性兼有,后来才渐失象征寓意而变为较纯粹的装饰题材。商周时期的龙凤纹,我们认为当处于以象征为主到象征和装饰兼而有之的阶段,本章力图揭示的,也正是当时存在的龙凤纹的象征寓意。

图9-2-1是殷墟晚期射女鼎口沿龙纹,图9-2-2是殷墟晚期兽面纹鼎颈部龙纹,图9-2-3是西周早期凤纹簋上龙纹,三龙纹均呈侧身式,有的身短而屈,有的身长而较直,但无一例外的是都突出头顶部的锤斧式顶角。

1　　　　　2　　　　　3

图9-2　商周青铜器带锤斧式顶角龙纹

商周青铜器上的凤纹(图9-3)。如果说早商时期青铜器的主题图案还是饕餮纹,则商末和西周初期,已进入凤鸟纹为主题的"带纹期(以二方连续形式为装饰特征)"了。"凤鸟纹的造型都是以闭嘴瞪眼,长冠卷尾,昂首凝视,规矩严谨为主要特征,表现出一种静中见动,神秘莫测的内在潜力将要随时向外发展的一种力量和意志。"[1]马承源先生认为将凤纹从其他鸟纹中区别开来的办法是以甲骨文"凤"字作为形象参考,因此他认为凤鸟纹有冠,且分两

---

[1] 顾方松编著:《凤鸟图案研究》,浙江人民美术出版社,1984年,第20页。

类,一类作辛字形,一类作羊字形。而辛字形又是羊字形的简化,等等①。

1　　　2　　　3　　　4　　　5
图9-3　商周青铜器带锤斧状冠凤鸟纹

我们选出五件商代青铜器上的凤鸟纹,它们都有圆圆的眼睛、翻卷的长尾,当然最突出的特征则是头顶上方的锤斧式冠(或称角),这也就是马承源先生所言的"辛(羊)"字形冠饰。

商代玉石器的龙凤造型(纹饰)选释

商代玉石器的龙造型或纹饰(图9-4)。就像上引马承源先生所言,龙纹饰不仅在青铜器上多见,也见于玉石器,且玉器多以龙造型体现,石器上则见有龙纹饰。我们选释六件商代玉龙,其中有四件同出于殷墟妇好墓。

图9-4-1是故宫博物院藏玉,商代,白玉质,此玉龙颇有猪首鱼尾之像,玉龙拱背屈足,神态安详。造型上最为显著的仍是头顶上的锤斧式顶角,从比例上看,有点泰山压顶、硕大无朋之感。图9-4-2出土于妇好墓,编号408,青玉质,呈墨绿色,圆雕。龙张嘴露齿,眼作目字形,背有扉棱状中脊。龙身内卷,尾部卷成圆环。两短足向前屈,各有四爪。额部正中饰菱形纹,头顶的锤斧式角异

---

① 马承源:《商周青铜器纹饰综述》,上海博物馆青铜器研究组编《商周青铜器纹饰》,文物出版社,1984年,第9页。

常醒目。图9-4-3也出土于妇好墓,编号422,也呈墨绿色,片状浮雕,作蟠曲形,头尾相接,但有缺口,形似玉玦。最为显眼的仍是其头顶上的锤斧式顶角,也极像现代的保龄球。图9-4-4出土于妇好墓,编号为360,也为片状浮雕,墨绿色,凹背垂尾,作跪立状,大眼小耳,锤斧式独角呈竖立状,上面似有花纹,跟龙身比起来,相当高大突兀,显然是要特别强调它之故。图9-4-5出土于妇好墓,编号为992,淡绿色,有黄斑,圆雕。方形头,细长嘴,尾尖内卷,锤斧式双角,贴附于额上,额中有一菱形饰①。图9-4-6为殷墟小屯出土龙纹石磬,在石磬的一面满刻侧身龙纹,直身微屈,最为醒目仍然是其头顶上的锤斧式顶角②。

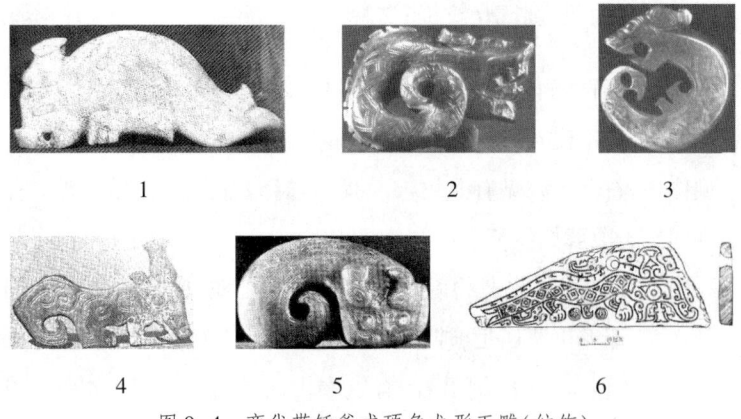

图9-4 商代带锤斧式顶角龙形玉雕(纹饰)

相对龙纹,玉石器中的凤造型或纹饰较少。妇好墓中出土有一件玉立凤,因其冠呈花冠状,不属锤斧式,不在本章讨论范围,故

---

① 中国社会科学院考古研究所编著:《殷墟妇好墓》,文物出版社,1980年,第156页。
② 何新:《诸神的起源》第二卷,中国民主法制出版社,2008年,第173页。

不引。另有三件龙凤结合形玉雕(图9-5),值得特别介绍。

图9-5-1出土于妇好墓,编号354,《殷墟妇好墓》报告中称其为"怪鸟负龙",黄玉质,通体呈黄褐色,龙尾呈淡绿色,片状浮雕。"怪"鸟作站立状,圆眼尖喙,双足立于一刻有象征云彩的云纹基座上,鸟背上驮负一龙,龙身上竖,尾上翻并向下内卷。最需要着重强调的仍然是龙和鸟的锤斧式顶角,龙一角,偏大,鸟则并列一对,略偏小。我们不知道报告编写者为何要称其为怪鸟,是因为其头顶有双角吗?但青铜器上的凤鸟纹不是有很多有顶角的样式吗?我们认为,这就是一只以鹰鸟为基形的凤鸟,并不怪异。

图9-5-2也被认为出土于妇好墓,但笔者未从《殷墟妇好墓》检视到,不知何故。姑且认为是。这件片状浮雕龙凤佩不同于上一件的地方在于凤鸟体型特大,而龙的体型相对小得太多。龙附于凤的头顶。二者头顶也均有锤斧式顶角。图9-5-3收藏于台北故宫博物院,与图9-5-2相似,也是凤大龙小,龙附于凤的头顶。二者头顶均有锤斧式顶角。

1　　　　　　2　　　　　　3

图9-5　商代龙凤组合玉雕

商周甲骨文、金文龙凤字符

商代甲骨文中已有龙、凤二字,龙字见于一、二、四期(图9-6),其形如商周青铜器和玉器上的龙形,字虽多异形,但不变的是其头部的"辛"字符。凤字见于一、三、四、五期(图9-7),也是象形字,其形或略有差异,但凤鸟头部立一"辛"字形冠则与龙字完全一致。金文中的龙字与甲骨文近同,有的"辛"字形顶角的锤斧式模样更为形象(图9-6-8、9)。金文中的凤字有的加上了"凡"字作声符,但头顶的"辛"字符都有保留,有的还加以繁化(图9-7-9)。

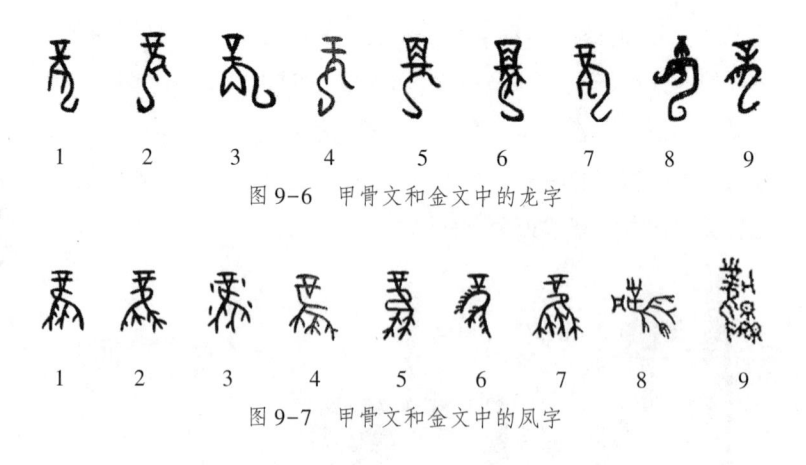

图9-6 甲骨文和金文中的龙字

图9-7 甲骨文和金文中的凤字

甲金文中的龙凤二字,为何都如此强调龙凤头顶的"辛"字符?它到底有何寓意?我们拟在第二节中一并解答。

二、喾、契神话与龙凤及其头部"辛"字符之关系

笔者曾撰文讨论商人及其前身东夷人的祖神神话,发现所谓商代祖先帝喾和商契,实际上是他们所敬奉的祖神,有关喾、契的神话和神格,以及他们的动物化身,笔者在第七章《由喾、商、卨(禼、契)字构形论商祖帝喾和商契之神话》(后文简称《喾契神话》),都做过讨论,在这里就只是将相关结论做一些引录,以方便下面的分析。

我们发现,"天命玄鸟,降而生商"神话,讲的正是帝喾化身为玄鸟,来到人间,不管是通过遗卵,还是直接"玄鸟致贻"的方式,与简狄接合后生下了神子商契。先解释一下玄鸟,它是帝喾的化身没错,但到底是什么鸟呢?古今学者有过很多讨论:凤凰、燕子、猫头鹰、鹰鸟等等。我们认为,其实不必各执一端,这些形象都可以是玄鸟,因为作为风神代表的玄鸟或凤,在四方风神话中,本就是不同的鸟来充当的①,最后,它们都被称作"凤"。

殷人的上帝帝喾,有雷神、战神、风神、木星神、日月神和乐神等神格,作为雷神、战神和木星神,他有雷公锤斧这种武器,一如希腊主神、雷神和木星神宙斯的霹雳斧(The Thunderbolt,图9-8)。帝喾的化身除上引的玄鸟也即凤鸟外,还有龙、牛、鹄(即天鹅)等变形。喾子商契则有笔神、智慧神、水神、水星神、乐神等神格,因其为笔神和智慧神,故手持有刻字锲刀。笔者也曾讨论过,后代的

---

① 萧兵:《四方风神话》,陕西师范大学出版社总社,2019年,第52、236—237页。

"魁星点斗"之民俗,那手持一笔、独占在鳌头上的魁星,正是商契的衍形之一。神话中父子往往同形同性,因此,商契也有龙、凤等化身和变形。

图 9-8 手持霹雳斧的宙斯

在《喾契神话》中,笔者只是利用先秦文献以证明帝喾和商契有龙形的化身,这次讨论青铜器上的龙凤纹,发现收藏于美国弗利尔美术馆的商代人面龙纹铜盉(图 9-9),能更好地将喾、契和龙联系起来。该铜盉通高 18.5 厘米,器宽 20.8 厘米,盉口长 12 厘米。传 1940 年在殷墟出土,经卢芹斋等转手,1942 年入藏弗利尔美术馆①。铜盉呈椭圆体,敛口鼓腹,矮圈足,管状流,兽首形贯耳。器盖作人面形,细眉圆眼,阔鼻大嘴,有锤斧式双顶角。器身饰龙纹,且与器盖上的人面相结合,形成人首龙身之像,龙体环绕于器腹,并有两爪合抱于器流两侧,在器外壁空隙处,还各饰有一对龙凤

---

① 贾文忠、贾树编:《吉金萃影——贾氏珍藏青铜器老照片》,文物出版社,2016 年,第 335 页。

纹,其中一对龙纹分列器流两侧,作张嘴状似欲含住器流,两凤各位于龙人手肘和贯耳的后侧,两对小龙小凤皆有锤斧式顶角。这样的人首龙身形像,且在人首安置两锤斧式顶角,无疑将商祖喾、契与龙形紧密联系起来,这人首只能看作是帝喾或商契,这龙身也只有龙之化身的喾、契才堪当。

1　　　　　　　　2　　　　　　　　3
图9-9　商代人面龙纹铜盉

笔者在《喾契神话》中还曾顺便比较了一下巴比伦神话和希腊神话中的父子神马杜克、尼波,宙斯和赫尔墨斯,因为马杜克和宙斯也正是雷神、战神和木星神,而尼波、赫尔墨斯则都是笔神、智慧神和水神、水星神等,非常凑巧的是,马杜克有龙形,宙斯虽未提到有龙形,但有跟帝喾相同的鹰形、天鹅形和牛形等变形。更为凑巧的是,马杜克所骑混沌孽龙(图3-6),其头顶两尖角,极似雷神之锤斧,与商周龙凤纹头顶的锤斧式角如出一辙。当然,笔者在《喾契神话》中认为这其实不是凑巧,而是极早期中外文化交流的结果。

就像希腊神话和文化中以鹰、天鹅或牛等造型代表宙斯一样,东夷和殷商先民也以龙和凤等形象代表帝喾和商契,我们在龙山文化和商代的玉锛和玉佩的鹰伴人首图案中，就看到了这种象征表达，即这些"鹰伴人首"图案中，鹰和人首有同构关系，人首是帝喾和(或)商契，鹰也是帝喾和商契的象征。

除此，在商代的青铜器、玉石器和其他种类器物中，我们所见到的饕餮纹、龙纹和凤纹，自然也是象征着东夷和商人的祖神帝喾和契的。除喾、契有龙、凤这样的化身之外，工匠还特意在诸多龙、凤纹或造型上刻画或塑造锤斧状的角或冠，正是在摹写作为雷神的雷公锤斧或作为笔神的刻字锲刀，这正是古人表达象征寓意的画龙点睛之笔。

还需要回答一个问题，便是龙和凤的形象并非在龙山文化和商代才开始出现，为何说是象征商祖神喾、契的呢？那龙山文化之前的龙、凤又是何寓意呢？跟喾、契有何关系呢？

我们的理解是，龙、凤的出现确实有更早的源头，而且它们一出现就是神话中的幻想动物，绝非等闲之辈。它们的象征寓意，自然跟当时的神话观念有关，也跟当时的中外文化和神话交流有关。龙、凤的观念在古代中国出现后，其内涵并非一成不变，而是不断地增加或变异它的意涵。象征东夷人和商人的祖神帝喾和商契，正是相关族群根据需要而叠加其象征寓意的结果。

此外，关于龙、凤的象征和寓意，闻一多、郭沫若等学者从图腾的角度作过分析，认为龙是夏民族的图腾，凤是殷民族的图腾[①]。因此夏人崇龙，商人崇凤。但问题来了，我们在商代器物中发现的龙纹并不比凤纹少，甚至更多。那为何商人要去膜拜一个异民族

[①] 闻一多：《伏羲考》《龙凤》，《神话与诗》，天津古籍出版社，2008年，第27、160页；
郭沫若：《关于晚周帛画的考察》，《文史论集》，人民出版社，1961年，第293页。

第九章　论龙凤与商祖喾、契之关系

的图腾呢？这是上述学者未曾考虑过的问题，《殷墟妇好墓》的作者们也发现了这个问题，说"殷人不但珍视凤，而且相当喜好龙。这是一个值得注意的问题"①，虽提请了注意，但没有给出答案。通过上文的分析，我们的答案自然是，龙和凤都是东夷人和商人祖神的象征，因此它们被共同崇奉。所以，我们不能仅仅知道夏人以龙为图腾，还要看得到商人以龙和凤作为祖神的象征，只有明白了这些，商代器物上众多的龙纹图案才能得到合理的解释。

下面转入对龙凤二字上部的"辛"字符的讨论。

"辛(䇂、丵)"字在甲骨文和金文中的写法有 Ψ、Ψ、Ψ 等形，对它的解读，古今学者多有议论。归纳起来有两大类，一类是支持许慎在《说文解字》里的观点，认为"辛"是秋天植物成熟后苦辛的味道；二是反对许氏的观点，此派学者多走"因形求意"之路。如郭沫若认为"当系古之剞劂"，即"刻镂之器"②，吴其昌认为是"金质刃属兵形之器"③，陈独秀对"辛"字的考订也非常精彩，他说："甲文之 Ψ，金文之 Ψ，当为辛字之原始形，此器亦有二用。如斧，大者用之推火，平草穿木，变异为铲，为划，且以刑人。小者用之契刻，变异为削，为剞劂，今曰刻字刀……锲刻艰辛，刑人大苦，故辛用为艰辛、辛苦字。辣字从辛，谓其味之刺舌。"④陈独秀将"辛"解为大者为斧为铲，小者为削为刻字锲刀，这非常符合笔者对龙、凤二字上的

---

① 中国社会科学院考古研究所编著：《殷墟妇好墓》，文物出版社，1980年，第156页。
② 郭沫若：《释支干》，《郭沫若全集考古编》第一卷《甲骨文字研究》，科学出版社，1982年，第181—182页。
③ 吴其昌：《金文名象疏证·兵器篇·说辛》，《吴其昌文集》第二卷，三晋出版社，2009年，第81—82页。
④ 陈独秀：《小学识字教本》，新星出版社，2017年，第186—187页。

"辛"符以及青铜器和玉石器龙凤纹上的锤斧式角冠的理解,后者正该是象征帝喾和商契的雷神锤斧或笔神的刻字锲刀。

商人非常重视自己的祖神帝喾和商契,并以他们的武器雷公锤斧和刻字刀代替本尊来祭祀,如商人的国名"商"字,甲骨文形如下图(图9-10),正是这种祭祀活动的文字遗留。"商"字上部是"辛"字,正是象征商祖神帝喾和商契的雷公锤斧或刻字刀,它被供奉于"丙"字形祭台上。商人以此种宗教祭祀行为造出"商"字,先以之命名他们的祖神帝喾和商契,再以之命名他们所处的地名,然后以之为民族名,最后成为国名。

图9-10 甲骨文"商"字

因此,对于龙、凤二字上方的"辛"符,只能将其解作雷公锤斧或刻字锲刀,且是用以强调龙、凤二字象征和代表的是商人祖神雷神帝喾、笔神商契。同理,商周青铜器和玉石器龙凤纹上醒目或硕大的锤斧式角或冠,也正是要强化龙凤与帝喾和商契的象征关系。总结一下就是,龙、凤二字上方的"辛"符、龙凤纹饰和造型上的锤斧式角冠,是表示雷神之锤斧或笔神之刻字锲刀,从而代表雷神帝喾和笔神商契,成为它们的象征。

有两件出土于山东益都(今青州)苏埠屯商代大墓M1的神面纹大铜钺(图9-11),以实物的形式将喾、契和斧钺紧密地捆绑在了一起。这两件铜钺同出于 M1 北墓道口位置,大小相近,在钺的正背面铸造并镂空一神面,略有区别的是,其中一件在神人嘴旁两侧各铸有铭文,且一正一反,学界认作"亞醜"二字,简体写作"亚丑"。但其实所谓"亞"字,只是围绕"醜"字的边框,呈"亞"形,学界习惯读作亚字,笔者认为这是一种表示神圣中心的符号①,跟这座大墓的亚字形墓圹是一个意思。这件钺的两边还饰有扉棱,按约定俗成,我们也称它为亚丑钺,另一件则没有铭文和扉棱,通称神人兽面纹铜钺。

1　　　　　　　2

图 9-11　山东益都苏埠屯商代大墓神人兽面纹青铜钺

我们要重点分析的是神面。神面纹又被称为神人兽面纹,是因为其既长着更似人类的眼睛、眉毛和耳朵,但又拥有牛一样的大鼻子和似牛的大嘴。到目前为止,学界也只能认为他具有神秘感,可能与巫术宗教有关。笔者则认为,这其实就是商祖神帝喾的造

---

① 宋亦箫:《夏商考古遗存中的亞形造型起源及其内涵探索》,南京大学历史学院考古文物系编《南雍问道:南京大学考古专业成立 50 周年纪念文集》,科学出版社,2022 年,第 314—325 页。

型,喾的武器正是斧钺,这就使喾的形象与武器在此合二为一了,达到了相互印证的效果。还不止如此,喾又有一化身为牛,而这件神人兽面纹中,正好在人面形象中融入了牛鼻和牛嘴的造型,这当然不是巧合,而是反映神面内涵的需要。它充分体现了制器者的神话观念和制作匠心。所以,神人兽面纹大铜钺,并非普通之武器,而是上帝之钺、帝喾之钺,是商人祖神帝喾的象征。

如果说人面龙纹铜盉将帝喾与龙连为一体,神人兽面纹铜钺将帝喾和斧钺合二为一,那么还有一件商代有柄玉钺(图 9-12),则将龙和斧钺联系了起来。三者形成一个闭环,即帝喾 = 龙 = 斧钺。

这件玉钺出土于山东滕州前掌大商代贵族墓 M120,属商晚期,器高 7.1 厘米、宽 3.9 厘米、刃宽 2.5 厘米。现藏中国社会科学院考古研究所。青玉质,呈青绿色,微沁。钺和柄整体雕刻,钺和柄之间以折线刻画出绑缚关系,柄体扁平,末端上翘,翘起部分两端各对钻一圆孔。钺身较宽,"八"字形弧刃,中间对钻一穿孔。更为有意思的是,在钺身那一端的柄上,透雕一具玉龙①,头、足、尾与钺柄连为一体,剩余部位镂空。玉龙的锤斧式顶角尤为显眼。这告诉我们,此玉钺也非等闲之器,它是商人祖神帝喾之斧钺,它象征了帝喾,为了强化这一象征关系,还在钺柄一端雕刻上代表帝喾的龙。这大概就是制器者当初的心理动机吧。

---

① 在《中国出土玉器全集》里,撰文者梁中合将其认作虎,这也是大部分人的认知。这当然是认知错误。王仁湘先生曾很好地对龙虎纹作过区别,即"龙顶角,虎张耳"。此动物头顶明明刻有锤斧式或称蘑菇式顶角,却不被识别,甚为遗憾。

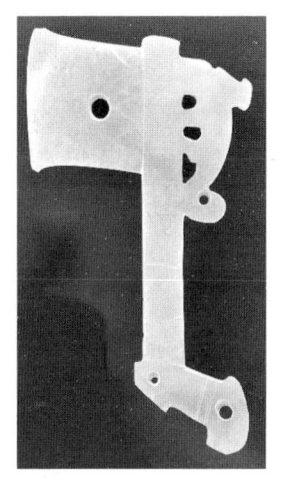

图 9-12　山东滕州前掌大商代贵族墓 M120 有柄玉钺

再回转到"辛"字。郭沫若已关注到"龙""凤"卜辞有从"辛"之形，并认为像龙凤头上之冠，但他从《说文》之解，以为是"丛生之草"状，因此否定了龙、凤是从"辛"之字①，尽管郭解"辛"之本义是对的，但对龙凤头顶之"辛"符，却误信了《说文》，殊为可惜。何新也关注到了龙字上的"辛"符，他将"辛"解作斧斤，也没问题，但他认为龙头上标记"辛"，是因为龙是一种凶猛的动物，有巨口獠牙，人们畏惧龙，因此以"辛"标记，以示镇伏②。这个理由就算放到"龙"字上可解释得通，那"凤"字上的"辛"符呢？所以不足为训。

---

① 郭沫若:《释支干》,《郭沫若全集考古编》第一卷《甲骨文字研究》,科学出版社, 1982 年,第 179 页。
② 何新:《诸神的起源》第二卷,中国民主法制出版社,2008 年,第 159—162 页。

三、龙凤形象及其文字是商祖誉、契之化身和象征符号

由以上论证,已经可以得出龙凤的形象及龙凤二字,是商人祖神帝誉和商契的化身和象征符号的结论,为了强化该论点,笔者再做一些延展讨论。

从商代的青铜器、玉石器、其他质地器物上的龙凤图案或造型,到甲骨文中的龙凤二字,商代文化中充满了对其祖神誉、契的崇奉和铭记。一方面,他们直接以神话中誉、契的变形龙和凤,或铸或刻或塑,形成礼制或生活中的图案或造型,另一方面,他们还直接创造出龙和凤这两个象形文字以状其祖神,为了更加直接和鲜明,他们在龙凤的图案中安上象征誉、契的锤斧式或锲刀式角冠,在"龙""凤"二字的顶部安上"辛"字符,都是为了强化这些图案和文字,它们就是誉、契的象征。

因为龙和凤都是誉、契的象征符号,所以我们还能看到将龙凤组合在一起的造型。上文提到的三件"神凤负龙"玉雕,正是这样的例子。其中殷墟妇好墓编号354的玉佩,龙大凤小,二者神态安详,立于凤背之上的龙卷躯翘尾,还颇为俏皮。所以当然不能理解为是代表夏人的龙在"欺压"代表商人的凤。这件玉佩的特别之处,一在龙、凤的头顶,都雕出锤斧式角冠,且神凤之"冠"还呈一对式,这显然是要以誉、契的独特象征符号雷公锤斧和刻字刀来强化它们是誉、契的象征;二在凤足还踩着一片云彩,这就将龙凤定位在了天空和云端,所以他们是神龙和神凤,是商人的祖神帝誉和商契的化身,而不是人间普通的动物。

另两件神凤负龙玉佩中的凤鸟相对于神龙特大,神凤足下所踩似也有云彩,这种驰骋于天空、凤大龙小的构造,是在状摹身为玄鸟的帝喾,驮着他的龙子商契在遨游太空吗?

龙凤的有机结合还体现在夔凤上(图9-3)。所谓夔凤,是指有蛇状长条形、单足、曲卷特点的凤鸟①。凤鸟纹向夔凤纹转化的内在动力是什么?知道了龙和凤都是商祖喾、契的象征,所以二者是一而二、二而一的关系,因此将凤纹刻画出龙躯龙体的夔纹意境来,就很好理解了。

还需要回答两个问题。一是商代龙凤图案中,也还有不少非锤斧式角冠存在,这做何理解?我们认为,商代的龙凤图案,都应该有象征商人祖神的寓意在,但他们在塑造龙凤的形象时,也并非有一个大家都必须共遵的模板,而是根据自己的观念和理解在塑造龙凤形象,因此便也存在一些其他形式的角冠。而且集体文化随着时代推移,也会适应和变迁,商代龙凤图案和造型,由开始时更多象征他们的祖神帝喾和商契,到后来增加表护佑、吉祥的寓意,到更后来,龙凤成为人间帝后的象征,等等。所以,龙凤图案和造型,在商代后期一定也加进去了有关吉祥、福祉的新寓意。这样就要顺便回答第二个问题,即周人并不以龙凤作为自己的祖神,为何还是在诸多器物图案和造型中表现龙凤呢?我们认为正是在文化的变迁中,龙凤渐渐也在表达吉祥和福祉,周人从这个角度在继承着商人的龙凤图案和造型。

至于秦汉以后社会,龙凤确乎已成为人间帝后的象征,但这种

---

① 顾方松编著:《凤鸟图案研究》,浙江人民美术出版社,1984年,第3页。

象征的根源，其实还在于先秦。因为作为商人祖神的喾、契，他们也正是商人和后代人心目中的商朝的创立者，正是帝王般人物。后代帝王以此为表率，自然自己也是"奉天承运"、开国立基，乃真龙天子，其子孙便是龙子龙孙，自然便可以攀龙附凤，"龙凤"的风光便一路演绎下来。

四、结论

商周青铜器纹饰以饕餮纹、龙纹和凤纹为大宗，而在这些纹饰中，有很大一批具有共同的锤斧式角冠，在商周玉石器中，也多有龙凤造型或纹饰，同样存在这样的锤斧式角冠。甲骨文和金文中的龙、凤二字，均为象形字，在其头顶部位，都有一"辛"字符。我们认为，龙、凤的形象和其间的锤斧式角冠和"辛"字符，与商祖神帝喾和商契有密切关系。

因为在帝喾和商契的神话中，帝喾作为雷神、战神、木星神，正持有雷神锤斧，他还有鹰、鹄（实际都是凤）、龙、牛等变形或化身，商契作为笔神、智慧神、水神和水星神，也手持刻字锲刀，这也是他得名为"契"的原因。因神人父子往往同形同性，因此商契也有龙、凤等化身。因此，在商周器物中的龙、凤纹和造型，甲金文中的龙凤二字，都有象征帝喾和商契之寓意。出土于殷墟的人面龙纹铜盉，其人首龙身的造型、人面头顶两个锤斧式顶角的设计，将商祖喾、契具龙形，龙就是喾、契的化身和象征的寓意，表现得淋漓尽致。

还有前辈学者在对"辛"字的解读中，将"辛"字解为大者为斧为铲,小者为削为刻字锲刀,这正是青铜器和玉石器龙凤纹(造型)上的锤斧式角冠以及龙、凤二字上的"辛"符的寓意所在,它们象征了帝喾和商契的雷神锤斧或笔神的刻字锲刀。

因为龙和凤都象征了商祖神帝喾或商契,因此作为纹饰经常是相伴出现,甚至还有将龙和凤组合在一起的造型,例如出土于妇好墓的所谓"怪鸟负龙"玉佩,并不是什么"怪鸟",而是神凤,它背负神龙,踩着祥云遨游于太空,是对商人祖神喾或契的生动摹写,是重要的图像神话素材。

龙凤形象虽不是商人的独创发明,但商人将自己的祖神神话加进了龙凤的故事中,丰富了龙凤形象的内涵,周人继承了龙凤造型和纹饰,应更多是继承其神通及所附赠吉祥、福祉之新意。

第十章　禮(礼)、祈、祷诸字与雷神帝誉崇拜

本章提要： 豊、斤、祈、寿、祷、告等甲骨文字,产生于雷神崇拜过程中。豊字由下方的柱鼓和悬挂其上的两排组系的玉柄形器(珏)构成,柱鼓代表了雷神,玉柄形器代表了商人始祖神帝誉和其他列祖,合在一起是对祭祀雷神的场景描绘。斤字和寿字也都是表示雷神的文字,以它们为基础部件组构的祈、斧、祷、铸等字,仍然是对雷神帝誉的祭祀行为的文字记录。这些汉字活化石,使我们今天还有机会复原一些商人始祖神、雷神帝誉的神话。

关于甲金文中的禮(礼)、祈、斧、祷、铸、造等字,学界都有过一些讨论,但多为就字论字,关于它们的造字机理、所蕴含的深刻的文化和神话观念,或多有可商,或需重新探赜发覆。例如关于禮字构形的内涵,有的将"豊"之上半部分"曲"字符解作"玉"或"朋"或"册"等构形,将下半部分"豆"字符解作"豆"或"鼓"等构形,从而

第十章 禮(礼)、祈、祷诸字与雷神帝喾崇拜

得出豆里盛玉①或鼓上悬玉②以祭神的构字机理,或者直接说成是击鼓祭神③的命意,但这些解释准确到位吗,祭拜的神又是谁,为什么祭神的仪式最终能演变为人间的行为规范"禮",这里面还有很多需要解决的问题。还有与"禮"字相关的祈、祷等字,以及似乎跟"禮"甚远、跟冶金相关的铸、造等字,都蕴含有深厚的神话宗教观念,需要我们重新解读。

笔者研读商代祖神帝喾和商契的神话,发现商代始祖神也是雷神的帝喾,竟与禮、祈、祷、铸、造等字的造字机理密切相关,涵泳多日,惊叹之余,不敢私藏,拿出一些不成熟的看法,向学界方家请益并求得指正。

一、释禮(礼)

"禮"字的诠释解读,调动了历代的硕学鸿儒参与其间,远的不举,近代以来的学者中,王国维、郭沫若、裘锡圭、林沄等诸位先生都曾侧身其间,发表过各自的高见,有力地推动了对"禮"字的正确认识。笔者近期阅读徐山先生的《雷神崇拜》,其中谈到"禮"字与雷神的关系④,给了笔者极大的启发,结合近期笔者对商代祖神帝

---

① 王国维:《释礼》,《观堂集林》,河北教育出版社,2003年,第143—144页。
② 郭沫若:《卜辞通纂》,科学出版社,1983年,第321—322页;裘锡圭:《甲骨文中的几种乐器名称——释"庸""豐""鞀"》,《裘锡圭学术文集·甲骨文卷》,复旦大学出版社,2015年,第41页;林沄:《豊豐辨》,《林沄学术文集》,中国大百科全书出版社,1998年,第4—7页。
③ 徐山:《雷神崇拜》,上海三联书店,1992年,第114—115页。
④ 徐山:《雷神崇拜》,上海三联书店,1992年,第114—115页。

誉的一些思考和探研,以及学者们对"玉"字和玉柄形器的一些新探索,便有了重解"禮"的新想法。

"禮"字是现代简体通行体"礼"字的繁体,因其保有更多形象成分,本章多用它代替"礼"字,含意一致。

"禮"字在甲金文中为"豊(豊、豊)","示"字旁乃变小篆时所加。"豊"字的甲金文形象,有多种说法,但笔者认同其下部构件"豆",为鼓形,甲骨文中有"壴"(实即"鼓"之名词)字,形如"壴",正是此形。而且该鼓的形状像极了汉代画像石中出现过的建鼓之形(图10-1)。有了这个认识后,笔者遍查文献,发现《文化文本》辑刊中唐启翠文有相同看法①,顿生吾道不孤之感。

图10-1 徐州汉代画像石雷神雨师出行图(建鼓在图右下侧的雷车上)

关于上古"鼓"的形制,《太平御览》引《大周正乐》刘贶曰:

鼓,动也。冬至之音,万物合阳气而动。雷鼓八面,以祀

---

① 唐启翠:《文化文本的意义与限度——以"豊"字考古探源为例》,《文化文本》第一辑,商务印书馆,2021年,第253页。

天。灵鼓六面,以祀地。路鼓四面,以祀鬼神。夏后加之以足,谓之足鼓;殷人贯之以柱,谓之柱鼓;周之悬之,谓之悬鼓。后世复殷制建之,谓之建鼓。①

这里提到殷人之鼓是柱鼓,即以一长柱贯穿鼓身而立之形。而后世当然包括汉代之建鼓,正是复制殷制柱鼓而来。因此汉代建鼓的画像石图像,可作为殷代柱鼓的同类图像表达。在《太平御览》的同篇又引《礼记》"夏后足鼓,殷人置鼓,周人悬鼓",并解释"置,植也。亦作树"。《礼记·明堂位》则记为:"夏后氏之鼓足,殷楹鼓;周悬鼓。……夏后氏之龙簨虡,殷之崇牙,周之璧翣。"郑玄注曰:"足,谓四足也。楹谓之柱,贯中上出也。悬,悬之簨虡也。……殷又于龙上刻画之为重牙,以挂悬纮也。周又画缯为翣,载以璧,垂五彩羽于其下,树于簨之角上,饰弥多也。"②总起来看,夏商周鼓的形状有些不同,但殷人的鼓乃柱鼓、楹鼓,即以柱植(树)于地上,同于汉代的建鼓。文献对商代和汉代鼓的描述,在甲骨文和汉代画像石中得到了印证。

商人以鼓之形作为"禮"字构型之一部分,难道鼓在商代礼仪中有着重要地位?林沄先生就曾说,"鼓之于古代典礼的关系,非一般乐器可比。甲骨刻辞中有专门用鼓的祭祀"③。并举例示范:

---

① 〔宋〕李昉:《太平御览》卷582《乐部二十·鼓》,引自国学导航网(2021年8月20日查阅):http://www.guoxue123.com/zhibu/0201/03tpyl/0581.htm
② 〔清〕孙希旦撰,沈啸寰等点校:《礼记集解》,中华书局,1989年,第854页。
③ 林沄:《豊豐辨》,《林沄学术文集》,中国大百科全书出版社,1998年,第5页。

辛亥卜,出贞:其鼓彡告于唐,一牛。九月 (续 1.7.4 徐 10.2)

己酉卜,大贞:乞告,其豈(鼓)于唐,衣,亡尤?九月 (后下 39.4)

我们还可以从周代文献中找到一些证据。如《周礼·镈师》:"凡祭祀,鼓其金奏之乐。"《周礼·籥师》:"祭祀,则鼓羽籥之舞。"《周礼·大胥》:"凡祭祀之用乐者,以鼓征学士。"①等等,这都体现了鼓在祭祀礼仪中的重要性。

鼓又和雷神有什么关系呢?祭祀雷神也用鼓吗?答案仍然是肯定的。且不止此,我们认为,鼓的发明,本来就是因为要向雷神献祭,正是为了模拟雷声,古人发明了鼓。《初学记》卷一引《抱朴子》:"雷,天之鼓也。"说雷就是天鼓。为何要以鼓声模拟雷声呢?答案是:其一,为了唤醒春天及万物复苏,古人经过观察,发现雷声在每年春分左右始现,到了秋分时节又隐没不闻。如《礼记·月令》有言:"是月(仲春之月)也,日夜分,雷乃发声,始电,蛰虫咸动,启户始出。"②《说文解字》也说:(龙)"春分而登天,秋分而潜渊。"③这里说的"龙",正是雷神的化形之一。所谓"龙"登天或潜渊,也就是指雷神的出现和隐没。既然雷电始现与万物复苏同步,雷电隐匿与万物萧条相伴,古人便以为这是雷神在操纵万物的生机与萧瑟。其二是为了求雨。古人看到雷电之后往往就是风雨,

---

① 钱玄等注译:《周礼·春官宗伯第三》,岳麓书社,2001年,第220、221、213页。
② 王梦鸥注译:《礼记今注今译》,新世界出版社,2011年,第136页。
③ 〔汉〕许慎撰,〔宋〕徐铉校定:《说文解字》,中华书局,2013年,第245页。

便想象有一位雷神在天上控制雷电和下雨。如是在"同类相生"的顺势(模拟)巫术思维的指导下,他们就以鼓声来模拟雷声,一方面,是希望引来雷神从而促使万物复苏而欣欣向荣,另一方面则是希望雷神带来风雨。在鼓的功能多样化后,古人还制作出专门的雷鼓,用以祭祀雷神。如上面提到的"雷鼓八面,以祀天"便是。《周礼·地官司徒·鼓人》:"以雷鼓鼓神祀。"郑玄注:"雷鼓,八面鼓也。神祀,祀天神也。"①这里的天神,首先是指雷神。

为了深入理解"禮""鼓"等字与雷神的关系,有必要先交代一下甲骨文"申""电""雷""神"诸字的起源和所指。

甲骨文中有" "等字,文字学家们将其释作"申"字,指出它像"电燿屈折形"②,正因"申"表达的是闪电之形,许慎便认为"申,电也",即申就是闪电,也通于"电"字。这应该是申的本义,许慎又训"申,神也",这该是申的引申义了,即古人又将这电闪雷鸣看成是天神所为,因此以" "字符表示天神。可见最早的天神,当是发起雷电引来风雨的雷电之神。

再看甲骨文"雷"字,形如" "等,只是在"申"字S形字符的基础上,加上了两个圆圈或者二、三、四个田字,我们认为,所加之"o"或"田",一方面表示雷声,另一方面表示雷神的雷车的车轮。

因此,申、电、神、雷等字,由模拟闪电之形,到表示雷神和天神,体现了中国古人"神"观念的产生过程,从"神"字构型和内涵可

---

① 〔汉〕郑玄注,〔唐〕贾公彦疏,彭林整理:《周礼注疏》,上海古籍出版社,2010年,第444页。
② 徐中舒主编:《甲骨文字典》,四川辞书出版社,2003年,第1599页。

知,"神"的原型就是雷电①。雷神就是最早的天神。因为"神"字就是为模拟雷电之形而造、因雷电而起的。

再回到"鼓"上面。鼓的发明是为了唤起雷神、祭祀雷神以迎春或祈雨,后来鼓的作用扩展到祭祀各种神和人的祖先,乃至应用于人间的其他更多场合,便分化出专门祭祀雷神和天神的雷鼓。在汉代的画像石上,常有雷神与建鼓刻画在一起的画面(图10-1),此建鼓,正是模拟雷神所敲击的天鼓。

分析完"豊"字的"建鼓"构件跟雷神的关系,我们再看看其上部的"玨、玨、玨、玨"字符,我们认为这是隶定后的"玨"字,即双排的"玉"。"玉"字在甲骨文中有"丰、丰、丰、丰"等字形,像一根丝绳串着三到五片玉片,一般上下露出线头,多半还在上端线头处有结扣。但到了金文和篆书阶段,玉字的书写趋于简省整齐,串玉线的结扣省去了,两端的线头也省掉了,形成了形如"王"字的"王"形,后来为了与"王"区分,增加了一点变成"玉"。众多学者虽认可"豊"上部是玨,但并未对玨或玉的具体形制有过讨论②,"玉"字在后世一直以一个类概念被使用,那在创造甲骨文"玉"字的时候,是否一开始就是类概念呢?是否有具体的指称对象呢?还极少有学者展开讨论。笔者检索文献,发现有两位学者讨论了玉字的形制所指。一位是郑杰祥先生,他认为"玉字初文似乎不是系贯三玉之形,实际

---

① 徐山:《雷神崇拜——中国文化源头探索》,上海三联书店,1992年,第2页。
② 裘锡圭先生看到了豊或豐上部从玨,但未识别玨是玉柄形器组系之形,所以不理解为何会从玨,只好推测豊或豐或是用玉装饰的贵重大鼓。这显然误会了玨字符的用意,也就与玉柄形器所象征的商祖神和鼓、玉柄形器结合的雷神祭祀的认知失之交臂。

上它倒很像一根玉棒,其竖划代表玉棒的主体,而中间的若干横划可能像棒身刻着的数道粗节,……这种玉棒的形制,文献失载,无法确知,若从田野考古中探寻其踪迹,可能就是二里头文化的一种玉柄形器"(图10-2)①。另一位是杜金鹏先生,他认为郑之观点不确,"玉"字是会意字,仍是丝绳连系玉片之形,该字形的每一横划,表示一玉柄形器,整体表玉柄形器组系之形②。郑和杜的观点都落到玉柄形器上,似乎相同,但实际确有不同,且笔者认为杜先生的观点更正确。但杜先生接着推断玉柄形器是商代行祼礼所用的玉瓒的柄,有时候也用于陈设(祭品)云云,这就又差之毫厘了。玉柄形器虽一端有榫,但显然是用来插嵌并对之祭拜,而不是握在手上的器柄。

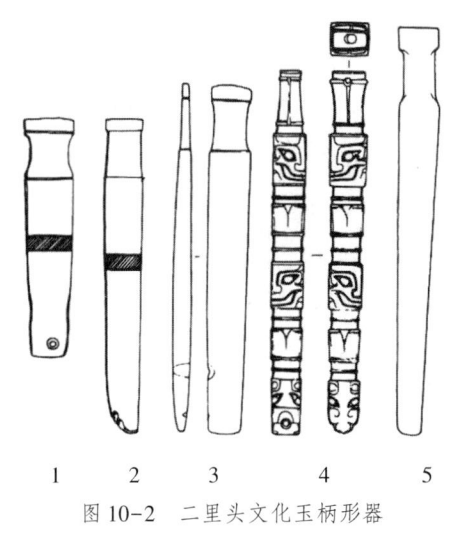

图 10-2 二里头文化玉柄形器

---

① 郑杰祥:《释礼、玉》,《华夏文明》第一集,北京大学出版社,1987年,第360页。
② 杜金鹏:《商代"玉"字新探》,《中原文物》2021年第3期。

叶舒宪先生通过对史前时代的玉人像、原史时期的玉柄形器和历史时期的祖灵牌的通盘梳理,认为玉柄形器代表玉神主、祖灵,即华夏先民的祖神偶像①,叶先生多方利用考古实物图像和民族学证据,其多重证据的使用使该结论极有说服力。

那么,在"禮"字构形所呈现出来的柱鼓上端悬挂着组系的玉柄形器,其功能何在,它们跟雷神帝喾有什么关系。下面继续分析。

我们已知道,雷是天鼓,人间要祭祀雷神以迎春或祈雨,得以鼓声来模仿雷声,才能引动雷神从而使春回大地或者带来风雨。而这样的雷鼓,在商代为柱鼓,在汉代称建鼓。因此"禮"字所记录下来的祭祀仪式,当与雷神祭祀相关。

仅此,我们还不能确定商代因祭祀雷神以迎春或祈雨而形成的"豊"的仪式中,这雷神到底是谁。但是柱鼓上面悬挂的玉柄形器,能帮助我们确定这雷神是谁。

商人的祖神有喾、契这对父子神,当然,根据研究,商汤以前的所谓14世商王,恐怕并非历史而是神话②。因此,商汤以前的商人祖神,是有比较多的世代的。由象征祖神的玉柄形器组系而成的玉和珏,悬挂于柱鼓之上,成为"豊"的祭祀仪式之一部分,这自然奉祀的是商人的祖神。在商人祖神中,又是雷神的便是商人的始祖神帝喾,则他的后代——其他商人祖神,便也是雷子雷孙。两相结合,我们认为"豊"字所表示的祭祀雷神的仪式中,雷神便是商人

---

① 叶舒宪:《玉石神话信仰与华夏精神》,复旦大学出版社,2019年,第131—171页。
② 韩江苏、江林昌:《〈殷本纪〉订补与商史人物徵》,中国社会科学出版社,2010年,第42—43页。

的始祖神帝喾。关于帝喾的雷神神格,我们放到第四节再略为展开讨论。

"禮"字表示雷神,还有一处证据,便是禮字由🗌简化为🗌、🗌、🗌①等,左边为"示",右边呈一 S 形,而 S 形正是闪电和雷神的象征符号,可见这种简化,只是将祭祀雷神的柱鼓和柄形器换成了直接象征雷神的闪电形 S,其寓意没有改变。这也揭示了后代将"禮"字简化为"礼"的简化机理,因"礼"字右边的竖弯勾仍保留有象征雷神闪电 S 形的形象。

商人祭祀雷神以迎春或祈雨,除了摇以鼓声以象雷声,还有就是"燎祭"②。尞是燎的本字。《说文》"尞,柴祭天也"③"柴,烧柴尞祭天也"④。就是焚烧树柴以祭祀雷神。"尞"字的甲骨文字形有"🗌、🗌、🗌"等形,基本形为树枝状,有的在树枝下面加上"火"形,树枝周围用小点表示火花等。

卜辞中多有燎祭求雨的内容。如"既川燎,有雨"(《甲》28180),"癸巳贞:其燎十山,雨"(《甲》33233 正),"己亥卜:我燎,有雨"(《甲》12843 反)。

燎祭求雨当然是交感巫术思维,包括同类相生和果必同因的两类错误联想。古人看到雷电击树成火,便以为只要人为制造出火来,便可因同类相生而引来雷神并下雨。于是在干旱时节便用焚烧树枝的办法来模拟雷神出现后的典型环境,以呼唤雷神出现。

---

① 徐在国编:《传抄古文字编》,线装书局,2006 年,第 7 页。
② 徐山:《雷神崇拜——中国文化源头探索》,上海三联书店,1992 年,第 16 页。
③ 〔汉〕许慎撰,〔清〕段玉裁注:《说文解字注》,中州古籍出版社,2006 年,第 838 页。
④ 同上注,第 6 页。

商代著名的"汤祷桑林"故事,正是商汤为了商部落求雨而焚烧柴堆,并准备以自焚的形式向雷神求雨。当然雷神感于汤的诚心,在他即将要跳入燃烧的柴堆时降下大雨,让汤求得了雨还捡回了一条命①,不知道是不是因为这雷神帝喾看到是自己的嫡系子孙自焚求雨,不忍他殒命才急吼吼地下起雨来。

燎祭的形式也在不停地演变,其燃烧对象有树枝状、柱状、火炬状和柴堆状等等②。上述汤祷桑林,便是焚烧柴堆。如果我们将这些燃烧对象简称为燎柱,则甲骨文"主""示""宗"等都是燎柱的象形,"宗"字则是在山洞里存储、祭祀燎柱以及燎柱所代表的雷神。徐山甚至认为,原始的燎柱逐渐演化为象征祖先神位的神主牌③,这确实可从后代的"主""宗"等原来表示燎柱后来增加祖神祖灵涵义的汉字里感觉得到。如此,燎柱就跟玉柄形器所代表的祖神形象渐趋合流了。商代的柱鼓和汉代的建鼓中的长柱,当然应该是燎柱的遗形,它渐增的神主之新义,与其上端悬挂的玉柄形器一道,强化了商人的祖神崇拜。

二、释斤、祈、斧

"祈祷"显然是一个跟祭祀仪式相关的语词和行为,那它是什么样子的祭祀仪式中的行为? 恐怕要分析这两个字的构形,才可

---

① 〔战国〕吕不韦门客编撰,关贤柱等译注:《吕氏春秋·顺民》,贵州人民出版社,1997年,第267页;又见徐宗元辑:《帝王世纪辑存》,中华书局,1964年,第64页。
② 徐山:《雷神崇拜——中国文化源头探索》,上海三联书店,1992年,第117页。
③ 徐山:《雷神崇拜——中国文化源头探索》,第25页。

能找到答案。"祈祷"二字均有"示"字偏旁,"示"字起源于祭祀雷神的燎柱,古人持燎柱燃烧后向雷神祈雨,这自然是一个人与神的沟通呼应过程,发展出"表示""显示"诸义,后成为与祭祀相关的众多汉字的偏旁。除了"示"字,我们还要分析"祈祷"二字的另一半构形"斤"字和"寿"字,这里先看"斤"字。

甲骨文一期便有形如"㇘、㇗"之字,唐兰先生释为"斤",徐中舒先生认为可从,并解释为"像曲柄斧形",关于其义,徐先生说"不明"①。而《说文解字》释"斤"为"斫木斧也,象形"。段玉裁就小篆"斤"字作注曰:"横者像斧头,直者像柄,其下像所斫木。"②许、段未见过甲骨文,是就已变形的小篆而断,不足为凭。唐、徐二位先生是就甲骨文的字形作解,但要说斧柄做成曲柄,既没有实际功能意义,也不清楚是不是有其他象征意义,所以此说也大有可商之处。笔者比较它与申、电的"㇆"形,觉得这所谓的"曲柄",可能是以"S"形象征闪电。再看与"S"形相连的上部"箭头状",单看很难作出判断,联系到金文中大禹之禹(禹)字,后者朝上的部件也是一"箭头状",下部弯曲,苏雪林将其解作头(即箭头状)铲尾(即弯曲状)蛇的构形,即那"箭头状"表示的是大禹用来治水和尽力沟洫的巨铲,是他手持的工具,也成为他的象征符号③。下部的蛇形,也即龙,当然也是大禹的化身之一。我们知道,大禹是木星神,也是雷神④,他所持巨铲,治水时可以是铲,但作为雷神时,则可以是雷公锤斧。

---

① 徐中舒主编:《甲骨文字典》,四川辞书出版社,2003年,第1491页。
② 〔汉〕许慎撰,〔清〕段玉裁注:《说文解字注》,中州古籍出版社,2006年,第716页。
③ 苏雪林:《天问正简》,武汉大学出版社,2007年,第277—278页。
④ 苏雪林:《屈原与〈九歌〉》,武汉大学出版社,2007年,第167—169页。

对比"禹"字的构形和内涵,我们判定,斤(ᔆ)字当由雷公锤斧和闪电形也即龙或蛇形构成,合起来,表达的是手持雷公斧的雷神,辟开天宇造成了闪电。当然,这模拟闪电的"S"形,也幻化成了龙蛇形,并成为雷神的化身之一。

"斤"字既是表示雷神持雷公斧辟开天宇造成闪电之场景,则在"斤"字旁加一表示祭祀之意的"示"字符,就更加强化了祭祀雷神之用意。我们来看甲骨文中的"祈"字,形如"ᔆ、ᔆ、ᔆ"等,由锤斧加闪电构成的"斤"字,或在上,或在右,由树枝组成的燎柱,非常象形,它们组合在一起,自然是表示人们持树枝状燎柱,向那个用雷公斧制造电闪雷鸣和雨水的雷神祈求下雨的用字。这也是千百年来,中华文化中"求雨"也叫"祈雨"的深层文化原因所在①。

再谈一谈"斧"字。斧由上下两部分构成,似乎是一个简单的形声字。但从造字机理分析,却有它的不平凡之处。先看"父"字。甲骨文形如"ᔆ、ᔆ",罗振玉疑为"象手持炬形",《说文》曰:"父,巨也。"此"巨"当即"炬"的初文。因此,父字手里所持之物是火炬,不是锤斧。徐山进一步认为此炬是燎炬,在祭祀雷神的活动中,成年男性都手持火炬,所以"父"字才衍生为男性长辈的通称②。

下方之"斤"字,其内涵上文已分析。甲骨文中父、斤的位置非上下关系,而是左父右斤,且斤的位置还略高于父字,其形如"ᔆ、ᔆ"等。这一构形和位置关系更有利于我们理解它要表达的命意,那便是:成年男子手持燎炬,向天上的雷神祈祷求雨。我们知道,雷神是以其雷公锤斧,辟开天宇而造成电闪雷鸣并下雨的,所以便

---

① 臧志攀等:《中国古代祈雨史》,陕西人民出版社,2019年。
② 徐山:《雷神崇拜——中国文化源头探索》,上海三联书店,1992年,第38—39页。

以父和斤会意雷公之斧。这应该是斧字造字的最初机理。所以，斧字初出现时，它要表示的，绝不是简单平凡之物，而是对可辟开天宇的雷公神斧的命名，它后来融入凡间，变为普通的斫木工具，只是汉字复杂义项孳乳增生的结果。

三、释寿、祷、铸、造

说完"祈"字，再看与之连缀使用的"祷"字。同理，我们还是先来看它的构字部件"寿"字。随后一并分析也利用"寿"字构形的"铸"字和与"铸"连用的"造"字。

"寿"字甲骨文有"§、§"等形，是在"申（电）"字的闪电形"S"形基础上，上下各加了一个口字，所以它当然跟雷神有关。所加的两"口"字，可解作人们以口发出祈祷之声。《说文》"寿，久也"①，是长寿之义。"寿"由表示向雷神祈祷，变为表示长寿，显然跟古人对雷神等天神的不死性的认识有关，因为跟人的短暂生命比起来，雷神却一直存在，经历了人世的一代又一代，依然还在天上掌管着电闪雷鸣和下雨，所以古人认为雷神是长寿的，是不死的。中国古代的彭祖传说，也很好地体现了古人的雷神崇拜和雷神长寿的观念。传说彭祖长寿，活了八百岁。如《庄子·逍遥游》："楚之南有冥灵者，以五百岁为春，五百岁为秋。上古有大椿者，以八千岁为春，八千岁为秋，此大年也。而彭祖乃今以久特闻，众人匹之，不亦悲乎！"②《天问》也有问："彭铿斟雉帝何飨？受寿永多，夫何久

---

① 〔汉〕许慎撰，〔清〕段玉裁注：《说文解字注》，中州古籍出版社，2006年，第697页。
② 〔战国〕庄周著，张耿光译注：《庄子全译》，贵州人民出版社，1991年，第3页。

长?"彭铿即彭祖,王逸注:"彭祖进雉羹于尧,尧享食之以寿考,彭祖至八百岁,犹自悔不寿,恨枕高而唾远也。"①这都谈到彭祖的长寿。其实这个传说中长寿的彭祖,当是雷神。他得姓之"彭",不是因所谓封于彭城,而是得之于雷鼓之声,即《说文》:"彭,鼓声也。"②而"祖"即人类祖,古人,尤其是商人,正是以雷神帝喾为其祖。

"寿"字加"示"旁便成"祷"字,"祷"在甲金文不见,楚系和秦系简帛文字中都有出现,形如"䄍、䄏"等,由示、寿再加口或寸构成,所加的示、口或表示手的"寸",显然都是在强调"祈祷"之义。而由"寿"字最早表达的"雷神"之义,到战国简帛文字阶段的"祷"字中,应该早已湮没无闻了。

再看"铸"字。甲骨文中有铸字,但形体单一,形如"䥽",像两手持销金之液倾倒在范中之状。《说文》也释为"铸,销金也"。金文中的铸字却颇多异体,有在甲文原形基础上加"金",如"䥽"形,表示铸冶所用的原料,或加"寿",作"䥽"形,有的则"金""寿"或"火""口""寿"一起加,形如"䥽、䥽"等。金文中"铸"字加"金"好理解,加上"寿"字是为了什么呢?徐山先生做过很好的解释,他认为:"早期青铜器的功用主要用于祭祀,从现存的青铜器上的纹饰看,大多是雷纹、龙纹、夔纹以及饕餮纹,而这些纹饰的核心语义是雷神。而'寿'字……观念源于雷神,……因此,'铸'字中的'寿',指铸冶的青铜器上的纹饰——雷纹。"③这个解释极有见地,也说明在

---

① 〔战国〕屈原:《楚辞》,上海古籍出版社,2015年,第133、140页。
② 〔汉〕许慎撰,〔清〕段玉裁注:《说文解字注》,中州古籍出版社,2006年,第364页。
③ 徐山:《雷神崇拜——中国文化源头探索》,上海三联书店,1992年,第110页。

两周时期，古人还记得"寿"字的古义。笔者想稍做一点补充，即尝试解释一下甲骨文中"铸"字没有寿字，金文中却加进去的原因。

我们知道，冶铜术是从域外传播而来，最先出现于甘肃东部的马家窑文化圈，且生产的只是日用工具小刀、铜镜之类①，并无雷纹、饕餮纹之饰，夏时期青铜礼器除装饰圆点、圆块和几何纹外，也不见其他装饰纹样，商时期青铜礼器已多数采用了饕餮纹，且装饰手法成熟而层次分明，一般采取三层重叠装饰法：饕餮纹主纹线条宽平，与器壁保持着同一平面，地纹微微凹下，铺衬以细密而均匀的云雷纹，最后在器物的把、钮或转角处有重点地塑造几个立体或高浮雕的动物圆雕。周代早期基本承袭商代作风，中期以后才开始演变出自己的风格，如以凤纹取代饕餮纹和夔纹，凤纹在商代鸟纹基础上，增饰巨冠华尾，造型方圆结合，整体形成S形曲线，布局疏朗，富有生气等②。由此看来，商周青铜礼器上的纹饰与甲金文"铸"字变形的时间并不吻合，原因何在？只能推想这或许跟商周青铜礼器纹饰本身也有滞后现象一样，文字的创制和变形也有一个时间的滞后期吧。金文对青铜礼器上饕餮纹、雷纹等表示雷神的纹饰的滞后反应和表达（图10-3），仍然让我们体会到了加入"铸"中的"寿"字符的神话内涵。

---

① 宋亦箫:《中国与世界的早期接触：以彩陶、冶铜术和家培动植物为例》，《吐鲁番学研究》2015年第2期。
② 李飞:《中国古代青铜器纹饰图典》，浙江古籍出版社，2008年，第8页。

1　　　　　　　　　　　　2

图 10-3　商或西周初期青铜礼器饕餮纹、凤纹及雷纹

说完"铸"字,再看跟它连用的"造"字。甲骨文无"造"但有"告"字,形如"𥬡、𥬢"等,是"祷告"的意思。徐山释"告"为祭祀时用牛牲并面对牛而祷告。"告"的对象是天上的雷神。但他没有解释为何要用牛为牲且对着牛祷告? 这是因为,雷神本有牛的化身。如《山海经·大荒东经》:"东海中有流波山,入海七千里。其上有兽,状如牛,苍身而无角,一足,出入水则必风雨,其光如日月,其声如雷,其名曰夔。黄帝得之,以其皮为鼓,橛以雷兽之骨,声闻五百里,以威天下。"①这形状如牛的海中兽,出入水则必有风雨,声音如雷声,当然就是雷神了。古人祭神,便常常以神的动物变形为牲以祭,如祭宙斯以牛、祭维纳斯以龟②、祭颛顼以豕等等。商人祖神帝喾,也是雷神,也有牛的化身,我们放到第四节统一讨论。

"造"字在金文中已出现,形如"𥬡、𥬢、𥬣、𥬤"等,异体较多,其形符有从彳从止者,有从宀从彳者,也有从宀从舟者,在金文中有"制造"和"祰祭"之意,显然,"祰祭"是本义,"制造"是引申义。从本义来看,"造"字当是表示人们小步行走以祰祭雷神,或在山洞里或

---

① 袁珂校注:《山海经校注》,北京联合出版公司,2014年,第307—308页。
② 宋亦箫:《"玄武"龟蛇形象的神话解读》,《神话研究集刊》第三集,巴蜀书社,2020年,第68页。

小步行走或乘舟入内进行祰祭。"造"能引申为"制造",或在祰祭雷神时,往往使用饰有雷纹的青铜祭器,慢慢便以这种祭祀仪式行为指称仪式上所使用的青铜祭器的制作行为。

四、禮(礼)、祈、祷诸字源于雷神帝喾祭祀仪式

上文我们分析了甲金文中的豊、斤、祈、斧、寿、祷、铸、造等字,发现它们都跟雷神相关,是祭祀雷神的场景、象征雷神的鼓或锤斧、表现雷神的纹饰等用字,因此它们的造字机理,都因雷神而来。这里我们还想进一步讨论的是,这位雷神,人们因为他而创制了这些甲金文字,可谓作用巨大、影响深远。他不是别的神,正是商人的始祖神——帝喾。

首先,我们曾做过分析,商始祖神帝喾有多种神格,如战神、风神、木星神、日神、月神、乐神等,但他还有一种最基本的神格,那便是雷神。帝喾是雷神的证据,笔者摆了很多条,例如他另名高辛,这高辛是指在高台上祭祀象征雷神的"辛"①,即雷公斧,还有商人商族的"商"字,指的也是帝喾。"商"字甲骨文形如"禼、禼",上部为"辛",下部为"丙"字形的祭几,后来在丙字内还填加一"口"字,表示祭祀时的祈祷之声。合在一起,是表示在祭几上摆放象征雷神的"辛"即雷公斧的祭祀场景,商人以这一祭祀雷神的场景造出"商"字,用以名其始祖神、雷神帝喾,随后也扩为商人的地名、族名和国名等等。我们知道雷神有龙、凤、牛等化身,而帝喾也恰有

---

① "辛"字甲骨文形如"辛、辛、辛",指斧凿,相关研究除本书第七章外,亦见顾万发:《"商"字新论》,《华夏文明》2020 年第 1 期。

这些变形,当然,笔者也分析过,帝喾作为商人的上帝,有雷神等神格,有龙、凤、牛等化身,这并非他的特异之处,而是世界古文明区神话中的最高神的普遍特点,如巴比伦神话中的主神马杜克、希腊神话中的主神宙斯,他们也都是雷神,有龙、鹰、牛等变形,这背后体现了上古文明区之间的深远的文化和神话交流。

其次,甲骨文是商人的发明,他们创制文字来表达雷神祭祀仪式,这个被祭祀的雷神,当然只能是他们自己的始祖神兼雷神的帝喾,而不应该是其他族群的始祖神大禹或者祝融,尽管后二者也是雷神。他们只会被夏人和楚人奉祀。

确定了禮、斤、祈、斧、寿、祷、铸、造等字的创制是因祭祀商人始祖神兼雷神帝喾而起,使我们一下子丰富了帝喾作为雷神的神话内涵,也让我们加深了对上述甲金文字的全新理解。中国古史传说时代,其实是神话历史化的结果,那里面有很多古代神话的情节和细节,值得我们细细打捞,使中国上古破碎而不成体系的神话,有可能得到一些点滴的恢复。甲金文中,同样隐含着一些神话元素,等待着我们去挖掘和发现。

五、结论

甲骨文"豊"字由下部分的柱鼓和上部分的玉柄形器组系为"珏"而构成,即柱鼓上端悬挂两排组系的玉柄形器,它们组合起来成为祭祀雷神的仪式行为,"豊"字正是对这一仪式行为的文字表达。后代又在"豊"字上加"示"字旁形成"禮"字,这是汉字整齐化的结果,也进一步突出了"禮"字作为雷神祭祀仪式活动的文字遗留的活化石特点。

甲骨文“斤”()字由象征雷神的雷公斧和被雷公斧辟开天宇所形成的闪电“S”形构成,是对想象中的雷神制造雷电的文字记录。“斤”字加“示”旁构成“祈”字,“示”字是祭祀雷神的燎柱的象形,合在一起表示在雷神祭祀活动中对雷神进行祈祷。“斤”字上加“父”字构成“斧”字,“父”字是“手持燎柱形”,所以此字最初命意当是成年男子手持燎柱向雷神祈雨,而雷神下雨则必须有雷公斧,因此用此字命名雷公斧。可见“斧”字初创之时绝非平凡之物,它后来落入人间成为斫木的工具的名称,是汉字义项孳乳增生的结果。

“寿”字的甲骨文形如“”,是表示雷神的“S”形加上两个口字构成,表示向雷神祈祷。“寿”字有久远长寿之意,是因为雷神的久视长存使它被赋有长寿之新义。彭祖当是人们对雷神人格化和历史化的结果,彭祖高寿源于他的原型雷神。

“寿”字加“示”旁构成“祷”字,与“祈”字合成“祈祷”,均是祭祀雷神时的言语行为。“寿”字加“金”旁构成“铸”字,表示青铜铸冶的礼器上有象征雷神的纹饰,并以此饰有雷神的礼器用在祭祀雷神的仪式中。“造”字中的“告”字已见于甲骨文,表示“祰祭”,是祭祀雷神的仪式行为。“告”字加彳、止构成“造”字,表示小步行走祭祀雷神,后来引申为铸造祭祀雷神的青铜礼器的制造行为。

商代的雷神不是别人,正是商人的始祖神帝喾,帝喾有牛、龙、凤等变形,他的武器是雷公斧,商人的“商”()字,正是“丙”形祭几上供奉一“辛”()字形斧凿,后者象征它的持有者帝喾。

因此,商人创制的豊、斤、祈、斧、寿、祷、告等汉字,首先是对商人的始祖神、雷神帝喾的祭拜行为的文字记录,它们作为文字活化石,让我们有机会对雷神帝喾神话作一些有限度的恢复。

第十一章　商代刻"⊕"符玉人为商祖神及雷神帝夋考

本章提要：有一批商代人鸟形玉佩和玉人，大多数在其上刻有⊕形符号，这实际上是雷神的标记，是雷神之"雷(🐦、🐦)"字中表示雷声或雷车车轮的符号，转而象征雷神本尊。雷神有龙形和鸟形的形象，且常有人首龙身或半人半鸟造型。商人神话中的祖神帝夋，是雷神，也有龙、凤的化身。因此，这些人鸟形玉佩和玉人，是雷神帝夋的偶像。商人佩戴或插嵌祭祷，祈求祖神和雷神帝夋以达到保佑风调雨顺的目的。

在殷墟妇好墓出土的众多玉器中，有1件玉人和2件玉佩，在它们的臀部位置，刻有一"⊕"形符号（图11-3-1、图11-1-1、图11-1-2）。不过在1976年妇好墓发掘时及随后的发掘报告中，发掘者并未发现这一标记。台北故宫博物院的那志良先生首先在传世玉器中发现了这个秘密,并记于他1970年出版的《玉器通释》中①。此后,开始有学者关注并讨论此标记。杨建芳先生推测刻⊕符凤羽冠玉人是商人的祖神或英雄人物②。尤仁德先生认为⊕形符是太阳纹,有此纹的人形玉像是商族始祖帝俊③。邓淑苹先生认为这种屈曲形玉人佩是东夷祖神,即"九黎君长"蚩尤④。潘守永先生则认为⊕形符是阳性的标志,是生殖崇拜符号,刻有此符的人形佩是祖先神⑤。常素霞认为该玉人绝非一般装饰品,很可能就是商人崇拜的祖先神或是太阳神⑥。林继来先生对刻有⊕形符玉器资料搜集最全,他的观点是,⊕形符号表示肛门⑦。

上述诸家的观点中,我们认为说⊕形符号是太阳纹,玉人是商人祖先神、帝俊等都较为可取,但是这些看法及其论证又都还不完满,一些细节之处的说法还有可商余地。笔者本来对这一论题无可置喙,但已在前文中讨论过商代祖神帝喾和契的神话,恰巧又看到萧兵先生对S和⊕两个符号的看法,认为它们跟雷电之神关系

---

① 那志良:《玉器通释》(下),燕徽印制厂,1970年,第121页。
② 杨建芳:《古玉之美》38"凤羽冠人形玉佩",台北艺术出版公司,1993年。
③ 尤仁德:《帝俊玉像——商族始祖神话考窥》,《故宫文物月刊》第160期,1996年7月,第102—111页。
④ 邓淑苹:《群玉别藏续集》,台北故宫博物院,1999年。
⑤ 潘守永、雷虹霁:《古代玉器上所见"⊕"字纹的含义——"九屆神人"与中国早期神像模式》,《民族艺术》2000年第4期,第132—148页。
⑥ 常素霞:《人物神灵玉器浅议》,杨伯达主编《中国玉文化玉学论丛》,紫禁城出版社,2002年,第326页。
⑦ 林继来:《从妇好墓玉人上的"⊕"刻符谈起》,《玉文化论丛》1,文物出版社,2006年,第26—40页。

第十一章 商代刻"⊕"符玉人为商祖神及雷神帝喾考

紧密①。这就启发笔者将⊕形符号与商人祖神也是雷神和太阳神的帝喾联系起来,经过分析,发现将⊕形符号看作是雷神的象征标记、刻有⊕形符号的殷商玉人和人鸟形玉佩是商人祖神帝喾的观点更为恰当稳妥。下面尝试证明之。

一、刻"⊕"符玉人(人鸟)分类及特征

据林继来和潘守永的统计,刻"⊕"符号玉人(人鸟形玉佩)共计14件,另有5件玉人和玉佩,其外形跟刻有⊕符号的玉人玉佩类似,笔者认为其象征性是一样的,即都是商祖神帝喾的偶像。所以作为帝喾的偶像玉人,⊕形符号并非必要条件。这些玉人根据造型的差异,拟分为A、B、C三类,下面按类介绍。

A类,人鸟合体形玉佩,共13件,其中包括2件不带⊕纹。

A1,人鸟形玉佩(图11-1-1),妇好墓出土(M5:470),高9.2厘米、厚0.7厘米,片雕,有羽状冠,冠边有扉棱,臣字目,屈肢,手足刻为鸟爪形,因此这是一件人首人身鸟冠鸟爪的人鸟合体玉佩。臀部一侧刻⊕形符,符号下侧有穿孔,爪下有短榫供插嵌。

A2,人鸟形玉佩(图11-1-2),妇好墓出土(M5:598),高9.8厘米、厚0.3厘米,片雕,羽状冠,冠边有扉棱,上有穿孔。臣字目,鸟喙,背部用卷曲的双勾线表示羽翼,屈肢,足部刻爪纹。臀部一侧有⊕刻符,刻符上有一穿孔。此件玉佩由人眼、人耳、人身和鸟

---

① 萧兵:《中国文化的精英——太阳英雄神话比较研究》,上海文艺出版社,1989年,第173页。

冠、鸟喙、鸟翼、鸟爪构成,鸟的成分更浓。

A3,人鸟形玉佩(图11-1-3),妇好墓出土(M5:521),高9.3厘米、厚0.3厘米,片雕,形状和纹饰与A2极为相似,区别只在臀侧没有⊕符。如此相似的人鸟形佩,其功能当也一致,所以有没有⊕形符确乎不是帝夋偶像的必要条件。

A4,人鸟形玉佩(图11-1-4),妇好墓出土(M5:518),高11.5厘米、厚0.4厘米。羽状冠,冠边有扉棱,人面,臣字眼,人身屈肢,手足呈鸟爪形,足下有一穿孔,小腿下有三角形榫。此佩人形成分大于鸟形。玉佩上未见⊕形符。

A5,人鸟形玉佩(图11-1-5),河南三门峡虢仲墓出土(M2009:572),高5.1厘米、厚约1厘米。平冠,臣字眼,人面,屈肢,背有表羽翼的线纹,手足呈爪状,臀侧有⊕符,足下短榫,榫下又有穿孔。似乎可插嵌也可系绳佩戴。这件玉佩虽出土于西周晚期虢仲墓,但实际为商代晚期遗玉①。

A6,人鸟形玉佩(图11-1-6),民国文物商卢芹斋藏品。高10.5厘米,片雕,羽状高冠,上有一穿孔,边有扉棱,臣字眼,人面人身,屈肢,手足处为鸟爪,臀侧有⊕符,符号下也有一穿孔。

A7,人鸟形玉佩(图11-1-7),卢芹斋藏品。高9.2厘米,片雕,羽状冠,较短,上有一穿孔,边有扉棱,双手合于胸前,人身屈肢,足为爪状。臀侧上方近腰处刻⊕形符。

A8,人鸟形玉佩(图11-1-8),考古学家郑德坤(木扉)藏品。高9.3厘米,羽状高冠,臣字眼,鸟喙,人身屈肢,手足为鸟爪。臀侧

---

① 商志醰:《论虢国墓中之商代玉器及其他》,《东亚玉器》第二册,香港中文大学中国考古艺术研究中心,1998年,第30—46页。

有⊕形符,足下连接短榫。

A9,人鸟形玉佩(图11-1-9),陈仁涛藏品。高10.6厘米,片雕,传安阳小屯出土。羽状高冠,边有扉棱,人面臣字眼,人身屈肢,人形手足,双线勾勒翼翅,臀侧有⊕形符。

A10,人鸟形玉佩(图11-1-10),中国国家博物馆藏品。高10.2厘米,羽状高冠,人面臣字眼,人身屈肢,人手、足部未细刻出爪或脚趾。臀侧⊕形符较大,其下边缘有一细小穿孔。

A11,人鸟形玉佩(图11-1-11),美国明尼阿波利斯美术馆(Minneapolis Institute of Arts)藏品。高7厘米、厚3.7厘米,浅浮雕,正面呈弧面,背面平。人首、臣字眼,头顶无冠但有一种奇特发饰向身后飞扬,手呈鸟爪曲于胸前,人身屈肢,足下有一短榫,臀侧有⊕形符,近腰部有一穿孔,头顶也有一钻孔,与背面颈部钻孔相通,底部也有一钻孔,与腰部大圆孔相通。

A12,人鸟形玉佩(图11-1-12),日本出光美术馆(Idemitsu Museum of Arts)藏品。高7.3厘米、宽2.2厘米,羽状高冠呈三角形,臣字眼,鸟喙,人身屈肢,手脚为鸟爪,下肢呈坐式,臀侧有较小的⊕形符。耳上端有一穿孔。

A13,人鸟形玉佩(图11-1-13),加拿大皇家安大略博物馆(Royal Ontario Museum)藏品。高8.1厘米。片雕。有羽状冠,冠边有扉棱,人面,臣字眼,人身屈肢,⊕形符位于膝盖处,这不同于其他同类玉佩。林继来先生认定⊕形符是肛门,肛门自然不能长在膝盖处,因此他断定此玉佩是伪作。但林先生考虑过没有,如果是伪作,当有模仿对象,且尽可能与模仿对象保持一致,不然就是自暴其假了。所以这种不循常规的做法,反倒更为真实可信。况且

⊕形符本不是肛门符号，所以也就不存在林先生所理解的逻辑矛盾问题。

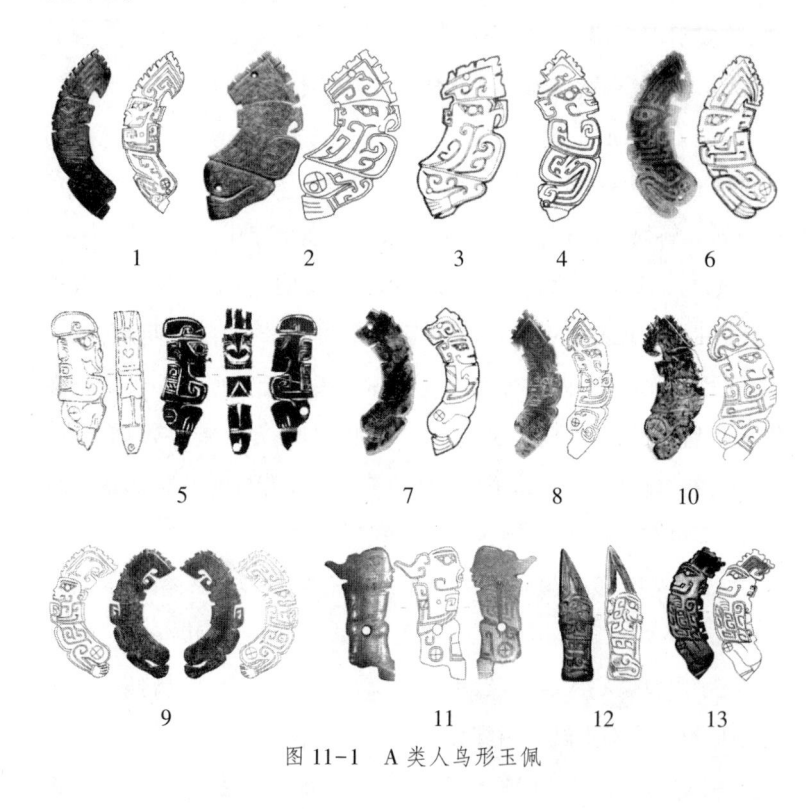

图 11-1　A 类人鸟形玉佩

B 类，人鸟与龙合雕玉佩，2 件，片雕。与 A 类不同的地方是在人鸟形玉佩的头顶，再雕刻一龙形，其中一件龙形较大，龙的造型清晰。另一件呈剪影式，仅显龙的外轮廓。

B1，美国史密森学会赛克勒艺术馆（Arthur M. Sackler Gallery, Smithsonian Institution）藏品（图 11-2-1）。高 8.3 厘米，片雕。人面，宽鼻阔嘴，大耳，臣字眼，人手，手臂施羽状纹以象征羽翅，人身屈肢,足部未细刻。臀侧有⊕形符。在人头顶,先雕有一细小龙形,其上是一更大的,头、身、尾、角等都较为清晰的龙形,龙也是臣字眼,大嘴微张,咬着下面的小龙。整体看,龙的体型是人鸟的两倍左右。龙与人之间形成数处自然的镂空孔洞。

B2,美国水牛城科学博物馆(Buffalo Museum of Science)藏品(图11-2-2),高8.7厘米、宽3.2厘米,片雕。人面,臣字眼,人身屈肢,手臂及身侧刻羽状纹表羽翼,手足皆人形,足下有榫,臀侧有⊕形符。此人鸟形玉佩的人形成分大于鸟形成分。在人的头顶,反向立一剪影式龙,即只雕刻出龙的外观轮廓,如头、口、上翻的尾等,龙身上刻有平行线纹,龙首未作任何刻画。

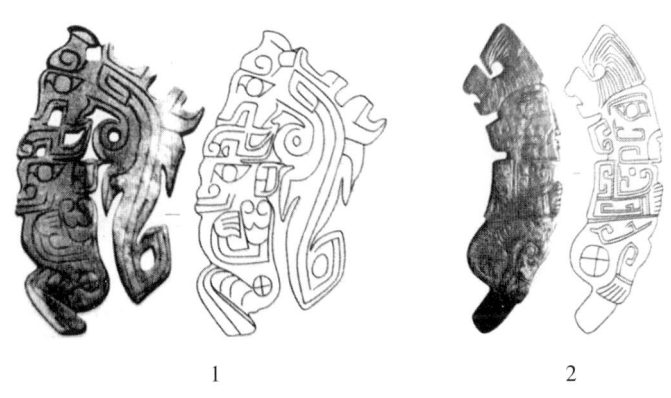

图 11-2　B 类人、鸟、龙合雕玉佩

C类,圆雕玉人,4件,3件出土于妇好墓,1件为传世品。玉人头戴帽,呈坐姿,双手自然下垂置于膝上。神情肃穆。在分述之前,有必要简释一下上古人的坐姿,南北朝以前,古人的生活习俗是席地起居,其坐、踞、跪姿各不相同。坐是指双膝屈而接地,臀股贴坐于双足跟上。跪,则是双膝接地,但臀股与双足跟保持有一定距离,且头略低。只有当臀股不著于足跟,且挺身直腰,才称跽,也称为长跪①。可见跽和跪更接近,但坐和跽是完全不同的姿势,所以"跽坐"一词是不存在的,更没有这样的行为。由此,笔者在描述这批玉人的姿势时,根据他们的实际情形,均称坐姿,不称跽坐或跪坐。

C1(图 11-3-1),妇好墓出土(M5:375),高 5.6 厘米,圆雕,呈坐姿,两臂略内弯,双手抚膝。猴脸,宽额尖颌,大眼小口。头上留短发一周,背后衣纹作云纹,手臂也有衣纹。在臀部近底部正中位置,刻有⊕形符,该玉人在 2002 年赴香港艺术馆参展"华夏文化之源——河南省文物精华展"时,办展者林继来先生首先发现⊕形符并著录于当时的展览图录中②。

C2(图 11-3-2),妇好墓出土(M5:371),高 7 厘米,圆雕。坐姿。双手抚膝。头上戴圆箍形"頍",用以束发,"頍"前连有卷筒状饰。头顶有三个插孔。腰左侧插一宽柄形器,器上饰龙纹和云纹。背上衣纹似羽翼之状。此玉人未见⊕形符。

C3(图 11-3-3),妇好墓出土(M5:372),圆雕,高 8.5 厘米,坐姿,双手抚膝,上身略前倾。头顶梳小辫一条。有衣纹,前胸饰饕餮纹,后背饰北字形羽翼纹,手臂和腿部饰龙纹。头顶有左右相通的小孔,两腿之间有一较大圆孔,可供插嵌。无⊕形符。

---

① 杨泓:《说坐、跽和跂坐》,杨泓、孙机《寻常的精致》,辽宁教育出版社,1996 年,第 4 页。
② 林继来:《从妇好墓玉人上的"⊕"刻符谈起》,《玉文化论丛》1,文物出版社,2006 年,第 28 页。

C4(图11-3-4),香港中文大学博物馆藏品。高3.6厘米,圆雕。据传是安阳出土,形制与妇好墓375号玉人相似。无⊕形符。

1

2

3

4

图11-3 C类玉人

以上介绍了19件人鸟形玉佩和玉人,其中出土品有7件,6件出于妇好墓,另外一件出土于三门峡虢仲墓的人鸟形佩被鉴定为晚商遗玉。其他收藏品,有的也传为安阳出土。因此,我们认为这批带有⊕形符或与之相似的人鸟形玉佩和玉人,当流行于当时的殷都王畿地区,甚至为王室所特有①。

---

① 林继来:《从妇好墓玉人上的"⊕"刻符谈起》,《玉文化论丛》1,文物出版社,2006年,第35页。

从造型看，A类玉佩最多，均呈人鸟合体形，是那种你中有我、我中有你的深度结合，有差别的只在有的人形成分多一点，有的鸟形成分多一点。B类玉佩在A类的基础上，外加一龙形，构成人、鸟、龙三结合的形式，但人鸟是合体，龙独立在人鸟的头顶。至于A、B两类玉雕的人鸟形为何全部雕刻为屈肢蹲踞的S形造型，是随意为之，还是大有深意，将在第三节予以揭示。C类是圆雕玉人，本来跟A、B类相差较大，但C1上刻有的⊕形符，将它们联系了起来，且也将其他3件无⊕形符玉人、2件无⊕形符人鸟形玉佩但造型却相当一致的玉器串联到了一起。

归纳起来，这批玉器的关键词有人、鸟、龙、⊕形符这四样，关于人、鸟、龙的关系，我们放到第三节展开讨论，下节我们先分析⊕形符号的内涵。

二、"申""电""雷"字和"S""⊕"符解析及雷神的形象

甲骨文有"申"字，形如 𝟅、𝟆、𝟇、𝟈 等，叶玉森解甲骨文"申"字："象电燿屈折形，《说文》虹下出古文蜦，许君曰'申，电也'，与训'申，神也'异，故申象电形为朔谊，神乃引申谊。"[①]这是说"申，象电形"是本义，"申，神也"是引申义。徐中舒先生也同意这个看法。所以申就是电，本义表示闪电之形[②]。

---

① 引自徐中舒主编：《甲骨文字典》，四川辞书出版社，2003年，第1599页。
② 方辉先生著文《说"雷"及"雷神"》，《南方文物》2010年第2期，否定申、电之象形是闪电之形，认为是雷公侧视之形象，甚至是猿猴之形。笔者则认为闪电之形未错，是本形，雷公和猕猴之形也对，是衍生之形，其衍形还可包括龙蛇、鳄鱼之象等等。这些综合看法拟另著专文探讨。

"雷"字甲骨文中也有,形如🌀、🌀、🌀、🌀等,是在申、电字形之外加上两个口字或二、三、四个田字,《说文解字》卷11下"雨部"说"雷"字所从之田"象回转形",而"回,雷声也"①。这是说雷字上所加的口或田字,是表示雷声。徐山也认为是表示雷声的符号②,萧兵先生引《楚辞·九歌·山鬼》:"雷填填兮雨冥冥。"五臣注:"填填,雷声。"洪兴祖补注:"填,音田。"这似乎坐实了"田"表示雷声。但萧兵先生又引《九歌·东君》:"驾龙辀兮乘雷。"洪兴祖补引《淮南子》曰:"雷以为车轮。"所以萧先生又说"雷"下之田(尤其是四田)又可以是雷车之轮,以象雷声或所谓"球形电闪"③。汉代画像石多见雷神驾雷车画面,有一方徐州汉画像石(图11-4),画面纷繁、人物众多,画面右侧有两辆大车,当有四轮,但显示出来的只是雷车之一侧,各由两条蜷曲之龙蛇构成车轮。我们认为立有建鼓、前方由三龙引导、更前方有五个连鼓的车是雷神之雷车,其上端由三鱼牵引的车则是雨师之车。仅从画像石图片上看,雷神像不十分清晰,但他手执一锤,背有羽毛状羽翼从左后肩斜出,还是大略看得出来的。

---

① 〔汉〕许慎撰,〔清〕段玉裁注:《说文解字注》,中州古籍出版社,2006年,第571页。
② 徐山:《雷神崇拜——中国文化源头探索》,上海三联书店,1992年,第2页。
③ 萧兵:《中国文化的精英——太阳英雄神话比较研究》,上海文艺出版社,1989年,第174页。

1　　　　　　　　　2

图 11-4　徐州汉代画像石雷神雨师出行图

我们认为这些不同看法是可以统一起来的。所从之口字,或直接表示雷声,所从之田字,可以表示雷车之车轮,同时又以之喻雷声和"球形电闪"。

申就是电,即天上的闪电,但"申,神也",即申也表示神。《说文解字》:"神,天神,引出万物者也"①。徐山将申、电、雷、神数字总结为:(1)古人将雷电奉为神;(2)神是天神,它的位置在人的头顶之上;(3)神和万物的关系是本源和派生的关系,即万物受神支配。从"神"字的命名理据可知,神的原型就是雷电②。

如此看来,雷电之神是人类较早塑造出来的天神,在世界古老的神话中,雷神(或兼为太阳神)往往升格为天帝和最高神,可举出宙斯、耶和华、托尔和因陀罗为例③。其实还包括中国古代东夷和殷商人的上帝帝喾,后文将具体分析。

---

① 〔汉〕许慎撰,〔清〕段玉裁注:《说文解字注》,中州古籍出版社,2006年,第3页。
② 徐山:《雷神崇拜——中国文化源头探索》,上海三联书店,1992年,第2页。
③ 萧兵:《中国文化的精英——太阳英雄神话比较研究》,上海文艺出版社,1989年,第165页。

古人造出了雷神,还用模拟闪电的 S 形,表示雷声或雷车车轮的田、⊕符来象征他。萧兵先生曾引用刘敦励论文所举民族学实例加以证明:"在今日海南岛的黎族,也常以这两种符号(指 S 和⊕)代表雷神或创生神。在玛雅画典(Codex)中⌒和⊕符常互相关联,并且特别用以代表〔雷神〕雨神 Chac。"①除了民族学中的例子,考古学中的实物和图像里有没有呢?这正是我们下文要解决的问题之一。

除了以 S、⊕符象征雷神,古人还赋予雷神以人或动物或半人半兽的形象。我们先看雷神的龙和鸟的形象。

《山海经·海内东经》:"雷泽中有雷神,龙身而人头,鼓其腹,在吴西。"②这里描述的雷神是人首龙身,颇类伏羲女娲之形。而轰轰的雷声,就是雷神鼓起它的腹发出的。为什么雷神有龙的形象?《说文解字》释"龙"的一段话似乎给出了答案:"龙,鳞虫之长,能幽能明,能细能巨,能短能长。春分而登天,秋分而潜渊。"③徐山认为这与其说的是龙,不如说的是雷电的样子。"能幽能明,能细能巨,能短能长",恰是闪电变化莫测、稍纵即逝的情形,而"春分而登天,秋分而潜渊",则说明了雷电出现和停息的季节起止④。因为雷神本就是以雷电为原型,则雷神以模拟电闪雷鸣的龙为形象最恰当不过了。

---

① 刘敦励:《古代中国与马耶人的祈雨与雨神崇拜》,《"中央研究院"民族学研究所集刊》第 4 期,1957 年,第 105 页。转引自萧兵:《中国文化的精英——太阳英雄神话比较研究》,上海文艺出版社,1989 年,第 174 页。
② 袁珂校注:《山海经校注》,北京联合出版公司,2014 年,第 284 页。
③ 〔汉〕许慎撰,〔清〕段玉裁注:《说文解字注》,中州古籍出版社,2006 年,第 582 页。
④ 徐山:《雷神崇拜——中国文化源头探索》,上海三联书店,1992 年,第 5 页。

龙字的甲骨文形如𢀖、𢀗、𢀘、𢀙等,除了它的头顶加了一"辛(𧘇、𧘈、𧘉)"字①,其余部分便是一S形躯体加一个张着大口的头部。这可视申、电(𢀚、𢀛)形象的变形。可见它们之间的密切关系。另外,从龙字的发音,也可见出其与雷电的同位关系。龙之"long"音,正是雷的隆隆之声。徐山还从龙的孳乳字聋和眬中,予以补充论证:聋字表示雷声隆隆,震耳欲聋;眬字组词蒙眬,表示目不明状,犹如闪电耀眼所致云云②。

再看雷神具鸟形的证据。《太平广记》卷394《陈义》条云:"牙门将陈义传云,义(指陈义)即雷之诸孙。昔陈氏因雷雨昼冥,庭中得大卵,覆之数月,卵破,有婴儿出焉。目后日有雷(指雷神)扣击户庭。入其室中,就于儿所,似若乳哺者。岁余,儿能食。乃不复至。"③雷神来陈家哺乳卵生的小儿,后者既是卵生,又需哺育,似只有鸟类才这样。《尔雅·释鸟》"生哺鷇",注:"鸟子须母食之。"④可见来哺乳的"雷"是雷鸟。

罗香林先生研究西南民族铜鼓,发现有的铜鼓上所铸人物图形,"半似人,半似鸟,发如竖立之鸡冠,眼如鸟目而圆大,一手持盾,作步行状,其上部并铸船形,船中亦铸半似鸟半似人之人物图形,各人物执斧凿"。罗先生怀疑此类半人半鸟之图形,是为"象征雷神子孙而作,今日广东高、雷、钦、廉一带,尚有嫁女于雷公,生子如雄鸡一传说。而福建漳泉一带,民间至今仍以雷公为鸡头人身,

---

① "辛"指锤斧类武器,象征持有它的雷神、战神帝喾。
② 徐山:《雷神崇拜——中国文化源头探索》,上海三联书店,1992年,第5页。
③ 〔宋〕李昉等编:《太平广记》第八册,中华书局,2015年,第3150页。
④ 周祖谟撰:《尔雅校笺》,云南人民出版社,2004年,第147—148页。

手臂兼有二翼,两手并执金槌,与半人半鸟之图形,正相吻合"①。罗先生另引英国人类学家埃利奥特·史密斯所著《龙的演化》(The Evolution of the Dragon)第二章"龙与雨神"中的中国雷公插图,该插图所绘之雷公,"口作鸡嘴,背负二翼,一手持斧,一手持凿,足作鸡爪之形"(图11-5-1)②。这幅图绘于17世纪,当为明清之际。清末的黄伯禄著《集说诠真》,用文字描述过当时的雷神庙所塑雷神之形象:"今俗所塑之雷神,状若力士,裸胸袒腹,背插两翅,额具三目,脸赤如猴,下颏长而锐,足如鹰鹯,而爪更厉。左手执楔,右手执槌,作欲击状。自顶至傍,环悬连鼓五个,左足盘蹋一鼓,称曰雷公江天君。"③"下颏长而锐"实即鸡嘴或称鸟喙,这段文字描写的雷公形象,跟《龙的演化》中的插图相似度很高。笔者还知道在湖北武当山道观,有一尊明代万历年间的铜铸雷神像,雷神鸡首,有鸡冠,尖喙,一手持锤,一手执凿,袒胸露腹,脖颈围系披风,背上有翅,足呈爪形,两足间横置一鼓。铜像质朴厚重,浑然天成(图11-5-2)。这些虽然是后代的雷公形象,但此形象绝非直到明清社会才无中生有地出现,其背后一定有着深厚的原始宗教文化基础为其背书。

---

① 罗香林:《百越源流与文化》,台湾教育部门编译馆,1978年再版,第152页。
② 罗香林:《百越源流与文化》,第162页。
③ 黄伯禄:《集说诠真》,上海土山湾印书馆,1879年。转引自邢莉:《天神之谜》,学苑出版社,1994年,第116页。

1   2

图 11-5 中国古代雷神像

雷神具鸟形,不只在中国神话传说里有,而颇具世界性。希腊雷神、主神宙斯,有鹰形和天鹅形,巴比伦城主神也是雷雨之神马杜克,其形象一半是蛇,一半是鹰①。非洲的贝川那人、巴苏图人,缅甸的卡伦人等,都认为雷是一只鸟。南班图人把闪电当作大鸟,范达人认为雷电是鹰。美洲神话里认为雷是大神 Manitu 之鸟,等等②。在印第安人神话中,大鹏鸟展翅奋击,天惊地动,海啸雷鸣,所以被称为"雷鸟",它振翅之声便是雷霆,它的吐舌便是闪电。另

---

① 萧兵:《中国文化的精英——太阳英雄神话比较研究》,上海文艺出版社,1989年,第165页。
② 萧兵:《中国文化的精英——太阳英雄神话比较研究》,上海文艺出版社,1989年,第165页。

一则介绍雷鸟的说法是,"它的趾爪,力大无比,能够抓住一条巨鲸,飞回自己的巢里。这一头大怪鸟,鼓动它的两翼,大地为之震动,山岳为之雷鸣。它的眼睛一启一闭,天空中便发出闪电"①。

说雷神有龙和凤(鸟)形象,还可从甲骨文"龙"、"凤"二字上看出端倪。前文已列举龙之甲骨文字形,如"龙",再看看凤的字形"凤凤凤凤",除各自头顶上的"辛"字符,还有"凤"的华丽尾巴外,它们的身躯主体均呈一 S 形,这正是雷神的原型——闪电之形。因此,我们可以看出,龙、凤二字是以象征雷神的 S 形为主体构造的,这是因为,龙或凤正是雷神的形象之一。

S、⊕符可以象征雷神,雷神有龙、鸟等形象,又跟商人祖神帝喾有什么关系吗?下文继续分析。

三、刻"⊕"符玉人(人鸟)是商人祖神帝喾之偶像

笔者在前文中已讨论商人祖神帝喾、商契的神话和图像问题,对帝喾的神格及其动物化身、相关的象征图像等都有了一些认识,在此先简述相关结论,以为下文将帝喾与刻⊕符玉人的比较张本。

帝喾是雷神、战神、风神、木星神、日神、月神、乐神等,也是商人的祖先神,帝喾曾化身玄鸟,或遗鸟卵于简狄,或说与简狄直接交合,生下了商人的祖先契。传说时代的一些所谓历史人物帝喾、帝俊、帝舜、高辛、太皞,实际上是同一位大神,同样,商契、仓颉、帝挚、少皞、夒也实为一神。帝喾作为雷神,以锤斧作为他的武器,即

---

① 转引自萧兵:《中国文化的精英——太阳英雄神话比较研究》,第 176 页。

雷公斧,这也成为他的象征符号,商契是笔神和智慧神,以刻字锲刀作为他的工具和象征符号。"商"字的甲骨文写作"丙、丙、㗊"等,上面的"辛(丫、丫)"正是锤斧或刻字刀,下面则是祭几,商字本意是在祭几上供奉祭祀象征商人祖神帝喾和商契的锤斧或刻字刀,后引申为商人宗庙之地、商都、商族和商国。帝喾有很多动物化身或变形,如牛形、龙形、鹰形、鹄形等等。

有一批龙山文化和商代古玉,即数件鹰伴人首纹玉佩和若干一面刻有鹰鸟纹另一面刻有神面纹的玉锛,还有一些也刻有鹰鸟纹和神面纹的玉器,它们实际上是一组神话图像,即商祖卵生神话,也称玄鸟神话的图像。鹰鸟即玄鸟,人首和神面则是商祖帝喾、商契或帝喾二妃简狄、建疵。

再就是,笔者发现商周器物中的饕餮纹、龙凤纹或造型,有一些具锤斧式角冠的特点,甲骨文和金文"龙""凤"二字,其顶部则有一"辛"字符,"辛"字本义是斧铲或刻字锲刀。而在喾契神话中,帝喾作为雷神,有武器雷公锤斧,商契作为笔神,有工具刻字锲刀,他们又都有龙和凤的变形和化身。因此商代器物中的龙凤纹或造型,甲金文中的"龙""凤"二字,当是商祖神帝喾和商契的象征。

以上是笔者探讨喾契神话的一些初步认识。现在发现,除利用喾契神话的新认识,将鹰伴人首玉佩、玉锛以及其他有此纹饰的玉器,还有商代器物上的饕餮纹、龙凤纹或造型、龙凤文字等,纳入商祖神喾契神话外,本章所讨论的这批刻有⊕形符号以及虽未刻此符但造型相似的玉器,也与商祖神喾契有密切关系。下面进行比较分析。

先看 A 类人鸟形玉佩。这种人鸟合体的形象,与我们前文分

第十一章　商代刻"⊕"符玉人为商祖神及雷神帝喾考

析过的雷神有鸟形形象,常以半人半鸟的造型出现在古代的图像艺术中正相符合。再加上绝大多数玉佩在臀侧加刻一象征雷神的⊕形符号,以更直白的符号强化了雷神的身份。而且,在后代表现雷神的造型中,半人半鸟或者半人半鸡的形象更为普及,与这批刻有⊕形符号玉器中人鸟形玉佩更多地相一致,体现了一种渊源有自的深邃逻辑。

B类玉佩在A类基础上加刻了一条龙,这自然是因为雷神还有龙之形象,造物者想要踵事增华,将雷神的特征表现得更丰满完整。在古代,以这种繁复的方式表示雷神形象是很多见的,如上面引用的徐州汉画像石雷神出行图,雷神持锤斧击建鼓以象征打雷和雷声轰隆,牵引雷车的是三条龙,这龙本也是雷神的化身,是闪电的象形和神话化,还不止于此,雷车之四轮,又以盘蛇构成,这当然是要继续象征那"球形电闪"。虽不能十分清晰地看清雷神本身形象装扮,但其左肩后斜出的羽毛状羽翼,再次体现着雷神的鸟形形象。

C类玉人是完整的人形,但有的也不忘在其背上、手臂上刻画羽翼纹、云纹,以强调他也有鸟的特征,有的还在玉人手臂和腿部刻画龙纹,以强调他跟龙的关系也不浅。再加上有一件玉人臀部下面的⊕形符号的加持,让我们领会到这批玉人也是雷神。

还应当做一点补充并回应第一节的设问的是,这批人鸟形玉佩和玉人,主体造型均呈S形,即屈肢的蹲踞形,也即潘守永先生所说的"九屈神人"[①]形,绝不是无所用意的随意为之,而是要模拟

[①] 潘守永、雷虹霁:《古代玉器上所见"⊕"字纹的含义——"九屈神人"与中国早期神像模式》,《民族艺术》2000年第4期,第132—148页。

雷神的 S 形造型,也可说是龙、凤的 S 形造型,这既是贴近象征主体雷神的需要,也是赋予这玉佩和玉人以雷神神力的需要。以整体的 S 形造型加上适当的⊕形符号刻画,雷神之象征符号被恰到好处地都用上了。

综上,我们可以得出这批刻有⊕形符号、身体呈 S 形造型的玉佩和玉人是雷神的结论。当然仅有此认识还不够,联想到商人祖神帝喾神话,以及这批玉佩和玉人的流行区域是殷都的王畿区,我们有理由认为,这批玉器所刻画的雷神不是别人,正是商人的祖先神、雷神帝喾。

若如此,我们不仅在商代艺术品中,发现了玄鸟神话、始祖神话的图像和造型叙事,现在还辨识出了商人的雷神神话,他不是别人,正是商人的祖先神——帝喾。

四、帝喾偶像之使用及功能推测

这批帝喾之偶像,它们是如何被使用的呢?功能又是什么呢?也有必要做一些推断。

在人鸟形玉佩和玉人上,都有穿孔或短榫,有的既有穿孔,也有短榫,这说明它们或被穿绳佩戴,或者插嵌使用,有的则可佩可插。它们的尺寸多在高 10 厘米左右,有的略小,这很适合佩戴使用,但如果是插嵌利用,我们认为应该是个人或家庭的小范围利用,因为若是有更多的人群或更大场所,这样尺寸的玉佩和玉人就太小了。

那么佩戴或插嵌使用这些玉器的目的又何在呢?虽然帝喾是

祖先神，可以对殷人进行全方位的保佑，但鉴于这批玉器更强调帝
誉的雷神神格，因此它们中的可佩戴者应该更多被用于祈祷风调
雨顺，可插嵌者用在个人或家庭求雨祭祀的场合。卜辞中就有不
少求雨的内容，不妨录几条相佐证。

  "贞：今一月帝令雨。"   （《甲》14132 正）

  "帝其于生一月令雷。"   （《甲》14127 正）

  "己酉贞：辛亥其燎于岳，雨。" （《甲》34198）

  "于翌日丙启，不雨。"   （《甲》30203）

  "其有燎亳土，有雨。"   （《甲》28108）

  在这批雷神帝誉之偶像中，出土于妇好墓者便有 4 件人鸟形
佩、3 件玉人，其他收藏品中，恐怕也多是安阳的出土品，只是早年
通过非正式发掘的途径出土并流散，因此也该曾被作为随葬品。
这说明这些玉器，在死者生前会被佩戴或插嵌于庭室供祭祷，作为
个人或家庭物品，在他死后，会用于陪葬，陪葬之目的，无外乎希望
祖神和雷神帝誉继续保佑死者在阴间的生活，甚或护佑死者早日
再获新生。

五、结论

  商代的刻⊕符人鸟形玉佩和玉人，根据造型的区别，可分为 A
类人鸟合体形玉佩、B 类人鸟龙合雕玉佩和 C 类圆雕玉人。它们
之间有一个最大的共性就是在玉人的身上刻有⊕形符号，少量未

刻此符号的玉人和玉佩,因造型高度相似,也归入同类玉器进行讨论。除了⊕形符号,这批玉器还有三个重要意象,那便是人、鸟、龙。

依据我们对甲骨文申、电、雷的解析,发现申是模拟闪电之形,申也就是电的意思。而"雷"字是在闪电之形的基础上,加上表示雷声的两个"口"字或"田"字,也有三四个"田"字的写法。因此所加之"田"字,也可看成是雷神所乘雷车的车轮之象形。

申又表示神,故神的原型是雷电。总结一下便是:古人将雷电奉为神。神是天神,它的位置在人的头顶之上。神和万物的关系是本源和派生的关系,即万物受神支配。因此,雷神便成为人类所造出的较早的神,且他往往会升格为最高神、至上神。如希腊的宙斯,巴比伦的马杜克,印度的因陀罗,中国的东夷的和商人的至上神、祖神帝喾。

古人还用模拟闪电的S形、模拟雷声或雷车车轮的⊕形符来象征雷神,除此,雷神还有龙的形象和鸟的形象。在文献和图像中,往往表现为人首龙身或半人半鸟的造型。

在喾契神话中,帝喾是雷神、战神、太阳神等,斧凿是他的武器,他有龙、凤、牛等化身。通过对比,明显可看出,刻有⊕形符号的人鸟形玉佩,既以⊕形符直接标明雷神的身份,还以雷神具有鸟形、龙形形象的特征进行造型设计,形成人鸟合体或人、鸟、龙合雕的形象,这样的雷神形象,当然就是商人的祖神,也是雷神的帝喾。

这些有关帝喾的玉偶像,当只是商人祖神崇拜的一部分,它们更被商人强调的是雷神之神格。也就是说,这些可佩可插的玉偶像,其可佩戴者,当用来保佑商人风调雨顺,其可插嵌使用者,当用来祭拜求雨。且因为这些玉偶像尺寸多在 10 厘米高左右,当用于个人或家庭,而不是群体集会的场合。

下篇
后稷神话研究

第十二章 周祖后稷神话与中外文化交流

本章提要: 周人祖先后稷,实际是他们的祖神,姜嫄和后稷有履迹感生、弃子、神童和射手等神话,后稷有农神、木星神、雷神、水星神、智慧神和太阳神等神格。后稷在一些神话情节和神格上,与夏、商、楚人的祖神大禹、帝喾、祝融等,有很大的相似性。后稷跟域外一些古文明区族群的祖神,如宙斯、奥西里斯和马杜克,在神话情节和神格上,也有极强的相似性。这是因为塑造他们的文化之间存在交流和影响。这些流动的神话情节,与东来的青铜器、绵羊和小麦一起形成文化包裹,捆绑式地传到了东亚的黄河流域。

《诗经·大雅·生民》这首诗,一般认为是一首周人记述其始祖后稷从出生到创业的长篇史诗[①],这是今天的学术界和社会大众的常规理解,由此理解出发,他们认为后稷是一位历史人物,至于

---

① 王秀梅译注:《诗经》,中华书局,2015年,第623页。

围绕他的履迹感生、三弃三收等超自然现象,应是附会在他身上的一些神话色彩,也即"历史的神话化"。也有少数学者认为这是一首周人祭祀祖先神后稷的祭歌①。此观点认为后稷是农神、麦神、社神、庄稼神等②,至于为什么周人和后人又将后稷看作是周人的始祖,则是神话的历史化。笔者赞同后一种观点,但认为有关后稷的神话和神格问题,还多有模糊之处,很有必要再梳理一番。在梳理的过程中,笔者又发现后稷之神格,竟然与大禹、帝喾、祝融等相同,且还可类比世界神话中的马杜克(Marduk)、奥西里斯(Osiris)、宙斯(Zeus)等大神,便索性将这些神灵的神话和神格作通盘的比较,以窥探这背后可能存在的文化秘辛。下面笔者尝试就这几个问题讨论如下。

一、后稷的神话与神格

后稷神话的史料来源,集中于《诗经》中的《生民》《思文》《閟宫》诸篇,以"生民"前三章为大宗。此外,《天问》和《山海经》也有少量史料。对这些所谓"史料"的解读,顾颉刚先生做过很好的总结,他认为后人对这些"史料"的态度逃不出三种,一是信,二是驳,三是用自己的理性去做解释。顾先生对这三种态度下了一个总

---

① 杨公骥:《中国文学》(第一分册),吉林人民出版社,1980年,第55页;苏雪林:《屈原与〈九歌〉》,武汉大学出版社,2007年,第194页;萧兵:《中国文化的精英——太阳英雄神话比较研究》,上海文艺出版社,1989年,第217—272页。
② 顾颉刚:《讨论古史答刘胡二先生》,《古史辨》第一册,海南出版社,2005年,第130页;萧兵:《中国文化的精英——太阳英雄神话比较研究》,上海文艺出版社,1989年,第503页;苏雪林:《屈原与〈九歌〉》,武汉大学出版社,2007年,第194页。

评,那便是:信它的是愚,驳它的是废话,解释它的也无非是锻炼①。顾先生讲这段话是以姜嫄"履迹生子"为例的,说"这原是一段神话",所以信它为史实的人,当然是愚蠢了,而驳它的人,认为它不合常理常情,这是因为他们心中只有历史这个概念,没有神话概念,因为神话本就非常理常情可比,因此驳它当然就是废话了。第三种要做合理化解释的人,同样也是没有神话概念,认为既然这是史实,就要尽可能从理性的角度去看待,所以他们认为这"履帝武"之"帝",不是上帝,而是姜嫄的丈夫帝喾,等等。这确实只是一种智力的锻炼而已。

顾先生对后稷是神还是人的判断是,后稷"在周人的想象中,为农神的分数多,为人王的分数少。……后人想象中的创始者是不必真有其人的,故我们可以怀疑后稷本是周民族所奉的耕稼之神,拉做他们的始祖,而未必真是创始耕稼的古王,也未必真是周民族的始祖"②。

顾先生虽说得并不绝对,但他的倾向性是明显的。笔者秉承顾先生的观点,进一步对后稷的神话做一些考辨归纳,并随机与中外的相似神话情节做些比较,最后总结出后稷的各种神格。

在归纳之前,先将《生民》第一至四章转录如下:

厥初生民?时维姜嫄。生民如何?克禋克祀,以弗无子。

---

① 顾颉刚:《我的研究古史的计划》,《古史辨》第一册,海南出版社,2005年,第183页。
② 顾颉刚:《讨论古史答刘胡二先生》,《古史辨》第一册,海南出版社,2005年,第130页。

履帝武敏歆,攸介攸止。载震载夙,载生载育,时维后稷。

诞弥厥月,先生如达。不坼不副,无菑无害,以赫厥灵。上帝不宁,不康禋祀,居然生子。

诞寘之隘巷,牛羊腓字之。诞寘之平林,会伐平林。诞寘之寒冰,鸟覆翼之。鸟乃去矣,后稷呱矣。实覃实訏,厥声载路。

诞实匍匐,克岐克嶷,以就口食。蓺之荏菽,荏菽旆旆。禾役穟穟,麻麦幪幪,瓜瓞唪唪。①

先看履迹感生神话,即姜嫄履大(巨)人迹而致孕并生子后稷神话。该神话文本集中于《生民》第一、二章,用现代语体文转述如下:是大母神姜嫄生下了最初的人,她通过烟火和祭祀,以达到求子的目的。有一天,姜嫄行走于旷野,见有巨人足迹,姜嫄大感兴趣,自己踏上这足迹,因巨人足迹特大,她踩中的是巨人足迹中的拇指迹。这时她的身体似若有所感,人也很兴奋愉悦,从而有了身孕。怀上的正是后稷。满月她生下来的却是个肉蛋,很像是羊胞胎,还劈剖不开②。

也有口传神话被记录下来,例如民国时崔盈科记有他的家乡山西闻喜县的姜嫄传说,说姜娘娘在冬天雪后去屋外拖柴,因大雪封路,她无处下足,适逢新雪中有一行很大的足迹,心想踩着那足迹应该不会使积雪淹没了她的脚,因此她履其迹而行。因为那是

---

① 王秀梅译注:《诗经》,中华书局,2015年,第623—626页。
② 杨公骥:《中国文学》(第一分册),吉林人民出版社,1980年,第55页。

第十二章 周祖后稷神话与中外文化交流

神人的足迹,从此她便怀了孕,无夫而怀上了神之子①。

口传神话跟文本神话比起来,更强调了事物发生的逻辑理性,显然是流传过程中的改写所致。文本神话的开头则有一点人类起源神话的味道。

关于履迹生子神话,古代学者都已具理性思维,当然不认为踩一下巨人足迹就可以怀孕,但他们也还没有神话意识,所以就产生了各种理性解读。现实化的版本是将所谓巨人足迹解作姜嫄的丈夫、五帝之一的帝喾的足迹②,或者也承认"帝"是天帝,但踩天帝足迹跟致孕无关,能怀孕要么是其丈夫帝喾之功劳③,要么是无夫野合而致④,等等。总之,他们一定要给予一个合理、现实的解释,而不从神话的角度去理解。

所谓"履迹生子",萧兵先生作了原型意义上的追踪,那便是"圣足迹崇拜",即人类对自身和动物的手、足迹的崇拜,引申出对神之足迹的崇拜。而且这种崇拜遍及全世界古代人群,非中国独有。萧先生还分析了圣足迹的原型,有"自然剥蚀之凹坑""人工制作之足迹画及伪托的神迹""动物的足迹或其化石""古人类足印半化石"等等⑤,古人正是在崇拜生物的手足和天然存在的这些生物

---

① 崔盈科:《姜嫄之传说和事略及其墓地的假定》,《古史辨》第二册,海南出版社,2005年,第77页。
② 古人不知道的是,其实帝喾也不是历史人物,而是神话人物,是东夷族群的至上神。参见本书第七章。
③ 〔汉〕毛亨传,〔汉〕郑玄笺,〔唐〕陆德明音义,孔祥军点校:《毛诗传笺》,中华书局,2018年。
④ 〔清〕马瑞辰撰,程金生点校:《毛诗传笺通释》,中华书局,1990年。
⑤ 萧兵:《中国文化的精英——太阳英雄神话比较研究》,上海文艺出版社,1989年,第192—212页。

足印痕迹的基础上形成了"圣足迹崇拜"。

那为什么践履"圣足迹"就能致孕呢？萧先生也做了分析，认为这是将"圣足迹"当作神的代表，足迹同时还成为女阴或男根的象征，这主要是基于古人的相似联想，然后在交感巫术思维作用下，古人认为当人与圣足迹接触，便完成了神人的交配行为，从而怀上神子①。当然，这些分析有利于我们了解这些神话产生的社会根源，但它们已是另一个问题，我们这里更关心的是姜嫄履迹生子神话本身。

再看弃子神话。关于后稷出生后被三弃三收的神话，也最早出现于《诗经·大雅·生民》中，这个神话情节跟履迹生子一样流传很广，且后稷还因之得名为"弃"。具体情节有：因后稷生下来是个肉蛋蛋，好像羊胞胎，还劈剖不开，上帝又因姜嫄生子而不高兴，因此姜嫄便把这肉蛋蛋丢弃在窄路上，但过往的牛羊不仅不践踏他，还为他哺乳，姜嫄不免称奇，便打算转丢到平林，但平林里伐木人很多，便再次丢弃到沟渠里的寒冰上，结果有大鸟过来用羽翼为后稷保暖，还用嘴啄破肉蛋蛋，大鸟飞走后，后稷马上呱呱地哭了起来，声音之洪亮，响彻整个道路②。

关于弃子神话，萧兵先生研究发现，这也是一种世界性的神话母题，且被弃者往往具有太阳神神性，后稷也不例外，我们后面分析后稷的神格时再细论。这些被弃者中，既有神，也有英雄人物，前者有宙斯、赫淮斯托斯等，后者则有吉尔伽美什、萨尔贡、释迦牟

---

① 萧兵：《中国文化的精英——太阳英雄神话比较研究》，第212—216页。
② 杨公骥：《中国文学》(第一分册)，吉林人民出版社，1980年，第56页。

尼、摩西等等①。上古不同文明区这种神话情节和神格的类同现象,当然不能简单地看成是人类心理一致的结果。

后稷三弃三收神话中有些细节,还值得做一些分析。

关于被弃的原因,一方面跟后稷生出来是个肉蛋蛋,非同寻常有关,另一方面还与"上帝不宁",即上帝不安不高兴有关。后稷本当上帝之长子,上帝应该高兴才对啊,又为何"不宁"了呢?萧兵先生分析这也是一个世界性神话母题,即上帝因害怕人类掌握文化知识,例如用火、农耕、冶铸、射击、语言、文字之类的关键性知识,从而打破上帝全知全能、操纵一切的地位,因而对给予人类这些知识的神灵予以毒害和制裁,哪怕制裁对象是他的血裔、元子。世界神话里这样的例子很多,如巴比伦神话中的巴别塔神话,巴比伦人想修一座通天塔从而登天,上帝害怕他们成功,变乱他们的语言,让他们因语言不同而相互争吵,结果通天塔半途而废,这些人也四散而去,形成了今天世界上不同的语言云云。普罗米修斯(Prometheus)受罚更是一个明显的例子,他为人类盗得天堂之火,人类才开始有了熟食和照明,但天帝宙斯却怒而将他锁在奥林匹斯山上,让老鹰不停地啄食其心。中国古代神话中的伯鲧,为人类治水而偷了上帝的息壤,结果遭到被上帝处死的重罚。那么,后稷是因为什么被上帝制裁呢?可能跟他初生便掌握了语言、懂得耕稼、具有超人的智慧、能够"冯弓挟矢"有关②,这些细节我们放到后面介绍

---

① 萧兵:《中国文化的精英——太阳英雄神话比较研究》,上海文艺出版社,1989年,第183—414页。
② 萧兵:《中国文化的精英——太阳英雄神话比较研究》,上海文艺出版社,1989年,第440页。

后稷的神童神话和射手神话中再展开。

前面提到在"隘巷"中,后稷不但未被牛羊踩踏,还反被牛羊哺乳。这个被牛羊哺乳的细节,竟然同于希腊神话中因神父克洛诺斯(Cronus)的淫威而被弃于山谷的宙斯,山谷里一只母山羊阿麦尔特亚(Amalthea)做了他的乳母,把他喂大①。不仅他们被山羊哺乳的细节相同,连受到神父制裁从而被丢弃的情节也是相同的。

周人兴盛之地"岐山"也值得做些分析。《艺文类聚》引《河图》:"岐山在昆仑②东南,为地乳,上为天糜星。"③萧兵先生分析说,把岐山看作地乳,可能暗示女地神姜嫄曾乳养后稷之意。"岐"也同"歧","歧"字本义为分叉,若指地乳,则可理解为从地上长出的、像人的双乳一样的两支乳状山峰。因此,笔者颇怀疑这"岐山"得名且成为周人的兴盛之地和圣山,当跟后稷的弃子神话有关。

神童神话和射手神话。这两个神话情节较短,放在一起介绍。神童神话仍本于《生民》,射手神话则见于《天问》。

《生民》第四章讲道,后稷生下来就头角峥嵘、骨骼清奇,既能走,又能站,马上能用嘴来吃饭,还会匍匐在田畔。初生就掌握了语言,具有超人的智慧,从小就会播种庄稼④。这些天赋异禀遭到过上帝也是他的父神的妒忌和制裁。这种种神异之处,与希腊大

---

① 萧兵:《中国文化的精英——太阳英雄神话比较研究》,第320页。
② 此处"昆仑",当指陇山,因岐山正在陇山东南,而不可能是今天的昆仑山。参见宋亦箫:《昆仑山新考》,《丝绸之路研究集刊》第四集,商务印书馆,2019年,第1—19页。
③ 萧兵:《中国文化的精英——太阳英雄神话比较研究》,上海文艺出版社,1989年,第256—257页。
④ 萧兵:《中国文化的精英——太阳英雄神话比较研究》,上海文艺出版社,1989年,第440页;杨公骥:《中国文学》(第一分册),吉林人民出版社,1980年,第56—57页。

力神赫拉克勒斯刚出生时的非凡禀赋可比。

射手神话见于《天问》中的这一段话:"稷维元子,帝何竺之?投之于冰上,鸟何燠之?何冯弓挟矢,殊能将之?既惊帝切激,何逢长之?"①先做一个解读:后稷是上帝的长子,可上帝为何又要毒害他?丢弃后稷于冰上,为何大鸟用羽翼来温暖他?上帝为何又给予后稷秉弓挟矢的特异之能?既然让上帝感到震惊和紧张,后稷为何又能逢凶化吉福久绵长?这不愧是天问,因为看起来都是矛盾着的事物却能够发生,这背后正是神话的逻辑在起作用,用理性自然是分析不出所以然来的。后稷的幼擅弓矢,实际是太阳神性的表现,而太阳神善射,则是因太阳光线穿透云层荡涤黑暗如同万箭齐发的样子,给了人类以联想。中外的太阳神,如侠马修(Shamash)、赫利俄斯(Helios)、阿波罗(Apollo)、东君、后羿,没有一个不善射的。如阿波罗曾射杀蛇怪皮同(Python),东君更是"举长矢兮射天狼"。

以上将后稷神话作了一些归纳和分析,下面讨论后稷的神格。神格是指神之职能,往往蕴含于他的神话故事中,我们经过分析排比,归纳出后稷计有农神、木星神(水星神)、雷神、智慧神、太阳神等诸般神格,下面做些扼要讨论。

农神。后稷的农神神格最为明显,直接体现在《生民》中的"诞实匍匐""蓺之荏菽""诞后稷之穑"等诗句中,"稷"之名也明显地指向了他的农神神格。《左传·昭公廿九年》记载:"稷,田正也。有烈山氏之子曰柱,为稷,自夏以上祀之。周弃亦为稷,自商以来

---

① 〔宋〕洪兴祖撰,白化文点校:《楚辞补注》,中华书局,2015年,第88页。

祀之。"①这就将周弃为稷神的信仰追踪到了商代,实际上,周人建国前的先周文化及祖神信仰,正该在商代甚至更早,因此这种判断是有见地的。《逸周书·商誓》也说:"在昔后稷,惟上帝之言,克播百谷,登禹之绩。凡在天下之庶民,罔不惟后稷之元谷,用蒸享。在商先誓王,明祀上帝,……,亦维我后稷之元谷,用告和、用胥饮食。肆商先誓王维厥故,斯用显我西土。"②这篇文字相传是周武王伐纣时的诰誓,清楚说明周之立国于西土,是因为后稷播百谷的渊源,因此在商时期,后稷就已是一位大农神了。

中国古代社稷连称,社有社神,稷有稷神,前者指大禹,后者指后稷。但按照《孝经纬》:"'社是五土总神,稷为原隰之神',原隰即是五土之一耳,故云稷,社之细。举社则稷从之矣,故言社不言稷也。"后代帝王祭社稷时,有时分社稷为二,有时以稷附于社。分合不一③。这就很有意思了,后文我们将要论证后稷与大禹神格类同,这里已反映出二神的同一性,算是铺垫。

木星神(水星神)。木星神和水星神皆属五星神话中的星神,五星神话是指金、木、水、火、土这五大行星神的神话,苏雪林在解读《九歌》时,对五星神话作出了非常精彩的分析讨论,她发现九歌十神实际就是由日月五星神加蚀神、彗星神和大地之神构成。在《九歌》中的对应关系则是:东皇泰一为木星神,河伯为水星神,国殇为火星神,湘君为土星神,湘夫人为金星神,云中君为月神,东君为日神,大司命为蚀神、死神,少司命为彗星神、生神,山鬼为大地

---

① 杨伯峻编著:《春秋左传注》,中华书局,2009年,第1503—1504页。
② 黄怀信等撰:《逸周书汇校集注》,上海古籍出版社,2007年,第452—454页。
③ 转引自苏雪林:《屈原与〈九歌〉》,武汉大学出版社,2007年,第194页。

之神、酒神,等等①。

五星神中的木星神和水星神,往往成为父子神,如巴比伦神话中的马杜克和尼波(Nebo),希腊神话中的宙斯和赫尔墨斯(Hermes),中国古代神话中的大禹和启、帝喾和契,这些父子神中的父神为木星神,子神为水星神。但我们在后稷身上,看到了一种木星神和水星神神格混合的现象,下面试作分析。

先从汉代纬书称后稷为"苍神"或"苍神"之子说起。《尚书中候·稷起》:"苍耀稷,生感迹,昌。"②"苍"即苍神、苍帝,这是说苍神(帝)后稷是感迹而生,他的子孙绵延繁昌。这句话里认为后稷就是苍神、苍帝。《春秋元命苞》:"苍帝稷精感姜嫄而生,卦之得震,故周苍代商。""苍神用事,精感姜嫄,卦得震,震者动而光,故知周苍代殷者为姬昌。"③这里后稷又成为苍神之子。

那么苍神、苍帝又是什么神呢?苏雪林已有考证,苍神即苍帝,又名青帝,是五星神话中的木星神,其方位在东,其色为青或苍,故称青帝或苍帝④。如《淮南子·天文训》:"何谓五星?东方,木也。其帝太皞,其佐句芒,执规而治春。其神为岁星,其兽为苍龙,其音角,其日甲乙。"⑤"岁星"正是木星。同时点到了方位在东和颜色为"苍"。如此,则有说后稷是木星神,也有说是苍帝子即水星神。这种矛盾和混淆并非只发生在后稷身上。苏雪林分析过汉

---

① 苏雪林:《屈原与〈九歌〉》,武汉大学出版社,2007年,第138—139页。
② 安居香山、中村璋八辑:《纬书集成·尚书中候·稷起》,河北人民出版社,1994年,第441页。
③ 〔清〕赵在翰辑:《七纬》,中华书局,2012年,第424—425页。
④ 苏雪林:《屈原与〈九歌〉》,武汉大学出版社,2007年,第170页。
⑤ 刘文典撰:《淮南鸿烈集解》,中华书局,1989年,第105页。

字创造神仓颉,他有四目,则当为同样也有双面四目的木星神马杜克一样的木星神,但他的笔神、智慧神神格,又说明他应是水星神,因世界神话中水星神正兼笔神和智慧神。笔者曾讨论过仓颉就是商契,而后者正是智慧神、水星神、笔神和始作书者。这种混淆的深刻原因要到西亚巴比伦神话中的马杜克、尼波父子身上去找,马是木星神,尼是水星神,但二者经常相混,例如本来是尼波骑乘混沌孽龙遨游于海上,后来又演变为马杜克骑乘混沌孽龙①。这种久远的神话母题,传到古代中国后,曾经演变为良渚文化中其实是大禹骑龟的所谓神人兽面纹,也演变为后代的魁星点斗和独占鳌头造型。而大禹正是木星神和战神,魁星则是水星神和智慧神。仓颉也即商契可以兼备木星神和水星神的神格,后稷这两种神格兼备的情况也就没什么好奇怪的了。

再以汉代灵星祠祭祀后稷之事为例。《史记·封禅书》:"〔高祖八年〕或曰周兴而邑邰,立后稷之祠,至今血食天下。于是高祖制诏御史:'其令郡国县立灵星祠,常以岁时祠以牛。'"《史记集解》引张晏曰:"龙星左角曰天田,则农祥也,晨见而祭。"《史记正义》引《汉旧仪》云:"五年,修复周家旧祠,祀后稷于东南,为民祈农报厥功。夏则龙星见而始雩。龙星左角为天田,右角为天庭。天田为司马,教人种百谷为稷。灵者,神也。辰之神为灵星,故以壬辰日祠灵星于东南,金胜为土相也。"②《续汉书·祭祀志》:"言祠

---

① 苏雪林:《屈原与〈九歌〉》,武汉大学出版社,2007年,第157、171页。
② 〔汉〕司马迁:《史记》,中华书局,1959年,第1380页。

后稷而谓之灵星者,以后稷又配食星也。"①由《史记》及其《集解》《正义》可知,灵星也就是龙星,东汉蔡邕《独断》也说,"灵星,火星也。一曰龙星"。火星似乎不对,但说灵星就是龙星,同于《史记集解》和《正义》。而龙星左角为天田,即天上之农田,它预示农祥,祠可为民祈农报厥功,可教人种百谷,等等,这显然是在论及后稷的农神职能。龙星之"龙",对应于《淮南子·天文训》所言的"东方,木也。……其神为岁星,其兽为苍龙"之"苍龙",也即是说,由后稷配食龙星,可知他应是木星神。上文还说到,"灵星祠,常以岁时祠以牛",木星神都有牛形化身,如宙斯化牛诱拐欧罗巴、帝喾以牛为祭等,这就再次将后稷指向木星神。但《史记正义》也说到,"辰之神为灵星",辰星就是水星,它对应于水星神,因此这祠后稷的灵星似乎又该对应于水星神,接着还说"以壬辰日祠灵星于东南",这壬辰日中的"壬"日,对应的也是辰星,如《淮南子·天文训》:"北方,水也。其帝颛顼,其佐玄冥,执权而治冬。其神为辰星,其兽玄武,其音羽,其日壬癸。"②即壬日、癸日,都对应于水、辰星(水星)和北方等。《史记正义》还提到"夏则龙星见而始雩","雩"指求雨的祭礼,赐雨也该是水神和水星神的职事。分析至此,可见在灵星祠祭祀后稷之典中,后稷之神格仍具备木星神和水星神的兼容性。

雷神。我们知道,世界神话中的木星神,往往兼为雷神,如宙斯、大禹、帝喾均是。后稷也有这种特征。古人认为雷神控制雨水,干旱时便向他祈雨。后来雷神一职有分化之迹,即分解为雷公

---

① 转引自萧兵:《中国文化的精英——太阳英雄神话比较研究》,上海文艺出版社,1989年,第210页。
② 刘文典撰:《淮南鸿烈集解》,中华书局,1989年,第106页。

电母、雨师风伯等,但雷神乃是原始神。《诗经》中便有祭祀后稷以求雨的记载,如"倬彼云汉,昭回于天。王曰:於乎!何辜今之人?……上下奠瘗,靡神不宗。后稷不克,上帝不临"①。这是记周宣王求雨的诗,后稷、上帝并提,体现出周人将他们的祖神看成雷神。而且周代的祈雨祭祀仪典"雩祀",对祈雨对象已礼制化和等级化,后稷成为等级化雩祀对象之一员。如《周礼·春官·司巫》之郑玄注曰:"雩,旱祭也,天子雩于上帝,诸侯于上公之神。"上公之神即"古上公、句龙、柱、弃之等"②,此处"弃"即后稷。向后稷祈雨的仪典和祈祷文历古代社会而不衰,如汉代董仲舒所记求雨法,一年按五季向不同的主神祈雨,季夏时节主祀的便是后稷③,苏轼曾写《祷雨后稷祝文》:"维神之生,稼穑是力。……我求于神,亦云亟矣。尚飨。"④金代《河中府万泉县稷王庙祈雨感应碑》:"……铭曰:厥初生民,时惟后稷。……神之听之,降雨如期。"⑤清代山西巡抚何乔新撰《后稷祠祷雨文》:"德佐唐虞,躬耕稼穑,肇八百载王业之本,……甘澍大作,泽润生民,无悯雨之忧,而有喜雨之乐。"⑥等等。历代将后稷当作祈雨的祭祀对象,充分证明了后稷的雷神神格。

智慧神。后稷的智慧神神格可对应于他的神童神话,而且也

---

① 王秀梅译注:《诗经》,中华书局,2015年,第694—695页。
② 〔汉〕郑玄注,〔唐〕贾公彦疏:《周礼注疏》,北京大学出版社,1999年,第688页。
③ 〔汉〕董仲舒撰,曾振宇注说:《春秋繁露·求雨》,河南大学出版社,2009年,第354页。
④ 曾枣庄、舒大同:《三苏全书》第15册,语文出版社,2001年,第524页。
⑤ 王新英辑校:《全金石刻文辑校》,吉林文史出版社,2012年,第528页。
⑥ 沈凤翔:《(同治)稷山县志》卷九,清同治四年石印本。

是他的水星神神格所带来,因为在世界神话中,水星神正兼有智慧神神格。智慧神是智慧的化身、人类文化的创造者,后稷正有这些方面的体现。如《生民》:"诞实匍匐,克岐克嶷,以就口食。蓺之荏菽,荏菽旆旆。""岐""嶷",有解作头角峥嵘、骨骼清奇,毛传说是"岐,知意也;嶷,识也"。郑笺解为"能匍匐则岐岐然意有所知也,其貌嶷嶷然有所识别也"。总起来讲,就是后稷还在地上爬的时候就会讲话,张口就讨东西吃。打小就能播种植稼,给部族带来良种和生产好方法。这种"生而灵异""仡有巨人之志"的非凡表现,惹得"上帝不宁""惊帝切激",因威胁到上帝的文化和智慧独断,乃至上帝震惊和不宁到要毒害和制裁他了,可见后稷的幼而智慧之高。

类似的智慧神迹也体现在帝喾和商契父子神身上,如《大戴礼记·五帝德》:"〔帝喾〕生而神灵,自言其名。"①《帝王世纪》:"〔帝喾〕生而神异,自言其名曰夋。"②商契的智慧神神格更为明显,尤其表现在他的发明文字上,因此以"契"为名。后稷跟商契有所不同的地方,是后稷的智慧并未体现在文字的发明创造上。如果再联想到古人将帝喾和后稷拉作父子关系,因在神格上往往父子相沿,这样的安排还真是够巧妙。

太阳神。后稷的太阳神神格体现于他的射手神话中,也源自其木星神的主体神格。因为木星神也被看作是初生的太阳,如西亚木星神马杜克,也被认为是太阳神,Marduk 一名是由阿卡德文 Mar("子"之意)和苏美尔文 Utu(太阳)构成,合起来是"太阳之

---

① 〔清〕王聘珍撰:《大戴礼记解诂》,中华书局,1983 年,第 120 页。
② 转引自〔唐〕徐坚等:《初学记》(上),中华书局,1962 年,第 197 页。

子"①。在《楚辞·天问》中,屈原发出"何冯弓挟矢,殊能将之?"的千古之问:对后稷心怀疑惧的上帝,怎么会将弓矢交给曾被他毒害过的弃儿后稷使用呢? 或许就是因为后稷也是太阳神,弓矢是他的必备武器,上帝也不得不给了吧。太阳神的善射,也体现在了中国古代其他太阳神身上,如东君、后羿,都有善射的故事。关于太阳神为何善射,我在前文已做过分析,应是古人对太阳的光线和箭的飞驰之相似产生了类比联想之故。

二、后稷与中外诸神神格和神话类同所反映的族群分化影响和中外文化交流

后稷的诸般神格,已在上文作了归纳,在讨论这些神格时,也或多或少地与中外其他神灵特别是一些族群的祖神进行了一些比较。下面我们将重点对比后稷与中国古代夏、商、楚族群的祖神大禹、帝喾和祝融的神格相似所反映的族群神话分化交流现象,以及后稷与域外古文明区神话人物,如西亚神话中的马杜克、埃及神话中的奥西里斯、希腊神话中的宙斯等,他们神格雷同所反映出的中外文化交流。

先看后稷和大禹。关于大禹的神格,苏雪林做过最好的归纳,她认为大禹是木星神,但又有水主、水神之神性,同时还指出大禹是西亚史诗主角木星神马杜克传入古代中国的衍形之一,其他衍

---

① 饶宗颐编译:《近东开辟史诗》,辽宁教育出版社,1998年,第3页。

第十二章　周祖后稷神话与中外文化交流

形还有东皇泰一、苍帝、东王公等等①。这里不仅揭示了大禹的神格有木星神、水神等特性，还揭示了马杜克与大禹的原型与衍形的关系。大禹还具农神神格，顾颉刚先生做过极好的总结："西周中期，禹为山川之神；后来有了社祭，又为社神（后土）。其神职全在土地上，故其神绩从全体上说，为铺地，陈列山川，治洪水；从农事上说，为治沟洫，事耕稼。耕稼与后稷的事业混淆，而在事实上必先有了土地然后可兴农事，易引起禹的耕稼先于稷的观念，故闷宫有后稷缵禹之绪的话。又因当时神人的界限不甚分清，禹又与周族的祖先并称，故禹的传说渐渐倾向于'人王'方面，而与神话脱离。"②顾先生在这段话里不仅总结了大禹从事耕稼的农神特性，还分析了他常与周族祖先后稷并称"社稷"或"禹稷"，因后者之故而渐渐脱离了神话而转变为'人王'。这种分析极有见地，大禹由天神转变为人王的过程，事实可能就是这样。但造成古人由于禹稷并称而将大禹看作是人王的现象，一个重要原因是他们首先将后稷看成人王，如果他们自始就知道，其实后稷也是神灵，那么就不至于因禹稷连称而将大禹拉下神坛了。顾先生在分析此事时，似乎也认为后稷是人王。

如此，大禹是农神，是木星神，还兼有水神、水星神的特性，这就跟上面分析过的后稷的主要神格完全一致了。特别是木星神和水星神（水神）这两种神格混为一体的现象，在大禹和后稷身上，竟

---

① 苏雪林：《天问正简》，武汉大学出版社，2007年，第270—279页；苏雪林：《屈原与〈九歌〉》，武汉大学出版社，2007年，第167—171页。
② 顾颉刚：《讨论古史答刘胡二先生》，《古史辨》第一册，海南出版社，2005年，第114页。

完全一样。这是为什么呢？留待后面分析后稷与祝融、帝喾的神格类同性后一并讨论。

祝融的神话，历来也有很多讨论，例如认为他是太阳神、火神等等①。笔者在第六章指出大禹和祝融明为夏人和楚人的祖先，实为一神。而且大禹和祝融的原型，当是西亚大神马杜克，马杜克的神格，也随之传给了大禹和祝融。只是，随着大禹和祝融的分化，他们在继承马杜克的神格上也有所分化，大禹更多继承了马杜克的木星神、水神、死神等神格，而祝融则继承了马杜克的太阳神神格等。至于大禹和祝融既为一神，为何又二分？笔者也做过一些分析，认为夏人和楚人原居于嵩山周围，为同源之近邻，共同敬奉一神，后夏人北迁到伊洛平原，楚人南迁到鄂西北和江汉平原，随着二者的分道，其共奉的祖神也随之分化，从字形之变异——一称大或大，一称大或大，到神格之分工，都有了各自的理解和推重，久而久之，便一神而二分，后人不识其源，便以流为源，将其传承至今而不辨。

商祖喾、契，其实是一对父子神。笔者在第七章讨论喾、契的神话和神格，发现过去以为的历史人物帝喾、帝俊、帝舜、高辛、太皞实为一神，商契、仓颉、帝挚、少皞、夔这五位所谓历史人物也实为一神，前后两组人物，实为父子神关系。且他们的神话和神格，与西亚巴比伦马杜克、尼波父子神，希腊宙斯、赫尔墨斯父子神有惊人相似。这相似是指，帝喾也和马杜克、宙斯一样，为天帝，为木星神、雷神、战神、风神等，他们都有鹰、天鹅、牛、龙等化身，等等。

---

① 杨宽:《中国上古史导论》,上海人民出版社,2016年,第219页。

如此，则帝喾的神格也同于大禹和后稷。

我们一般认为，夏族及其神话形成于嵩山南北，楚人则起于嵩山以南的"祝融之虚"，二者是同源之近邻。商人出于东夷，其族群和神话形成于山东。周人兴起于陕甘交界的西北，在东迁关中的过程中接触到夏人、楚人和商人的文化和神话，从后稷神话和神格与大禹最为近似来看，周人接受夏人的影响可能最大。这跟周人在构建他们文化时总以夏人自居是相符合的。

从这四族的祖神神话和神格的类同来看，他们都已接受五星神话，五星神话本传自域外，进入东亚大陆也极早，且似乎率先分头传入两地，一地是陕甘交界的以陇山为中心的西北地区，一地是以泰山为中心的山东地区①。上述周人、夏人恰在西北，商人在山东，有地利之便，所以他们先接受了五星神话不是没有道理的。至于这具体所体现的中外文化交流，我们下面再分析。

总结一下就是，夏人、楚人祖神神话的相似和祖神的同一，应是族群分化的结果。夏人和商人祖神神话和神格的类同，应是二者间的交流影响，以及更早时候各自接受了同源神话影响的结果。周人与夏人、楚人、商人祖神神话和神格的类同，主要应是各族群在更早期接受了同源神话的影响，同时也包括族群间后来的文化交流和影响。

后稷作为周人的祖神，不仅与夏人、商人和楚人的祖神神话和

---

① 宋亦箫：《中国与世界的早期接触：以彩陶、冶铜术和家培动植物为例》，《吐鲁番学研究》2015年第2期；宋亦箫：《小麦最先入华的两地点考论》，《华夏考古》2016年第2期；宋亦箫：《昆仑山新考》，《丝绸之路研究集刊》第四辑，商务印书馆，2019年，第1—19页。

神格有类同现象,还与世界神话中的古文明区神祖马杜克、奥西里斯、宙斯等具可比性,下面笔者尝试比较他们之间神话和神格的类同,并略叙这种类同所体现的早期中外文化交流现象。

先看后稷和宙斯的类同。宙斯是希腊神话中的第三代神王,他的父亲土星神克洛诺斯用武力篡夺了其父天神乌拉诺斯(Uranus)的王位,成为第二代神王,但乌拉诺斯因此诅咒克洛诺斯,咒他也将被他的儿子推翻。克洛诺斯因害怕这神谕的实现,就在他的妻子瑞亚(Rhea)每生下一个孩子时,他都将孩子吞入腹中以防不测。当小儿子宙斯降生后,瑞亚以褓褓裹石,哄骗克洛诺斯吞下,然后把宙斯暗中送往克里特岛的迪克特山中。从克洛诺斯和瑞亚的角度,这实际上是弃子行为。宙斯在山洞里被一只母山羊阿麦尔特亚用羊乳喂养,一只雄鹰则给他带来仙酒,后来山羊和鹰都成为宙斯的象征和化身之一。这则神话揭示了宙斯被其父神天帝所不容、被弃山中和吃山羊乳长大等情节,这跟后稷的出生也导致"上帝不宁""惊帝切激",然后被弃置隘巷而牛羊不仅不踩踏他还给他哺乳等情节,何其相似!宙斯也是木星神、雷神、太阳神和智慧神。其太阳神格体现在金雨神话中,这则神话说阿尔戈斯王听信了一位预言家的告诫,他将被自己的女儿达娜厄(Danae)所生的儿子杀死,阿尔戈斯王十分恐惧,便把女儿达娜厄囚禁在一座高高的铜塔之中,不让女儿与世人接触,以绝后患。但是,天帝宙斯爱上了达娜厄,便化作一阵金雨,透过塔顶进入达娜厄的卧室,顺着门缝落在达娜厄的身上。于是天雷滚滚,达娜厄怀孕了。最终,达娜厄生下了大英雄珀尔修斯,珀尔修斯在掷铁饼时还是误杀了其外公,使神谕得到应验。此神话中宙斯所化之金雨,是太阳光的象征,这正是宙斯作为太阳神所具有的特长之一。宙斯曾从其头颅中生出智慧女神雅典娜,这实际也是对宙斯作为智慧神的隐喻。

因此,后稷不仅在某些神话情节上,还在木星神、雷神、太阳神和智慧神的神格上,与宙斯形成对应关系,当然,后稷作为周人的始祖神,其实也是主神,与宙斯作为天界主神也成对应关系。

再看后稷与奥西里斯的相似。奥西里斯是古埃及的稷神(麦神)、河神(水神)、死神、太阳神等,大部分神格与后稷也是相同的。尤其是稷神神格,奥西里斯被认为是人类农业种植技术的发明者,他教导人们耕稼,使人类脱离蒙昧,走向文明,给埃及带来前所未有的繁荣局面①。

奥西里斯神话中没有明确的弃儿事迹,但他却因其弟塞特嫉妒,被骗至箱子里闷死,并被抛进尼罗河支流丹乃河里,这实际有一种较为隐蔽的漂流型弃子母题意味。而且"奥西里斯的棺材(就是那美丽的箱子)被波浪冲到叙利亚的比勃洛斯(Byblos),搁浅在海滩上。那儿长出一棵神圣的树来,在棺材的周围生长,把已死的君王的身体包含在它的巨大的树干中"②。萧兵先生认为这树干便有了母体和子宫的象征,说明这位庄稼神是个树生儿,这就跟巴比伦农神旦缪子从没药树腹中诞生、商代名臣伊尹生于空桑等树生儿母题关联了起来,这些关联暂且不表,我们关注的是,奥西里斯被抛弃于尼罗河支流所形成的"漂流型"弃子母题,既扣合了弃子

---

① 时代生活图书公司编,刘晓晖译:《通往永恒的路——埃及神话》,中国青年出版社,2003年,第70页。
② 黄石:《神话研究》,上海文艺出版社,1988年,第89页。

神话,还因搁浅海滩被长出的圣树所包裹,而形成被弃于"平林"的效果。这就跟后稷被弃于平林神话有了玄妙的类同性了。

最后看看后稷与马杜克的类同。马杜克是巴比伦神话中的新一代神王,他有五十个尊号,"倍儿"是其一,苏雪林认为,《九歌》中的"东皇泰一"之"泰一",还有《汉书·礼乐志·郊祀歌》中的"惟泰元尊"之"泰元",都应是"倍儿"之意译。马杜克首先是五星神中的木星神,还是春神,也即农神,在马杜克五十个尊号中,有说他是"赐福麦壤,建设五谷仓库者;使青草茂苗者;为致云之雷使下民得食者;为丰年之神者;疏导泉流,使田野足水泽者"①等,这都是跟他的农神神格相关的尊号。除此,马杜克也是水星神,因此有水神性、死神性,还有太阳神性,这些神格,尤其是木星神、水星神兼具的特性,跟我们分析过的后稷一模一样,其他神格也多有重合。当然,在中国古代神话人物中,更符合马杜克者不是后稷,而是大禹,马杜克和大禹不仅神格相同,而且有诸多相同的神话情节,这一点后稷是不具备的。下面我们梳理一些二者相同的神话细节比一比。

巴比伦神话中,马杜克打败原始女怪后,将这个龟形庞然大物劈为两半,上半造天盖,下半造大地。并用女怪身体各部件形成天地万物。他还步天、察地、测深渊之广狭。在群神的提议下,马杜克建造巴比伦城,并成为该城的创始神和保护神,受到巴比伦人的建庙膜拜②。大禹也有布土定九州、奠山导水、制定晨昏的功绩,他还以太阳行程为根据,测得空间有五亿万七千三百九里,这是步

---

① 苏雪林:《屈原与〈九歌〉》,武汉大学出版社,2007年,第166页。
② 苏雪林:《屈原与〈九歌〉》,武汉大学出版社,2007年,第157—158页。

天。命太章、竖亥量东西南北四极的里数,这是察地。测鸿水渊薮,这是测深渊①。大禹的"息土填鸿",通常认为就是治理洪水,其实不然。《淮南子·地形训》言:"凡鸿水渊薮,自三百仞以上,二亿三万三千五百五十里,有九渊。禹乃以息土填洪水以为名山,掘昆仑虚以下地。"②这个"鸿水渊薮",实际是原始深渊(The Deep)传到中国后的叫法,而不是大洪水。"掘昆仑虚以下地"是指大禹掘昆仑墟四周之土以堆成高山,作为台阶供天神下到地面。这都说的是布土造地及堆山为阶的神话。笔者甚至推断所谓鲧禹治水,恐怕也是"鲧禹是始布土,均定九州"的讹误,即将在原始深渊中创造大地误解成了在大地上治理洪水。因此,马杜克和大禹二神,是从神格到神话情节,呈多方面对应。

上述中外诸神,在神格或一些神话情节上有诸多类同,其形成的原因是什么呢?传统的解释,要么认为这不过是人类共同的心理思维形成的巧合,要么认为这是文化传播影响的结果,这正是文化人类学中的文化进化论和文化传播论者所持的截然相反的两种判断。在正式回答这一问题之前,我们先来引述新进化论学者朱利安·斯图尔德(J. H. Steward)的两个概念,即"文化内核(Culture core)"和"第二性征(Secondary sexual characteristic)"。

"文化内核"是指人类生活方式中那些保证人们能够有效地开发自然的要素。像居住形式、劳动分工、组织合作、配置资源等要素,这些要素主要是由技术与经济两者决定的。如果我们熟悉文化人类学中对文化结构的划分方式,就知道这里包括了文化三分

---

① 苏雪林:《天问正简》,武汉大学出版社,2007年,第279页。
② 刘文典撰:《淮南鸿烈集解》,中华书局,1989年,第159页。

中的物质(技术)文化和制度(伦理)文化。

斯图尔德所谓"第二性征"是指人类生活方式里"文化内核"以外的其他要素,如文学艺术之类,"第二性征"与环境、技术及"调适"的关系不那么密切①。

"文化内核"与"第二性征"的区分,我们认为,能较好地回答社会文化要素中的发明和传播问题。文化内核与所在环境关系密切,不大容易从一个人群传播到另一个人群,除非这两个人群所处环境和调适方式有某种兼容性。因而文化内核多半是自己的发明。当然也不排除有共同生存环境和人群调适方式之间的借鉴。如果我们在世界不同地区发现相同或类似的"文化内核",我们就要分析,如果这不同地区的生存环境和调适方式不同,则这"文化内核"应是各自的发明(这种情境应极少见,因为生存环境和调适方式不同,其文化内核也应不同),如果生存环境和调适方式相同,则可能是独自发明,也可能是传播影响而致。文化的"第二性征",则比较容易从一个人群"搬迁"到另一个人群,因为这些特征对人群的基本生存无关紧要。所以像神话故事、民间传说、文学主题、艺术风格等,可以在很广大的地区传播,被具有不同文化内核的人群接受、模仿。反过来说,如果在不同地区发现有"第二性征"的相同,则它往往是文化传播影响的结果,因为这种精神创造产品,不同人群,是很难自发地不谋而合的。

我们再看看萧兵先生有关文化比较的三原则观点,他说趋同性是可比性的前提,具体有三原则,即整体对应性、多重平行性、细

---

① 黄淑娉、龚佩华:《文化人类学理论方法研究》,广东高等教育出版社,2004年,第301—306页。

节密合性。整体对应性是指进入比较的对象之间具有规律性的关系,不论它们表现为"对应""对列"乃至"对立",都应该或明显或隐蔽,或紧密或松散地处在一定的系统之中,是整体结构的诸方面。换句话说,它们的相似、相关、相应、相连必须是规律的、整体的、必然的,而不是零散的、个别的、偶然的。

平行性是指比较对象在绝对或相对时空和其他条件上的相应性、关联性或对列性。平行线越多,可比性越大。

细节密合性主要指满足上列两条件而后建立起来的模子、母题、图式里某些因子尽可能严格地呼应或类同①。

比较三原则虽然讲的是文化比较的可比性问题,但也能回答不同族群、区域的文化传播影响问题。我们认为,在前两种条件具备的情况下,不同族群、区域间的文化因子在细节上越密合无间,它们之间存在文化传播影响的关系就越大。

上述中外族群的祖神或创始神,他们之间,神格多有雷同,神话多有重叠,这些类同的文化因子,皆属于文化的"第二性征",它们既容易传播又不容易不谋而合,而且在比较的三原则中,它们既有整体对应性,也有多重平行性,在此二者的基础上,出现了多种神话因子的细节密合性,因此,我们认为它们之间存在文化的传播和影响关系。

那是谁影响到了谁呢?根据各地神话出现的早晚,我们认为,巴比伦马杜克神话是源,埃及、希腊、中国相关神话是流。当然,马

---

① 萧兵:《中国文化的精英——太阳英雄神话比较研究》,上海文艺出版社,1989年,第50、341页。

杜克神话还可向前追溯,一直可追到苏美尔人的开辟神话①。至于传入中国的时空问题,我们初步认为,以马杜克神话为代表的五星神话率先传入古代中国以陇山为中心的陕甘交界地区和以泰山为中心的山东地区,跟马杜克神话一同而来的,还有昆仑神话和三皇五帝神话等等。其实考古学者已关注到外来文化的传播时空问题,但他们关注到的主要是实物遗存和物质文化,如赵志军先生曾说:"青铜器、绵羊和小麦,这三类物品最早都发现于西亚,在早期文化交流的过程中,它们很有可能是捆绑在一起向外传播的。这个捆绑在一起的文化包裹由西亚传入中亚后,在欧亚草原诸多早期青铜文化的接力作用下,由西向东逐渐传播,最终到达蒙古高原地区,然后,在长城沿线北方文化区的作用下,通过河谷地带,由北向南最终传播到了中国古代文化的核心区域,即黄河中下游地区。"②其实在这种"文化包裹"捆绑传播的过程中,还不能忽略的便是一些精神文化,包括神话、民间文学、宗教等的捆绑式传播。我们推测马杜克神话最先传入地也是陕甘交界地区和山东地区的原因,一方面有夏、商、周、楚这几个族群的形成中心正在上述两区域或其近旁,另一方面是这两区域有更集中的三皇五帝神话也即五星神话和昆仑神话,最后则是,这两区域是外来文化诸如冶铜术、绵羊、小麦等的首入地,它们往往不单行,而是与神话、宗教、仪式等精神文化一起形成"文化包裹"结伴东来。

---

① 饶宗颐编译:《近东开辟史诗》,辽宁教育出版社,1998年。
② 赵志军:《小麦东传与欧亚草原通道》,中国社会科学院考古研究所夏商周考古研究室编《三代考古》(三),科学出版社,2009年,第459页。

三、结论

后稷神话史料来源主要集中于两周文献《诗经》《天问》和《山海经》里，神话内容可归纳为"履迹感生神话""弃子神话""神童神话"和"射手神话"等。后稷有农神、木星神（水星神）、智慧神、太阳神等诸般神格。其中木星神当是后稷的主要神格，由此引出农神和太阳神神格，后稷跟与他有同神格的中外其他木星神一样，也具水星神性、水神性，因此出现木星神和水星神特性兼容于一体的情况，由水星神神格，又引出他的智慧神神格等。

后稷与中外诸同格神都有神话和神格类同的现象。先看与境内夏、商、楚等族群祖神的相似现象。夏祖大禹是木星神、农神，还兼有水神、水星神的特性，尤其是木星神与水星神神格兼容一体的情况，跟后稷完全一样。楚人祖神祝融是太阳神、火神，笔者曾论证过大禹和祝融是一个神，且他们的原型是巴比伦木星神马杜克，他们分化后，分别继承了马杜克的神格，大禹更多继承了马杜克的木星神、水神、死神等神格，而祝融则继承了马杜克的太阳神神格，等等。商人祖神帝喾是木星神、雷神、战神、风神等，其子商契则有水星神、水神、智慧神、乐神等神格。

再看后稷与域外古文明区古老族群的祖神关系。后稷与宙斯都有刚出生时因"上帝不宁"而被弃神话、山羊哺乳神话等，二者都是木星神、太阳神、智慧神等，相似之处较多。再看与埃及祖神奥西里斯的关系，后者是古埃及的稷神（麦神）、河神（水神）、死神、太阳神等，大部分神格与后稷也是相同的。奥西里斯虽未有出生被弃的神话,但他成年后因被其恶弟欺骗而装在箱子里并抛入了尼罗河支流,搁浅海滩后,被长出的圣树所包裹,形成了类似于被弃于平林的故事情节。所以二者的相似性也很强。后稷与巴比伦祖神马杜克在神格上也很相似,但更为相似的是大禹和马杜克之间,二者在神话情节和神格上都充分相似,因此苏雪林认为马杜克是大禹的神话原型。大禹、后稷神格上体现的木星神和水星神交融的特性,其源头在马杜克。

我们认为,在青铜器、绵羊和小麦这些文化包裹捆绑东来的时候,同时捆绑在一起的,还有神话、宗教、仪式等精神文化。它们率先进入的地区是以陇山为中心的陕甘交界地区和以泰山为中心的山东地区。夏、商、周、楚人正处于这两地的中心或近旁,这是他们拥有以五星神话、昆仑神话为核心的祖神神话的原因所在,也是它们拥有更高文明、成为中华文明形成和发展的中流砥柱的原因所在。

附录　行走在多学科结合研究古典文明的道路上

回望自己能走上学术之路,有各种机缘巧合,有自己的努力坚持,有抓住机缘并乘胜追击,进而迸发出的强烈的学术兴趣和热情。而这一切,恐怕要从30年前自己开始接受高等教育时所获得的专业教育说起。

一、求学三部曲

高中选择文科,主要出于对历史和地理学科的热爱,高考时这两科也确实考得最好。但高考后填报志愿,我最心仪的专业并非这两科,而是文学。当时作为一个文学少年,看到的都是文学的绮丽和浪漫,再加上农村父母根本没有能力参与志愿指导,实际我也就少了一份选择上的羁绊,任由自己天马行空地报了很多学校的中文系。现在回想起来，尽显出自己当年的缥缈梦幻和不带功利只图喜欢的简单。至于将选择专业跟未来职业的规划联系起来的想法，更是一点都没有。

可事与愿违，录取结果是被第一志愿武汉大学调剂到历史系考古学专业。当时倒也不气馁，一副随遇而安的心态，但也绝没想到，这一由他人操作的调剂专业行为，竟奠定了我此后一生的志业。

大学四年，专业也在好好地学，但并未提起多大的兴趣，更没有将来要以此为职业和从事学术研究的想法。原因归纳起来，一是自己专业的阅读量不够，二是老师们的引领作用不够，也包括他们没有好好指导我们阅读。因此毕业时的想法是，干什么工作都可以，不要干考古最好。

可我找到的第一份工作是博物馆的陈列展览方案设计，跟考古还是有较密切的关系，这也为我后来能回转到考古上埋下了伏笔。

1990年代初期的博物馆工作，整体来说是较为轻松的。人有闲就爱瞎琢磨，加上有了工作收入，解决了温饱问题，就要想点别的有意义的事情了。如是准备考研，正好听说母校在为湖南湖北两省文物考古从业人员开办硕士学位班，我就去了。但当初上研究生班的动机也不是为了学术，而是简单地打发时间和充实自身。

学位班的课当然没有本科时那么多，但给我留下的印象深，影响明显大于本科时。或者是因为熟悉的老师们的授课内容更有深度些，又或许经过了几年工作历练，我的关注、理解能力都有提升。总之，硕士课堂及自己的学习和思索，激发了我阅读相关考古和人类学著作的热情。印象最深的是大陆当时刚发行面世的张光直的《考古人类学随笔》和苏秉琦的《中国文明起源新探》，以及他们的相关著作。张、苏两位先生在各自的文章中都提到如何做好中国考古学，苏先生说要创建世界的中国考古学，做中国考古，要有世界眼光。张先生本身就是一位有世界视野的考古学家，他认为做中国考古，不能仅仅局限于中国，还要对中国以外的至少一个地方的考古有了解。这些建议给了我极大的启发。我就想，除了中国考古，我还应该去了解域外哪里的考古材料呢？我首先想到的是中亚。凭过去对中外历史的粗浅了解，也包括读了一点陈寅恪先生的著作，我知道历史上中原与中亚包括西域的历史互动很多，那么考古上能体现得出来么。这些互动往还，对中国和世界的历史影响有多大。这些疑问激发了我的好奇心和探究心，如是就到湖北省图书馆去借书，最先找来的是王治来先生的《中亚史纲》，果然发现古代中国与西域、西方有着多方交流，这些交流又深刻影响了中国的历史。接着又找来林梅村、水涛、李水城等学者的著作来读，并买来刚出版的《中亚文明史》前三卷，后者主要是用考古材料写成的区域文明通史。一时真是电光石火，东西文化交流考古，立马成了我的学习兴趣点所在。并且很快就暗下决心，硕士学位拿到后，我要去念博士，专业方向就选早期东西文化交流考古。直到这个时候，将来要以学术为志业的念头，才开始在心中潜滋暗长。

但硕士阶段包括硕士论文的选题，我并没有直接进入早期东西文化交流考古领域，一方面自己刚刚涉足，并无任何学术积累和优势，另一方面武大也缺少这方面的指导老师，所以硕士论文还是中规中矩地找到陈冰白先生指导，写的是《鄂东新石器时代文化研究》这个题目。

硕士论文通过答辩后，我开始了考博的准备。英文底子差就通过苦练和参加培训班的方式解决，记得北大的曹其军先生，那几年常来武汉开班，我能顺利通过博士英文考试，得益于他不少。

因为我已有了既定的博士研究方向，考哪个学校就取决于找到能招这个方向的导师，最后我将目标锁定在南京大学的水涛先生。水老师是西北人，在甘肃考古所工作多年，从北大获得考古学博士学位后，来南京大学执教，但研究主要方向还是西北考古和早期东西文化交流考古，这正是我的学术兴趣所在。我的博士生入学考试发挥得相当好，2006年9月，我进入了南京大学学习。跟当时很多同学不同的是，我是先有了研究方向和选题才来念博士，所以入学后很快就将博士论文题目定了下来，前两年，除了上完博士课程，一直在搜集论文材料，包括去新疆做实地调查、参与当地的考古发掘等等。第三年正式落笔写论文，过程也很顺利，论文初稿交给水老师审读时，他只给改了一个字，即将"她"改作"他"，那是因为我引用这个学者的文章，但不认识他，便以他的名字推断他是女作者。后来看到学弟们在微信群里晒导师批改的博士论文稿本，满纸的银钩铁画，我内心还颇为感慨。

二、从考古走向立体释古

博士论文也是一篇中规中矩的考古学论文，采用的研究方法有考古地层学、考古类型学和文化因素分析法等，都是考古学研究中的常用方法。尽管我也关注到文献资料和种族人类学、古遗传学的成果并尝试使用,但在篇幅上占比不高。在准备和写作博士论文期间,我偶然发现了苏雪林的台版《屈赋新探》四部大著,还接触到叶舒宪老师的多部著作。前者通过中外神话的广泛比较,揭示了屈原赋里的大量外来文化因子,后者倡导三重证据法,即将人类学资料和方法应用于解读古代典籍的研究。二者都给了我极大的启发,并暗下决心,待博士论文完成后,可要多多吸收苏雪林、叶舒宪等学者倡导和采用的研究方法,在早期东西文化交流史领域,努力开拓除考古学的实物资料以外的其他研究资料和研究手段。

这个想法在我博士后研究阶段很快得到了实现。博士毕业后,我回到武汉,先在辛亥革命博物馆担任了一段时间业务副馆长,同时联系华中师范大学的姚伟钧老师,跟他从事博士后的研究。我将选题定在楚文化与域外文化的关系上面,这是我的早期东西文化交流史研究的延续。其间我阅读张正明先生著作,看到张先生也极其重视人类学在史学研究中的利用,同样提出了"三重证据法",他的三重证据便是"文献典籍""文物考古""文化人类学"资料与方法的运用。张先生在区域文化、楚学、楚俗等研究领域,倡导"读书、考古和采风"三结合,多次介绍"多重证据"的方法原则。他说:"在研究人类文化现象时,要善于综合运用文献典籍、文物考古、民俗事项三个方面的论证材料,将三者首先放在特定的时空轴上进行检验、定位,然后再在时间轴或空间轴上(抑或两轴并用)依序予以立体化的运用,使人知其源、明其流、识其变、握其要。"[①]我对张先生的这些倡导深以为然。叶舒宪先生则在过去提

---

① 转引自杨昶:《〈秦与楚〉评介》,《文汇读书周报》2008年5月13日。

出的三重证据法的基础上,归纳为"四重证据法",即"传世文献、出土文献、口传与非物质资料、实物和图像"①,并大力提倡和实践。叶先生所言的四重证据,与张先生所言的三重证据,道理和观念是一致的,只是分类的粗细不一,叶老师将"文物考古"分为出土文献和实物图像,这样更细致清晰。

2012年,我调入华中师范大学历史文化学院,从事文化史和楚学的教学和研究。张、叶诸先生倡导的多重证据法,已在我的头脑中扎下了根。近七八年来,我对楚文化遗物如镇墓兽、虎座鸟架鼓、战国人物御龙帛画等,其他先秦出土遗物如良渚文化神徽、玄武图像、玉璇玑等,以及昆仑神话、西王母神话、鲧禹神话等的关注和研究,都充分利用了四重证据法的立体释古方法。叶舒宪先生主导的文学人类学一派所总结出来的神话观念决定论、文化大小传统论、文化文本N级编码论、玉文化先统一中国论等研究理论,也让我的艺术考古研究在方法论上有着更清晰的思路和旨归。

在我从事艺术考古研究的这几年,有诸多帮助过我的人、事值得我铭记。这里要特别提到《民族艺术》杂志的"艺术考古"栏目及幕后的评审专家、编辑和杂志社主编许晓明博士,正是他们的厚爱不弃,我的多篇艺术考古论文才得以在该栏目发表,并在学术界产生了一些影响。过去年代有一些名刊名栏用心经营,与栏目作者一起成长,甚至成就了彼此,成为一段段学术佳话,如《古史辨》,如《禹贡》,如《食货》,如《学衡》,等等。我相信《民族艺术》的"艺术

---

① 叶舒宪:《第四重证据:比较图像学的视觉说服力——以猫头鹰象征的跨文化解读为例》,《文学评论》2006年第5期;杨骊、叶舒宪编著:《四重证据法研究》,复旦大学出版社,2019年,第3—88页。

考古"栏目,一定也会在中国学术期刊史上留下它应有的色彩和华章。

我还要特别感谢叶舒宪老师,除从他的大量著作和论文中吸收了多方营养外,在有限的见面机会中,我也聆听到了不少教诲。更多的,则是在邮件往来中给予我的启发和新知,以及叶老师提携后进、为我的学术成果发表创造机缘等,都给了我切实的帮助。记得2015年在湖北黄石召开的中国端午节俗与屈原文化学术研讨会上,我第一次见到叶老师,会议间隙我去拜谒叶老师,聊天中我说,叶老师是从文学、神话学到民俗学、人类学再到考古学(因为叶老师提出四重证据法,大量利用考古学的实物和图像),而我是从考古学到人类学、民俗学再到文学、神话学,实在是殊途而同归,相反而相成。这当然有自我抬高的不自量力,但我主要还是想说明,在研究古典文明的道路上,尽管学缘不同,但最终总会走到这样多学科结合研究的道路上来的。

三、两种"田野"的交织

有不少的人文社会学科如考古学、人类学、社会学、人文地理学、民间文学、艺术学、民俗学、非物质文化遗产学等,它们获取研究资料的最重要手段之一便是田野工作(field work)。在过去,我主要关注和实践的只是考古学的田野,直到来高校教书并开始由纯考古研究走向立体释古后,才开始接触到人类学、民俗学和非物质文化遗产学的田野工作,并在我的研究中逐渐形成两种"田野"交织为用的局面。所谓两种"田野",是指以田野考古学为代表的调查发掘古代遗存的田野和以人类学、社会学、民俗学等为代表的调查采访当前的活态社会的田野。两种"田野"的最大区别是调查的对象一为静态的过去时,一为活态的现在时。

考古学的田野工作形成了一门专门的分支学科,即田野考古学,它是考古学专业的学生最基础的专门训练之一。在学校时,老师们反复强调,田野考古学是考古学专业学生的基本功,没有经历完整田野考古训练的人,不可能成为合格的考古学工作者。我们牢记教导,在田野考古实习中认真学习和钻研。当时的武大考古专业很重视田野考古,四年本科八个学期,竟然安排了两个学期开展田野考古实习,分别安排在大三的上学期和大四的上学期。我们当年第一次田野考古实习的地点在湖北黄陂铁门坎遗址,是一处新石器时代晚期石家河文化遗址,指导老师陈冰白老师和徐承泰老师认真地教,我们也认真地学,经过近5个月整个学期的刻苦训练,我们基本上掌握了田野调查、钻探、探方发掘、遗物收集、遗迹辨认、文物室内整理以及田野发掘报告的撰写等田野考古学的完整过程。

考古学的田野工作在剥去现代的表土层后(也有直接显露在地表上的古代遗存),我们面对的是古代的遗存。且它们都是寂静无声也不动弹的死的遗迹和遗物,考古学工作者要透过它们来了解复原古代社会的风貌。而人类学(也包括民俗学、非遗学等)的田野工作,是对当时社会的调查研究,因此这个调查研究对象是有声有色的活态的社会存在。过去,我完整地经历过考古学的田野工作流程,对人类学的田野工作只保持有限的关注。自从进入结合多学科诸如考古学、历史学、人类学、民俗学等的立体释古研究范式后,也包括给本科生和研究生开设"文化人类学"和"人类学经典选读"等课程的需要,我更多地关注到了人类学的田野工作,同时指导每届的本科生参与短期的田野调查工作并指导和评定学生们撰写的田野调查报告。这些经历都迫使我进一步了解和接触人类学的田野工作,并在研究中形成两种"田野"工作交互为用的局面。

例如在释读考古发现的遗迹遗物时,有些遗迹遗物仅依据它们自身或出土环境,很难判断其功能用途或名称,但若在人类学的田野工作中能发现类似物,依据类比,就能较好理解和解读出土遗迹遗物了。这方面的例子很多,先举陈星灿所总结的几例。如理解先秦遗址中广泛存在的灰坑的用途问题,陈星灿以他在哈佛燕京图书馆所见石璋如先生所著《晋绥纪行》为例,介绍了石璋如先生为解决殷墟发掘中大量发现的灰坑用途问题,考察了当时的山西和内蒙古等多处藏粮食窖穴,试图通过后者获得对灰坑用途的深入理解[1]。又如仰韶文化出土的众多尖底瓶的用法,陈星灿利用北美印第安人民族学调查资料,同时还有异域的考古出土图像等,来共同判定仰韶文化尖底瓶的使用方法[2]。再如新石器时代遗址中广泛出土的收割工具石刀、陶刀、蚌刀等的用法,通过对苗族割稻穗方法的观察,加上实验考古,也获得了较满意的答案,等等[3]。

---

[1] 陈星灿:《灰坑的民族考古学观察——石璋如〈晋绥纪行〉的再发现》,《考古随笔》二,文物出版社,2010年,第95—99页。
[2] 陈星灿:《尖底瓶的用法》《再谈尖底瓶的用法》,《考古随笔》二,文物出版社,2010年,第45—50页。
[3] 陈星灿:《中国古代的收割工具——石刀、陶刀和蚌刀的用法初探——民族考古与实验考古的一点心得》,《考古随笔》二,文物出版社,2010年,第177—183页。

我自己曾经在讨论端午节俗的起源过程中，除了传世文献和考古实物，也大量利用了民俗学调查的活态资料①，在研究良渚文化神徽的内涵时，也利用了活态的民间文化和民间艺术品独占鳌头、魁星点斗等雕塑、摆件和瓷器。

　　考古学和人类学(民族学)两种田野工作交互为用，产生了一门分支学科②或称研究方法③，那便是民族考古学。它首先出现于国外，中国从20世纪80年代开始引入，经过广泛的讨论和实践，逐渐完成了民族考古学的本土化建构。中国学者对于民族考古学研究方法的认识，也基本保持一致，即一致强调民族志资料的重要性，肯定民族志资料类比考古遗存以解决考古学问题的有用性，等等④。正是循着上述方法，笔者在解读一些先秦文物时获得了启发和灵感并提出了新见解。

　　张正明先生提出的三重证据法和叶舒宪老师提出的四重证据法，都涉及考古学和人类学的相互结合以阐释研究文史问题，其中前者是第二、三重证据，后者是指第三、四重证据。这自然也是要以考古学和人类学的田野工作交织相互为用为前提的。

---

① 宋亦箫、刘琴:《端午节俗起源新探》,《中原文化研究》2006年第2期。
② 梁钊韬、张寿祺:《论"民族考古学"》,《社会科学战线》1983年第4期。
③ 丁乙:《民族志类比法的原则》,《中国文物报》1989年2月17日第7版;丁乙、徐明:《关于民族考古学的对话》,《中国文物报》1989年7月7日第7版。
④ 陈虹利、韦丹芳:《中国民族考古学研究回顾与反思》,《广西民族大学学报》2018年第2期。

四、谈读书与写作

最近先后读到两篇访谈文字,都顺带说到读书的方法,特别引起我的注意。一篇是戴一菲采访苏州大学吴企明教授,文中借吴先生之口回忆程千帆先生曾谈到的"一本书主义",即要搞通一本书,形成规范的研究方法、路数,为以后研究打下基础。吴先生说对他影响很大云云①。另一篇是南京大学图书馆微信公众号上发布的"上书房行走"栏目第八期:《走进张学锋教授的书房》,这是南大图书馆精心安排的"走进南大人的书房"系列文章中的一篇。张老师在这篇访谈中谈到他在京都大学的读书生活,他的读书经验是,求学阶段一定要精读几种前人的著作,例如他精读的第一本书是日本学者大川富士的《六朝江南的豪族社会》,精读过程费时一年,书中引用的每一条史料都找出原书来核实,引用的每一篇文献,必须找出来阅读,出现的每一个人名、地名,必须对之了解,加上日语单词、语法、惯用法,每一项做到无死角。虽然看起来只读了一本书,但涉猎到的历史文献和前人著述却不下百种②。

我读到这两段文字时,深以为然。回想自己的读书生涯,也是有这样类似的经历。记忆最深的是十多年前读苏雪林的《屈原与〈九歌〉》③,老实说,这本书初读起来不好读,但我又认为极其重

---

① 戴一菲:《文集校笺见笃实,诗画融通出新裁——吴企明教授访谈录》,《文艺研究》2020 年第 1 期。
② 参见南京大学图书馆微信公号"上书房行走"栏目第八期:《走进张学锋教授的书房》。又见程章灿、史梅主编:《书房记》,上海古籍出版社,2022 年。
③ 苏雪林:《屈原与〈九歌〉》,武汉大学出版社,2007 年。

要,因此就静下心来慢读细读。书中所有出现的人名、神名、地名,不清楚的必去查证,尤其是大量的域外神话中的神名,我都找到有这些神名的中文译本或原著,了解各位神的事迹,将其英文名字和不同汉译标注在书中空白处。对于书中提及的各种中外文献和著述,尽可能找到并阅读相关部分。前前后后也读了一年时间才读完,随着对相关背景知识越来越熟悉,才发现这本书并没有刚开始那样难读,苏先生又是大作家,文字虽然带有当年她写作时的时代烙印,有隔代感,但还是让人看着优美舒适的。因此到后来我是越看越爱,有的地方反复读过多遍,后来因写作论文要引用该书,多处更是被反复查读。

此外留下较深的精读印象的有苏秉琦先生的《中国文明起源新探》①和英国人类学家弗雷泽的《金枝》②,苏著是他晚年的一部学术总结之作,可写法通俗,并不深奥难懂,但涉及的考古学理论方法、相关文献众多,我也找到相关著述和论文作扩展阅读,苏公在书中也将自己一生的理论建树作了系统总结,这自然是要圈圈点点,以示突出。凡有所领悟、思索和心得,我也喜欢记在相应页面的空白处,当然这也是我阅读所有自购书的特点。

据说弗雷泽的《金枝》原著文笔就很优美,徐育新等三位译者的译笔将这种特点体现了出来,因此《金枝》是较为好读的。我选购的是新世界出版社本,编辑还插配了相关图片,书中大量引述世界范围的相关资料,包括许多巫术、宗教和神话资料,第3版12卷本是有注明原始出处的,第4版1卷本为节省篇幅,都删去了。我

---

① 苏秉琦:《中国文明起源新探》,生活·读书·新知三联书店,2000年。
② [英]J. G. 弗雷泽著,徐育新等译:《金枝》,新世界出版社,2006年。

喜欢就相关神话资料找到相关文献做一些知识补充,并将自己的相关思考或想法记录于书页空白处,注明日期。《金枝》对我的影响很大,也是我必然要给学生们推荐的精读书之一。

除了阅读研究领域的重要著作和新著,阅读本领域的学术期刊的相关论文也必不可少,这一点季羡林先生早就指出过,用他的话说,就是"稍懂学术研究的人都会知道,学术上的新见解总是最先发表在杂志上刊登的论文,进入学术专著,多半是比较晚的事情了。每一位学者都必须尽量多地尽量及时地阅读中外有关的杂志。在阅读中,认为观点正确,则心领神会。认为不正确,则自己必有自己的想法。阅读既多,则融会贯通,逐渐形成了自己的新见解,发而为文,对自己这一门学问会有所推动。这就是'从杂志缝里找文章'"①。

我总结了一下阅读学术杂志,或者说懂得"从杂志缝里找文章"的好处,至少有以下四点:1.增长新知识。2.启发思考。可细分为,①认为论文观点正确,或可触发思考,进一步深入该问题;②认为论文观点不正确,必激发思考,得出自认为正确的观点。3.避免重复劳动。因为前人已研究的结论,你也赞同,就不必再做了。4.在做学术综述时,"足征见闻之渊博"②,且显示你尊重前人劳动成果。

关于写作,我想谈一点跟写作相关的故事。首先是什么情况下才可以写论文。我想先引用两位前辈学者的原话回答这个问题,不过他们都用的是反句,即什么情况下不能写论文。一位是季

---

① 季羡林:《文章的题目》,《读书治学写作》,华艺出版社,2008年,第215页。
② 转引自谢泳:《当明引不当暗袭》,《趣味高于一切》,重庆出版社,2013年,第3页。

羡林先生,他说"没有新意,不要写文章"①。他特别说道,"论文的核心是讲自己的看法、自己异于前人的新意,要发前人未发之覆。有这样的文章,学术才能一步步、一代代向前发展"②。另一位是楚学大家张正明先生,他的名言是:"若无新意,断不作文。"③我总结两位先生的命意,便是只有有了"新意",才有必要写文章。这真是论义写作的不刊之论。但是,"新意"又是从哪里来的呢?季先生在他的《没有新意,不要写文章》中有表述,他说,有的可能是出于"灵感",不过能有这样的灵感,如牛顿看到苹果落地悟出地心引力,一定是他很早就思考这类问题,一旦遇到相应时机,便豁然顿悟。还有就是"从杂志缝里找文章"和"读书得间",这都是通过对他人成果的学习而激发自己的思考而得到"新意"④。我完全赞同季先生的分析,并且认为,这个"新意",也是由胡适之先生的那句治学名言"大胆的假设,小心的求证"⑤的"假设"而来。

当代也还有些学者,或许还是或多或少受到过去"左"的思想的干扰,认为"大胆的假设,小心的求证"不对,一切论点都只能从材料出,只能让材料牵着自己的鼻子走云云。其实是没有完全领会这十个字的真谛,因为这十个字的精神,并不反对论点从材料出,这正是"小心求证"的过程,但在你有心求证之前,得先有"假

---

① 季羡林:《没有新意,不要写文章》,《读书治学写作》,华艺出版社,2008年,第233—235页。
② 季羡林:《没有新意,不要写文章》,第234页。
③ 转引自王准:《纪念我的恩师张正明先生》,贺云翱主编《长江文化论丛》第四辑,中国文史出版社,2006年,第305页。
④ 季羡林:《没有新意,不要写文章》,第234—235页。
⑤ 胡适:《治学方法》,《演讲与时论》,北方文艺出版社,2013年,第40页。

设"这个目标和靶子在。

　　季先生对胡先生的"大胆的假设,小心的求证"就非常推崇,他誉之为学术研究的"十字诀"。并展开说,"无论是人文社会家,还是自然科学家,真想做学问,都离不开这十个字。在这里,关键是'大胆'和'小心'。研究任何一个问题,必先有假设。否则就是抄袭旧论,拾人牙慧。这样学问永远不会有进步。要想创新,必有假设,而假设则是越大胆越好"①。笔者庆幸在迈入学问之门之初,得到过老师们的"问学在出新"的提点,也看到了季、张先生的谆谆告诫,因此一开始就以此要求自己,做到了"若无新意,断不作文"。现在,又在按照这个标准要求并指导自己的学生。我想,这就是学问的薪火相传、继往开来吧。

五、我对自己的古典文明研究的期许

　　古典学在西方主要是指研究古代地中海世界的历史和文化,特别是指对古代希腊罗马的研究,也称古典文明研究。中国的古典学广义上可指传统中国的研究,狭义上指东汉结束以前的古代中国研究②,西方汉学界则称此为"早期中国研究"③,也有的指先

---

① 季羡林:《胡适先生的学术成就和治学方法》,《读书治学写作》,华艺出版社,2008年,第201页。
② 吴锐:《中国古典学第一卷:中国西部文明研究·清江篇》,海南出版社,2008年,第1页。
③ 朱渊清:《早期中国研究丛书序》,[美]夏含夷《远方的时习——〈古代中国〉精选集》,上海古籍出版社,2008年,第1页。

秦中国研究①。笔者所取时间范围,同第三种。

中国的古典文明研究也秉承西方的古典学研究特色,采取多学科结合的研究方法,涉及诸如历史学、考古学、艺术学、语言学、文学、神话学、人类学、哲学等学科,这同叶舒宪老师的文学人类学学派倡导的四重证据法以及笔者实践的艺术考古方法不谋而合。因此,我自己的研究方向,往大了说也可以说成是中国古典文明研究。

目前,我在古典文明研究的大题目下,主要是在早期东西文化交流研究、文明起源研究和艺术考古上着力。而且,我更多地会在这三个方向的交叉点上率先突破。例如,笔者入选2019年国家社科基金"冷门绝学"研究专项的课题,名为"早期外来文化与中华文明起源研究",实际上就是结合了文明起源研究和早期东西文化交流研究的交叉选题。因为在笔者的研究过程中,发现中华文明并非在完全隔绝封闭的环境产生,在中华文明的萌芽和形成期,外来文化就已进入东亚大陆,并参与了中华文明起源的构建。本课题将利用考古学、种族人类学、古遗传学、神话学等学科的材料和研究成果,在文化大小传统论、文化文本N级编码论、神话观念决定论、玉文化先统一中国论等理论观照下,利用四重证据法及相关学科的研究方法,试图揭示中华文明起源的真实图景,以彰显东亚大陆的华夏先民,自古以来就不是封闭狭隘的族群,他们在创建华夏文明的过程中,始终兼容并蓄,海纳百川,有容乃大。该课题要解决的关键问题是剖析出中华文明起源阶段及之前进入华夏文化圈

---

① 徐松岩主编:《古典学评论》第1辑,上海三联书店,2015年,第1页。

的诸种外来文化及其传播途径。相对于已有的研究成果,本课题的独到学术价值和应用价值当是:为弥补学术界忽略早期外来文化与中华文明起源的密切关系,将着重揭示二者的关系问题,对中华文明起源问题当中的"文明"内涵和文明起源标志,也将给予重新界定。本项目是利用考古学、历史学、人类学和神话学等相关学科的一项综合研究。这项研究,既是历史学的"求真",也是为今天的"一带一路"经贸文化交流提供历史的镜鉴和文化的积淀。

此外,笔者近期关注的艺术考古对象,也多半跟早期东西文化交流现象有关。例如我曾经探讨过的西王母、玄武、战国人物御龙帛画等,都是这样。经过笔者的研究,发现西王母是以西亚神话中的大母神、金星神伊南娜为原型的,且伊南娜还影响到了诸多古文明区女神,在中国,除了西王母,也还影响了女娲、湘夫人、嫘祖、王母娘娘、织女、马头娘、妈祖、素女、泰山娘娘、观音等一干女神的神格①。玄武的龟蛇形象,其来源,不是北宫七宿的具象化表达,也不是图腾制度的遗痕,也不只是鲧及其妻修己(鲧曾化龟,修己乃长蛇之意)的动物形象的结合,还有着更幽远的文化传播和影响,如印度神话中就有蛇神舍沙环绕着龟神俱利摩,龟神再背负着八头大象支撑起整个世界的神话和形象,更远的则是西亚神话人物水神哀亚及其妻子唐克娜的龟蛇形象。后两者正是鲧和修己的神话原型②。关于战国人物御龙帛画,在笔者经过考证,认为该"人物"既不是墓主人,也不是《九歌》中的河伯,而是《九歌》中的湘君。五

---

① 宋亦箫:《西王母的原型及其在世界古文明区的传衍》,《民族艺术》2017年第2期。
② 宋亦箫:《"玄武"龟蛇形象的神话解读》,《神话研究集刊》第二集,巴蜀书社,2020年,第57—69页。

星神中的土星神湘君,其驾乘工具是龙车,也被同是土星神的黄帝和域外众多土星神共有,因此,驾飞龙当是土星神的标准配置,各古代文明区土星神标配的雷同,是文化交流的结果。中外土星神驾飞龙的神话形象,还被先民安置到了星座神话中,这便是西方的狮子座(狮子是土星神的动物形象)立于长蛇座上方,构成"翼龙负狮"形象。而中国古代的轩辕星座和南宫七宿中的部分星官如柳、星、张、翼等,是一一对应于西方的狮子座和长蛇座的,轩辕为黄帝,为土星神,张宿则代表了中国古代神话中的文昌帝君或称梓潼帝君,后者在神话中的化身普遍以张为姓,且他的前世正是一条大蛇,这样下来,中国古代的星座神话中,也在相同的星空位置有一组"应龙负熊"(黄帝号有熊)神话形象的异化和变形(文献证据:《天问》"焉有虬龙,负熊以游?")①。这当然也不是巧合,而是早期中外文化交流的"草蛇灰线"。这几个例子,解读的虽是早期中国的一些文物艺术品,但都牵涉中外文化的交流问题。

笔者希望通过一件件、一桩桩艺术考古的个案研究,为早期东西文化交流研究和文明起源研究的大厦添砖加瓦,并最终立起我心目中的高楼来。

六、结语

一个学者的求学和成长过程,确实有很多偶然的因素或者说是外力的影响,在这个过程中,我们能抓住机遇并深入下去,发展

---

① 宋亦箫:《战国〈人物御龙帛画〉为"湘君乘龙车"论》,《丝绸之路研究集刊》第七辑,商务印书馆,2021年,第71—79页。

出自己的学术兴趣和天地,才是最重要的。何兆武先生曾说过,"历史具有两重性,必然与自由(偶然)"①,即历史的发展,既有非如此不可的客观性,更有人类自由创造的主观性。它是必然(客观规律)与自由(主观创造)二者的合力。人类的历史是由一个个活生生的人创造的,作为每一个个体,在创造自己的历史时,当然也是深具两重性的。若我们能把握好"自由(主观创造)"的这一面,则我们个人的学术成长史就会更健康丰赡,并打上自己鲜明的个性特色。

我自己由考古而扩及历史学、人类学、民俗学和神话学,在文化大小传统论、文化文本N级编码论等理论观照下,在四重证据法的方法论下,由一桩桩艺术考古的个案研究,到最终解决早期东西文化交流问题和中华文明起源问题,提出自己在这些方面的一得之见,这自然是我本人在当代学术大背景影响下的个体选择和创造。

最后,我以"走好自己选择的道路,在人生的下一个驿站,碰到的总是更好的自己"这句话作结,与学界诸君共勉。

---

① 何兆武:《对历史学的反思——读朱本源〈历史理论与方法论发凡〉》,《史学理论研究》,2006年第4期,第20页。

后记

本书的十二章内容,形成了一个探讨夏商周三代祖先神神话的系列。最开始,我是以论文的形式展开对三代祖先神神话的研究,一篇论文试着写完后,我才发现,其实它们是自成体系的系列研究。既如此,以专著的形式呈现给读者或许更好。如是按照时代顺序,我将它们分为三编十二章,分别是上编鲧禹神话研究、中编喾契神话研究和下编后稷神话研究,正好对应于夏商周民族的祖神神话。

本书第一章写作时间稍久,当是在 11 年前完成我的博士后出站报告《楚文化中的域外文化因素研究》时写的,当时阅读了苏雪林的四大本《屈赋论丛》,受她的影响,我的早期东西文化交流研究也就从考古和历史视角伸展到了神话和民俗领域,从此我开始沉潜中外神话,探索其间的中外神话和文化交流问题,逐渐形成了自己的神话考古研究方向,近年来的研究成果,大体不出神话考古和艺术考古领域,乃至最近接受了学院教材建设的邀请——编著一本《中国神话考古讲义》,计划明后年两年时间推出。本书其他篇章,多为近5年写出,有两篇甚至尚未发表。前面说过,我并未先有一个研究三代祖先神话的计划,而是利用神话材料和考古实物及图像讨论早期中外文化交流时,碰巧触及了鲧禹神话,更为巧合的是,我喜购书藏书,前些年断续买了若干本《中华本土文化丛书》,其中包括一本徐山著的《雷神崇拜——中国文化源头探索》,到手后也没急着看,直到疫情期间的2020年暑假,不能出门,便在家里随便翻翻藏书,才决定看一下这本书,翻开书后便一口气读完了,这本书给了我很多启发。该书作者主要使用的是甲金文以及古文献来讨论远古时代的雷神崇拜问题,我因出身考古,发现有许多先秦考古实物和图像,也可以拿出来参与讨论雷神信仰问题。便着手利用这多种资料来研究中国先秦时期的雷神信仰问题,结果是一发不可收,接连写出了多篇利用考古实物图像并结合甲金文、古文献以及其他口传和非物质资料(也即叶舒宪所倡导的"四重证据")的论文,这些论文既跟雷神信仰有关,有一部分也恰好跟夏商周三代祖神的大禹、帝喾和后稷有关,原因是,中国上古各族群的祖神,恰好也都是雷神,或者说,中国上古先民,喜用他们自创的雷神来做他们的祖神。以上便是我回顾夏商周三代祖神神话研究论文的来历,能有这些成果出来,我要特别感谢上面提到的苏雪林女士和徐山先生。

决定将三代祖神神话研究做成一本书后,考虑到周祖后稷神话只写了一篇,与夏商比起来不够均衡,如是便考虑围绕后稷再写几篇,标题都已拟好,如《由喾、稷父子关系论周人的历史建构活动》《农神后稷与社神大禹关系考》《由周人尊夏探讨夏商与周之关系的流变》等等,感觉都能得出一些新意,但因手头的项目催人,只好作罢,但仍希望将来能补上这一欠缺。

近几年在做中国古代雷神信仰考古的过程中,涉及夏商周祖先神的只是一小部分,因为中国先民开始出现雷神信仰,是要早到新石器时代的,很多有丰富玉器遗存的新石器文化,如红山文化、凌家滩文化、良渚文化、龙山文化、石家河文化、肖家屋脊文化等等,都留下了众多雷神信仰的实物证据,而其中最引人注目的便是中国先民"无中生有"创造出来的龙和凤,正是他们创造的雷神之形象,而且不同时代、不同地域的先民们,还创造出了众多的雷神之化身,如猪、牛、羊、猴、熊、象、虎、蝉、鳄鱼、蚕等等,且先民们特别喜欢将多种雷神化身合于一体,形成如玉猪龙、龙凤合体、龙虎合体等形象,理解了这些情节,便容易理解新石器时代遗址中的这些造物形象的造物动机。

到了青铜时代,先民们继续在玉器和青铜器等礼器上刻铸雷神形象和符号,既是用来以纪念其神祖和远祖,也用来表达由雷神所代表的天地秩序而演化出来的社会等级秩序。这些相关成果,笔者拟以《中国古代雷神信仰研究》为题今后择机推出,与本书形成既有联系又有区别的研究系列。

本书的出版,得到历史文化学院的大力支持,并入选由学院和广西师范大学出版社联合推出的《桂子山史学丛书》,后者的出版内容和品质,素为我敬重,刘隆进社长也说要打造成出版精品,甚为感谢!

  我还有幸请到著名考古学家汤惠生先生赐序,使小书得以增辉。汤老师是考古学家中有数的关注精神文化考古的大家,我们因为关注点的切近而互动频繁,其间得到他的许多帮助和鼓励,至为感谢!

2024 年 8 月 7 日夜于武昌寓所

大学问,广西师范大学出版社学术图书出版品牌,以"始于问而终于明"为理念,以"守望学术的视界"为宗旨,致力于以文史哲为主体的学术图书出版,倡导以问题意识为核心,弘扬学术情怀与人文精神。品牌名取自王阳明的作品《〈大学〉问》,亦以展现学术研究与大学出版社的初心使命。我们希望:以学术出版推进学术研究,关怀历史与现实;以营销宣传推广学术研究,沟通中国与世界。

截至目前,大学问品牌已推出《现代中国的形成(1600—1949)》《中华帝国晚期的性、法律与社会》等100余种图书,涵盖思想、文化、历史、政治、法学、社会、经济等人文社会科学领域的学术作品,力图在普及大众的同时,保证其文化内蕴。

"大学问"品牌书目

大学问·学术名家作品系列

朱孝远　《学史之道》
朱孝远　《宗教改革与德国近代化道路》
池田知久　《问道:〈老子〉思想细读》
赵冬梅　《大宋之变,1063—1086》
黄宗智　《中国的新型正义体系:实践与理论》
黄宗智　《中国的新型小农经济:实践与理论》
黄宗智　《中国的新型非正规经济:实践与理论》
夏明方　《文明的"双相":灾害与历史的缠绕》
王向远　《宏观比较文学19讲》
张闻玉　《铜器历日研究》
张闻玉　《西周王年论稿》
谢天佑　《专制主义统治下的臣民心理》
王向远　《比较文学系谱学》
王向远　《比较文学构造论》
刘彦君　廖奔　《中外戏剧史(第三版)》
干春松　《儒学的近代转型》
王瑞来　《士人走向民间:宋元变革与社会转型》
罗家祥　《朋党之争与北宋政治》

| 萧　瀚 | 《熙丰残照:北宋中期的改革》 |

大学问·国文名师课系列
龚鹏程	《文心雕龙讲记》
张闻玉	《古代天文历法讲座》
刘　强	《四书通讲》
刘　强	《论语新识》
王兆鹏	《唐宋词小讲》
徐晋如	《国文课:中国文脉十五讲》
胡大雷	《岁月忽已晚:古诗十九首里的东汉世情》
龚　斌	《魏晋清谈史》

大学问·明清以来文史研究系列
周绚隆	《易代:侯岐曾和他的亲友们(修订本)》
巫仁恕	《劫后"天堂":抗战沦陷后的苏州城市生活》
台静农	《亡明讲史》
张艺曦	《结社的艺术:16—18世纪东亚世界的文人社集》
何冠彪	《生与死:明季士大夫的抉择》
李孝悌	《恋恋红尘:明清江南的城市、欲望和生活》
李孝悌	《琐言赘语:明清以来的文化、城市与启蒙》
孙竞昊	《经营地方:明清时期济宁的士绅与社会》
范金民	《明清江南商业的发展》
方志远	《明代国家权力结构及运行机制》
严志雄	《钱谦益的诗文、生命与身后名》
严志雄	《钱谦益〈病榻消寒杂咏〉论释》
全汉昇	《明清经济史讲稿》
陈宝良	《清承明制:明清国家治理与社会变迁》

大学问·哲思系列
罗伯特·S. 韦斯特曼	《哥白尼问题:占星预言、怀疑主义与天体秩序》
罗伯特·斯特恩	《黑格尔的〈精神现象学〉》
A. D. 史密斯	《胡塞尔与〈笛卡尔式的沉思〉》
约翰·利皮特	《克尔凯郭尔的〈恐惧与颤栗〉》

迈克尔·莫里斯 《维特根斯坦与〈逻辑哲学论〉》
M.麦金 《维特根斯坦的〈哲学研究〉》
G·哈特费尔德 《笛卡尔的〈第一哲学的沉思〉》
罗杰·F.库克 《后电影视觉：运动影像媒介与观众的共同进化》
苏珊·沃尔夫 《生活中的意义》
王 浩 《从数学到哲学》
布鲁诺·拉图尔 尼古拉·张 《栖居于大地之上》
何 涛 《西方认识论史》
罗伯特·凯恩 《当代自由意志导论》
维克多·库马尔 里奇蒙·坎贝尔 《超越猿类：人类道德心理进化史》
许 煜 《在机器的边界思考》

大学问·名人传记与思想系列
孙德鹏 《乡下人：沈从文与近代中国（1902—1947）》
黄克武 《笔醒山河：中国近代启蒙人严复》
黄克武 《文字奇功：梁启超与中国学术思想的现代诠释》
王 锐 《革命儒生：章太炎传》
保罗·约翰逊 《苏格拉底：我们的同时代人》
方志远 《何处不归鸿：苏轼传》
章开沅 《凡人琐事：我的回忆》
区志坚 《昌明国粹：柳诒徵及其弟子之学术》

大学问·实践社会科学系列
胡宗绮 《意欲何为：清代以来刑事法律中的意图谱系》
黄宗智 《实践社会科学研究指南》
黄宗智 《国家与社会的二元合一》
黄宗智 《华北的小农经济与社会变迁》
黄宗智 《长江三角洲的小农家庭与乡村发展》
白德瑞 《爪牙：清代县衙的书吏与差役》
赵刘洋 《妇女、家庭与法律实践：清代以来的法律社会史》
李怀印 《现代中国的形成（1600—1949）》
苏成捷 《中华帝国晚期的性、法律与社会》
黄宗智 《实践社会科学的方法、理论与前瞻》

黄宗智　周黎安　《黄宗智对话周黎安：实践社会科学》
黄宗智　《实践与理论：中国社会经济史与法律史研究》
黄宗智　《经验与理论：中国社会经济与法律的实践历史研究》
黄宗智　《清代的法律、社会与文化：民法的表达与实践》
黄宗智　《法典、习俗与司法实践：清代与民国的比较》
黄宗智　《过去和现在：中国民事法律实践的探索》
黄宗智　《超越左右：实践历史与中国农村的发展》
白　凯　《中国的妇女与财产（960—1949）》
陈美凤　《法庭上的妇女：晚清民国的婚姻与一夫一妻制》

大学问·法律史系列
田　雷　《继往以为序章：中国宪法的制度展开》
北鬼三郎　《大清宪法案》
寺田浩明　《清代传统法秩序》
蔡　斐　《1903：上海苏报案与清末司法转型》
秦　涛　《洞穴公案：中华法系的思想实验》
柯　岚　《命若朝霜：〈红楼梦〉里的法律、社会与女性》

大学问·桂子山史学丛书
张固也　《先秦诸子与简帛研究》
田　彤　《生产关系、社会结构与阶级：民国时期劳资关系研究》
承红磊　《"社会"的发现：晚清民初"社会"概念研究》
宋亦箫　《古史中的神话：夏商周祖先神话溯源》

大学问·中国女性史研究系列
游鉴明　《运动场内外：近代江南的女子体育（1895—1937）》

其他重点单品
郑荣华　《城市的兴衰：基于经济、社会、制度的逻辑》
郑荣华　《经济的兴衰：基于地缘经济、城市增长、产业转型的研究》
拉里·西登托普　《发明个体：人在古典时代与中世纪的地位》
玛吉·伯格等　《慢教授》
菲利普·范·帕里斯等　《全民基本收入：实现自由社会与健全经济的方案》

王　锐　《中国现代思想史十讲》
王　锐　《韶响难追:近代的思想、学术与社会》
简·赫斯菲尔德　《十扇窗:伟大的诗歌如何改变世界》
屈小玲　《晚清西南社会与近代变迁:法国人来华考察笔记研究(1892—1910)》
徐鼎鼎　《春秋时期齐、卫、晋、秦交通路线考论》
苏俊林　《身份与秩序:走马楼吴简中的孙吴基层社会》
周玉波　《庶民之声:近现代民歌与社会文化嬗递》
蔡万进等　《里耶秦简编年考证(第一卷)》
张　城　《文明与革命:中国道路的内生性逻辑》
洪朝辉　《适度经济学导论》
李竞恒　《爱有差等:先秦儒家与华夏制度文明的构建》
傅　正　《从东方到中亚—19世纪的英俄"冷战"(1821—1907)》
俞　江　《〈周官〉与周制:东亚早期的疆域国家》
马嘉鸿　《批判的武器:罗莎·卢森堡与同时代思想者的论争》
李怀印　《中国的现代化:1850年以来的历史轨迹》
葛希芝　《中国"马达":"小资本主义"一千年(960—1949)》